부자만 아는 2030 부의미래

부자학

머니코치 문승렬

우리모두는
부자가 될
권리가 있다.

부의 성공방식
W=HxAxP

'운'을
거꾸로 세우면
'공'이 된다.

북넷

기회는 늘 위기의 얼굴로 찾아온다.

– 미래에셋그룹 박현주 창업자

운명은 바꿀 수 없지만 **팔자**는 바꿀 수 있다.

준비하지 않는 사람은 운(運)이 오지 않는다. '운'을 거꾸로 세우면 '공'이 된다. 공을 들여야 운이 오기 때문이다.

●

부자가 되어야 하는 이유

왜 부자가 되어야 하는지 스스로에게 질문해 보자. 저자가 만난 대부분의 부자들은 돈을 벌어야 하는 이유, 부자가 되어야 하는 이유가 분명했다. 단호하게 말할 수 있다. 돈을 많이 벌어야 할 절실한 이유가 없는 사람이 부자가 된 경우는 결단코 없었다. 자기 자신과 경쟁하는 것이 진정한 경쟁이고, 자신을 이기는 사람이 진정한 부자다. 부자가 되어야 하는 이유가 나에게는 어떤 의미로 다가 오는가? 다른 말로 표현하면 목표나 비전이라고 할 수 있다. 어떤 사람은 부자가 되어야 하는 이유를 자아실현이라고 한다. 하지만 너무 추상적이다. 그리고 설득력도 떨어진다.

직장생활에서도 일에 대한 목표를 확실하게 가진 사람이 성공한다. 얼마 전 신입사원들의 퇴사 이유를 묻는 설문조사에서 응답자의 22.5%가 '자신의 적성에 맞지 않는 직무' 때문이라고 답했다고 한다. 일에 대한 의미와 목표를 찾지 못하기 때문에 적성에 맞지 않다고 생각하는 것이다. 미래에 대한 걱정은 세대 간의 차이가 없다. 모두가 불안하기 때문이다. 사장은 직원들이 예전과 달리 자기 일처럼 하지 않는다고 생각할지 모르지만 직원들도 회사가 가족처럼 직원을 끝까지 책임져 주지않는다고 생각할 것이다. 나를 지켜주는 것은 오로지 나의 능력뿐이라는 믿음이 강해졌다는 반증이다. 이처럼 일에 대해 회사와 개인의 해석은 다를 수밖에 없다.

사업에서 성공한 부자들이 많다. 그들은 자신의 직원들에게 직원이 하고 있는 일의 가치와 의미를 잘 이해시키려고 한다. 왜 우리가 이 회사에 다니고 있는지, 왜 우리는 이 일을 해야 하는지에 대한 의미를 조직에 확산시킨다. 일이야말로 직원들의 성장에 밑천이 되고 미래를 준비하는 가장 확실한 도구임을 진지하게 설명해 주고 직원들의 몰입을 조직의 성과로 유도해낸다. 의미도 모르고 덤벼드는 일이라면 과연 언제까지 버틸 수 있겠는가? 따라서 경영자가 직원들에게 일의 목표뿐만 아니라 의미를 설명하는 것이 더 이익이 된다. 누구나 의미없는 일을 하고 싶어 하지 않기 때문이다.

돈버는 일도 마찬가지다. 부자가 되어야 하는 이유가 나에겐 정말 의미 있는 것이어야 한다. 졸부가 아닌 건부(健富: 건강한 부자)가 되기 위해서는 돈의 진정한 의미와 사회적 책임을 다해야 한다. 그래야 비로소 행복해지게 된다.

100세 시대 나만의 부의 지도를 만들어라

KB금융지주 경영연구소에서 발간한 『2021 한국 부자보고서』에서 2020년 한국 부자 수는 2019년 대비 10.9%p 증가하며 2017년 14.4%에 이어 역대 두 번째로 높은 증가율을 기록했다. 코스피 지수가 2019년 말 2,198에서 2020년 말 2,873로 30.8% 급등하면서 주식가치가 상승해, 금융자산 10억 원 이상 보유한 부자가 크게 늘어난 것으로 분석된다. 한국 사회의 특성상 자산을 여러 명의로 분산해 놓는 걸 감안할 때 실제로는 이보다 더 많을 것이다. 지역적으로 볼 때 .서울과 경기, 인천을 포함한 수도권에 한국 부자의 70.4%(전년과 동일)가 집중되어 있으며, 인천을 제외한 5대 광역시에 16.6%(전년 대비 0.1%p 감소), 경기를 제외한 기타 지방에 13.0%(0.1%p 증가)의 부자가 거주하고 있다. 지난 1년간 수도권에서 2만 7천 명, 전국에서 3만 9천 명의 부자가 늘었다.

- 누구나 가는 길이라면 나는 가지 않았다.
- 부자가 되는 길은 결코 쉽지 않았다.
- 그러나 노력하면 갈 수 있다.
- 그래서 나는 갔다.

이것은 어느 부자의 말이다. 저자는 부자가 된 많은 사람들을 만나 인터뷰했고, 그들의 부의 스토리를 들으면서 존경심을 갖게 되었다. 진심으로 그들에게 갈채를 보낸다. 물론 그들 중에는 부도덕한 부자도 있다. 하지만 많은 부자들이 이 사회에 기여했음을 인정해야 한다. 게다가 많은 사람들이 부자가 되기를 바라는 것을 보면 부자는 여전히 많은 사람들의 선망의 대상이다. 저자는 경제적 어려움에 허덕이는 사람에게 희망을, 삶의 무게 때문에 방황하는 사람들에게 행복을 선사하고 싶다. 그래서 부자를 꿈꾸는 한국의 많은 사람들에게 조금이나마 도움을 주고자 이 책을 집필하게 되었다.

지난 20년 동안 대한민국 모든 사람을 행복한 부자로 만들겠다는 사명감으로 '행복한 부자만들기 프로젝트'를 운영해왔다. 나름대로 많은 사람들에게 '부자의 꿈'을 이룰 수 있도록 컨설팅을 해왔다. 동시에 부자에 대한 부정적 사회인식의 변화를 위해 노력했으며, 부자들에게는 나눔의 삶을 영위할 수 있도록 하여 한국의 새로운 '부자 문화'를 형성하는 데 미력이나마 힘을 쏟아왔다. 물론 아직 많은 것이 부족하다. 앞으로도 더 많은 사람들이 '부자의 꿈'을 실현할 수 있도록 돕고자 한다.

부자를 꿈꾸는 많은 사람들의 특징을 간단히 정리하면 결심만 있고 실천이 없다. 부자들을 부러워하면서 그들이 가진 돈에만 관심이 있지, 그들이 흘린 땀방울에 대해서는 이해하려고 하지 않는다. 그래서 부자를 꿈꾸는 사람들에게 '부자는 선택'이라고 조언해준다. 다만 부자가 되겠다는 생각만으로는 부자의 꿈을 결코 이룰 수 없다. 그렇다면 부자란 어떤 사람일까? 저자는 '자신과 가정, 사회를 행복하게 만드는 사람'이라고 정의한다. 또한 그들은 '선택의 자유를 누리고,' '변화를 즐기는,' 그래서 '인생에서 성공을 거둔' 사람이기도 하다.

이 책은 2002년부터 한국의 부자들이 실제로 걸었던 '부(富)의 성공방정식'을 체계적으로 조사하여 정리한 것이다. 우리가 추구하는 부(Wealth)는 습관(Habit), 태도(Attitude), 실천력(Practice)에 달려 있다는 사실을 W=H×A×P이라는 방정식으로 정립했다. 즉 한국에서 부자가 되는 법에 대한 '부자 지도(Wealth Map)'를 명확하게 제시하고자 했다. 또한 많은 사람들에게 인생의 나침반이 되어 어려운 시기에 살아갈 방향을 제시하고 희망의 메시지가 되기를 바라면서 이 책을 준비해 왔다.

부자들의 습관, 태도, 행동을 모방하라

전 세계가 3고(고물가, 고금리, 고환율)로 인하여 5%대 정기예금 금리와 대출이자 7~8%대 증가로 투자는 시계가 제로상태인 불경기가 일상화된 요즘시대다. 그럼에도 불황기에 여전히 건재한 부자들과 신흥부자들의 이야기는 차고 넘친다. 물론 미래를 정확히 아는 사람은 세상에 없다. 부(富)의 흐름을 확실하게 예측할 수 있는 사람도 없다. 변화무쌍한 현대사회에서는 어제의 사실(fact)이 오늘의 사실이 되지 못하는 경우가 허다하다.

신년이나 월초가 되면 신문지상에 주식이나 부동산 전망을 예측하는 기사가 어김없이 실리곤 한다. 하지만 예측대로 되는 것이 과연 얼마나 되는가? 경제상황은 예측하는 동안에도 변하기 마련이다. 대한민국에 국한된 시야로는 부의 흐름을 찾기에 역부족이다. 앞서가는 한국의 부자들은 전 세계적으로 발생하는 다양한 현상을 통찰하면서 부의 흐름을 찾고자 부단히 노력하고 있다. 부는 부동산, 주식, 금융자산을 통해서만 창출되는 것이 아니기 때문이다.

부자가 된다는 것은 단순히 투자를 해서 돈을 버는 것만 의미하지 않는다. 세계적인 돈의 흐름에 대해 잘 알고 있어야 한다. 그래야만 '보이는 부(visible wealth)'와 '보이지 않는 부(invisible wealth)'를 볼 수 있는 통찰력을 키울 수 있다. 경제의 다양한 지표들은 서로 무관하거나 심지어 상충되는 것처럼 보일 수도 있다. 하지만 경제현상이라는 큰 틀안에서 서로 관련없는 변수는 거의 없다. 부자들은 상호영향을 주고받는 수많은 변수들을 하나의 관점에서 파악하고 이해하는 눈이 있다. 말하자면 '부의 흐름'을 볼 줄 안다는 것이다. 볼 줄만 아는 것이 아니라 부를 만들어내는 실행력도 갖추고 있다.

결론적으로 말해 불황에도 '2 대 8의 법칙'이 적용된다. 어떤 곳에서도 돈버는 사람과 그렇지 않은 사람들이 있다. 우리는 이 20%에 해당되는 돈버는 사람들의 습관, 사고와 태도, 행동을 주목해야 한다. 오늘부터 주변에 있는 20%에 해당되는 사람들과 사귀고 그들을 따라해 보자.

앞으로 수년 뒤 한국의 재테크 지도는 어떻게 변할 것인가? 돈을 벌 수 있는 방법은 무엇일까? 결국은 부의 흐름을 지속적으로 파악해 내려는 노력이 부자를 결정할 것이다. 이 책은 부자의 속내를 훔쳐볼 수 있는 속 시원한 내용들을 전하고자 한다. 이 책을 통해 지금부터라도 자신만의 부의 지도를 만들어서 100세 시대에 노후와 은퇴를 멋지게 준비하기 바란다.

부자 자질테스트

사람들은 몸이 아프면 병원에 가서 치료를 받지만 많은 사람들은 자신의 자산이 병들어 가고 있어도 그것을 의식하지 못하고 있다. 마치 당연하다는 식의 운명적인 받아들임에 익숙해져 있다. 그러기 때문에 부자가 되는 기회를 놓치고 있고 가난한 사람으로 평생을 허덕이면서 살고 있다. 이번 기회에 자신의 부자 자질을 점검하여 건강한 자산을 유지하는 기회로 삼길 바란다. 한국형 부자 자질은 한국의 실제 부자 600여명을 조사연구한 결과 한국에서 행복한 부자가 되기 위해 갖추어야 할 부자 자질 모델을 만들어 자신의 부자 마인드 자질로 스스로 테스트할 수 있도록 구성되어 있다.

부자마인드 자질테스트

아래의 질문에 대하여 동의하는 정도를 오른쪽의 번호에 표시한 후 점수를 합산한다.

문 항	매우 그렇지 않다❶	그렇지 않다❸	보통이다❺	그런 편이다❼	매우 그렇다❿
1. 나는 정직한 편이다.					
2. 나는 끊고 맺음이 확실하다.					
3. 나는 매사에 성실하다.					
4. 나는 적극적으로 사는 편이다.					
5. 나는 융통성이 있는 편이다.					
6. 나는 지식을 얻기 위해서 자기계발에 노력한다.					
7. 나는 목표를 세우면서 산다.					
8. 나는 표정이 밝다.					
9. 나는 친화력이 좋다.					
10. 나는 일을 할 때 끝 마무리가 뛰어나다.					
	총점 :				

부자실천 자질테스트

아래의 질문에 대하여 동의하는 정도를 오른쪽의 번호에 표시한 후 점수를 합산한다.

문 항	매우 그렇지 않다❶	그렇지 않다❸	보통이다❺	그런 편이다❼	매우 그렇다❿
1. 저축과 투자의 차이를 알고 있다.					
2. 투자를 위해서는 종자돈이 필요하다.					
3. 종자돈을 모으는 방법에 대하여 알고 있다.					
4. 금융기관 저축상품에 대하여 잘 알고 있다.					
5. 사업소득과 자산소득을 구분할 수 있다.					
6. 투자와 투기의 차이를 알고 있다.					
7. 주식시장 전망에 대하여 관심이 있는 편이다.					
8. 간접투자에 대하여 잘 알고 있다.					
9. 부동산 시장의 흐름에 대하여 잘 알고 있다.					
10. 최근에 부동산 투자로 수익을 얻은 적이 있다.					
	총점 :				

(1) 작성요령

❶ 아래의 질문에 대하여 귀하께서 동의하시는 정도를 오른쪽의 번호에 표시하신 후 점수를 합산하여 주세요.

❷ 마인드 점수합계와 실천 점수합계를 나누기 2로 하여 평균점수를 산출한다.
(예를 들면, 마인드 점수가 60점, 돈버는 점수가 80점이면, 이 점수를 합산하면 총 점수가 140점으로 이를 2로 나누면 70점이 나온다. 바로 이 점수가 당신의 부자 자 질 점수이다)

(2) 평가요령

✎ 80점 이상 : 부자 자질이 우수하며 부자가 될 가능성이 매우 높다.

✎ 60점~79점 이하 : 부자 자질이 보통으로 매우 노력해야 부자 될 가능성이 있다.

✎ 60점 미만 : 부자 자질이 미흡한 상태로 전문가의 상담이나 개선이 시급히 필요하다.

(3) 점수별 시사점

🖉 마인드 점수가 80점 이상이나 돈버는 점수가 60점대라면, 구체적인 행동과 실천전략이 부족한 경우이다. 실천력을 키우는 노력이 필요하다.

🖉 반면 돈버는 점수는 80점 이상이나 마인드 점수가 60점대라면, 운좋게 돈은 벌 수 있으나 여차하면 돈을 잃을 수도 있다는 신호이다. 행복한 부자가 되기 위해 자신을 다스리고 돈을 유지할 수 있도록 자기계발에 노력해야 한다.

🖉 마인드 점수와 돈버는 점수의 평균점수가 80점 이상이면 아주 이상적인 부자 자질을 가졌다고 본다.

🖉 마인드 점수와 돈버는 평균점수가 60점 미만이면 부자 자질은 매우 심각한 상태이다. 시급하게 개선이 요구되어야 한다.

(4) 점수별 부자실천 전략

🖉 평균점수가 80점 이상에 해당되는 사람은 부자가 되기 위한 준비는 어느 정도 되었다고 본다. 그 구체적인 부자실천 전략이 필요하다. 예를 들어, 종자돈으로 필요한 주식투자와 부동산 투자를 할 수 있다. 그러기 위해 전문가로부터 투자자문과 투자정보를 꾸준히 받을 필요가 있다.

🖉 평균점수가 60점 이상~79점 이하는 부자가 되기 기초체력을 다지는 노력이 요구된다. 따라서 시장을 보는 지식과 금융지식을 알고 각종 자산세미나 참가 및 주거래 은행에서 금융상품지식 등을 꾸준히 습득하는 노력이 필요하고 부채가 있다면 부채내용을 분석하여 갚을 계획을 수립하고 종자돈 마련을 위해 저축이 선행되어야 한다.

🖉 평균점수가 60점 미만은 아직은 부자가 되기 위해 준비가 매우 부족하다. 먼저 현재 자신을 정확히 알고 자신의 재무상태를 솔직하게 인정하는 것부터 시작해야 한다. 현재 하고 있는 일에서 자신의 경쟁력이 있는가? 수입이 충분한가? 또는 수입에 비하여 소비가 적정한가? 등의 물음에 대한 진지한 고민이 필요하다. 자신의 부자 자질을 컨설팅해줄 수 있는 '부자 주치의' 등에게 자신의 자산상태에 대한 자문을 구하는 것이 필요하다.

| 차 례 |

제5장 ————————————————————————

부자의 성공방식 2 : ATTITUDE

부자는 긍정적인 태도를 통해 만들어진다

제6장 ————————————————————————

부자의 성공방식 3 : PRACTICE

부자의 비밀은 식지않는 실천력이다

제1장

미래의 부의 흐름은
무엇입니까?

① 대한민국은 더 이상 개천에서 용나기가 어려운 나라?

2022.12.4.일 KB금융지주 경영연구소의 '2022 한국 부자보고서'를 발표하였는데 매년 부자이야기가 나왔지만 유독 올해의 부자보고서 내용에 주목하고 있다. 부자의 수자가 총 인구비중에 1%에 미달하지만 국내 총 가계금융 자산의 60%에 육박하고 있기 때문이다. 여기서 부자의 기준으로 금융자산 10억 원 이상을 보유한 개인으로 정의하였는데 부자숫자는 2019년 35만 4천 명(전체 인구의 0.69%)에서 2020년 39만 3천 명(0.76%)으로 늘었고, 2021년(42만 4천 명, 0.82%)까지 증가추세가 이어졌다. 이들이 보유한 금융자산은 2,883조 원으로 한국은행이 발표한 가계보유 총 금융자산(4,924조 원)의 58.5%에 이르렀다. 전체 가계금융 자산에서 이 같이 부자가 소유하는 자산이 차지하는 비중은 2019년 54.1%에서 2020년 57.7%로 점차 커졌다.[1]

부자숫자는 증가하고 있지만 딱히 내세울 것 없고 가난한 집에서 태어나 자신의 노력으로 지위를 얻고 부를 쌓으면 "개천에서 용났다."는 속담은 여전히 가능할까? 예전에는 서울대 수석입학, 대학입학 예비고사(지금의 수능시험) 전국 1위가 지방에서 어려운 부모밑에서 열심히 한 학생들의 인터뷰가 연말에 신문기사나 방송에서 나오는 것이 일반적이었다. 지금도 과연 그럴까?에 대한 답은 쉽지 않다. 대한민국에서 이런 속담을 쓸수 있는 경우를 찾기는 거의 힘들어졌다. 부모가 흙수저면 자식도 흙수저가 되는 '세습공화국'이 되고 있기 때문이다. 그 이유는 성공계층 사다리 역할이 단순히 개인적인 노력이나 천재성만으로 가능했던 과거와는 달리 부모의 부(富) 계층 사다리가 더 큰 영향을 미친다는 것이다.

한국장학재단의 조사결과에 의하면 부모의 부가 자식의 성공과 실패에도 영향을 미친다는 것이다. 서울대·고려대·연세대 등 이른바 스카이(SKY) 대학재학생 중 장학금을 신청한 학생의 46%가 9·10분위, 즉 소득상위 20%의 자녀였다. 심지어 SKY대학 재학생의 70% 가량은 장학금 신청이 필요없을 정도의 '있는 집' 자녀들이라는 조사결과도 공개된 적이 있다. 고려대 이우진 교수는 '포용적 성장과 사회정책연구' 논문에서 "소득·자산 불평등의 증가는 개인의 삶 전체에 누적되며 다음 세대의 기회불평등에도 영향을 준다."

---

1) 2022 한국 부자보고서, KB금융지주 경영연구소, 2022년 12월 4일

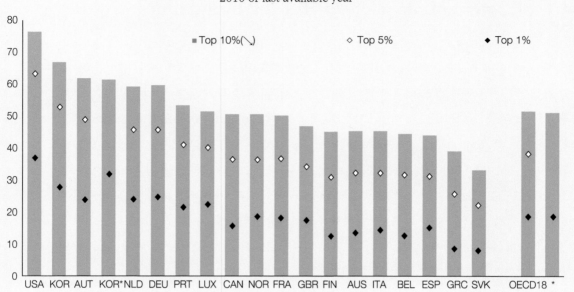

Wealth shares of top percentiles of the net wealth distribution
2010 or last available year

■ Top 10%(↘)　　◇ Top 5%　　◆ Top 1%

※KOR, KOR*의 자료는 각각 김낙년(2013), Credit Suisse(2014)를 사용.
출처 : 김낙년, "한국의 부의 불평등, 2000~2013: 상속세 자료에 의한 접근", (2013); OECD, *Bridging the Gap:Inclusive Growth 2017 Update Report*, (2017); Credit Suisse, *Global Wealth Databook*, (2014).

고 설명했다. "부모세대의 소득 및 자산의 불평등이 심할수록 자식세대의 소득불평등 또한 증가하는 상황이 이어질 가능성이 높다."며 "즉 불평등의 세습 또는 불평등 함정에 빠질 위험이 존재한다."고 지적했다. 즉, '좋은 대학'이 높은 확률로 '좋은 일자리'로 연결된다는 것을 부정할 수 없는 것이 현실이다. 결국 부모세대의 소득과 재산이 자녀세대의 학력과 일자리로, 다시 소득과 재산으로 순환하며 대를잇는 현상이 갈수록 심해진다는 게 이들의 공통된 인식이다.

서울대학교 분배정의연구센터의 주병기 교수는 '한국사회의 불평등'이란 논문에서 그 어려움의 정도를 수치화해 '개천용 지수'로 명명했다. 부모의 학력과 소득분포, 자녀의 소득 등의 상관관계를 분석한 개천용 지수(RRI)는 2000년대 초반 15~20%에서 점차 올라 2013년 35%로 높아졌다. 이 지수는 '기회가 평등할 때 성공할 사람 10명 중 기회불평등으로 성공하지 못하는 사람의 수'다. 즉 2000년대 초반에는 그런 사람이 10명 중 2명이었다면, 2013년에는 3명 이상으로 늘었다는 의미다. 주교수가 인용한 김낙년 교수의 '한국의 부의 불평등' 자료를 보면 우리나라는 상위 10%가 부의 60~70%를 차지, 70%

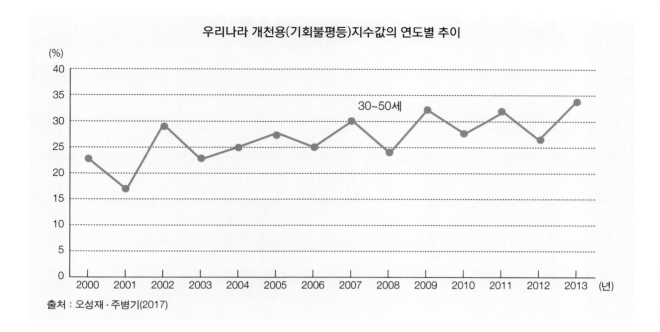

우리나라 개천용(기회불평등)지수값의 연도별 추이

(%)

30~50세

출처 : 오성재·주병기(2017)

를 넘는 미국 다음으로 부의 집중도가 컸다.[2] 2021년 11월 25일 한국조세재정연구원이 발간한 '조세재정 브리프–대학입학 성과에 나타난 교육기회 불평등과 대입전형에 대한 연구'에서 주병기 서울대 교수 등 연구진은 대졸자 직업이동경로조사(GOMS)의 대학진학 성과자료를 이용해 2000~2011년 고등학교를 졸업한 12개 집단의 '지니 기회 불평등도' (GOI)와 '개천용 기회 불평등도'(RRI)를 분석했다. 가구의 소득수준이 낮으면 명문대에 진학하지 못할 확률이 최소 70%에 이른다는 연구결과가 나왔다. 개인의 노력에도 불구하고 부모의 교육수준과 수입 등이 대학입학을 좌우하는 불평등이 존재한다는 의미다. 개천에서 용이 난다는 '개천용 신화'가 사라졌다는 뜻이다. 즉 부모교육 수준·수입이 좌우하고 광역시 출신이 시·군·구보다 유리하며 女보다 男 성과 좋아 기회불평등이 높아 "지역별 최소 선발인원 지정해야" 결과를 제시한 것이다.[3]

　2021년 최신 데이터를 기반으로 하여 1999년대생을 조사대상으로하여 부모소득이 적을수록 자녀의 대학진학 비율이 낮다는 연구결과가 나왔다. 부모의 경제력이 교육기회에 미치는 영향이 강해지면서, 교육의 계층 간 사다리 역할이 약해지고 있다는 지적이 나온다. 2022년 12월 18일 한국직업능력연구원의 '부모의 소득수준이 자녀의 학력수준에 미

2) [한국경제 길을 묻다] 개천에서 용나기 어려운 나라, 연합뉴스, 2019년 3월 10일
3) 개천에서 용 난다? 이제는 옛말… 흙수저, 명문대 못 갈 확률 최소 70%, 세계일보, 2021년 11월 26일

치는 영향' 보고서에 따르면 지난해 부모의 소득수준이 가장 낮은 1분위(하위 25%) 가정의 만 22세 자녀 중 41%만 일반대에 다니는 것으로 나타났다. 소득이 가장 높은 4분위(상위 25%)에선 68%가 일반대에 진학했다. 2016년 구인회 서울대학교 사회복지학과 연구팀이 한국사회복지정책학회 학술지에 발표한 '대학진학에서의 계층격차: 가족소득의 역할' 논문에 따르면 고등학교 성적 상위권 학생 중 고소득층의 일반대 진학률은 90.8%였지만 비슷한 성적의 저소득층 학생은 그보다 15.2%포인트 적은 75.6%만 일반대에 진학한 것으로 나타났다. 이는 2004년 서울 초등학교 4학년생 895명의 대학진학 결과를 추적관찰한 결과다. "1980~1990년대 교육열이 계층 간 이동 사다리 역할을 해왔으나 국가가 저성장, 양극화 사회로 변화하면서 교육은 부모의 소득에 따라 그 기간과 수준이 달라지는 계층 간 장벽역할을 하고 있다"고 지적했다.[4]

애플 창업가 스티브 잡스는 태어나자마자 친부모에게 버림받고 또래 아이들에게 고아라고 놀림을 받으며 불우한 과거를 보냈다. 풍족하지 못한 집안형편 때문에 포기할 수도 있었지만 여러 모로 사고뭉치였던 그는 자신의 능력을 통해 스스로 21세기 혁신의 아이콘으로 거듭났다. 이제 우리가 사는 대한민국에서 미래의 부를 위해서 무엇을 준비해야 하는 가에 대한 해답이 될 것 같다. 롱런(Long Run) 하기 위해서 롱런(Long Learn) 해야 하는 평생학습을 해야 될 것 같다. 혁신은 곧 학습을 통해 발전하고 진화하기 때문이다.

② 미래의 부는 사람들이 모이는 곳에 있다

사람들은 다 압니다. 아무리 맛있어도 아무리 기발해도 트렌드를 읽지 못한 맛은 사상 누각일 뿐이다. 요즘같이 정보의 유통기한이 너무 짧아진 것은 정보가 자고나면 사라지는 일이 빈번하기 때문일까요? 우리가 말하는 시장의 규칙이 수시로 변하고 예측이 힘든 것이 사실이다. 전 세계가 인플레이션으로 힘들어 하는 지금 정말 돈을 벌어 부자가 될 수 있는 것이 어려울 수 있다. 이런 와중에도 돈을 쓸어담는 기업이나 개인들이 있다. 이들을 소위 부자라고 한다. 그럼 그들은 어떤 비즈니스를 하고 어떤 투자를 하는지 궁금하지 않을 수 없다.

---

4) 부모 소득따라 대학 진학률도 격차… 저소득층, 고소득층보다 27% 낮아, 동아일보, 2022년 12월 18일

주요 명품들의 지난 10년간 투자수익률

희귀 위스키	428%
자동차	164
와인	137
시계	108
가방	78
미술품	75
보석	57

자료 : 나이트프랭크

　KB 금융그룹 경영연구소에서 매년 나오는 한국 부자보고서(2022.12.4.)에 공통적으로 나오는 대한민국 부자들의 투자패턴에 대해 언급한 적이 있다. 자산유형별 보유율은 '예적금'과 '만기환급형 보험'이 모두 84.5%로 부자 5명 중 4명 이상이 보유하고 있다. '주식'은 2020년 67.5%에서 2021년 81.5%로 급증했으나 주식시장 침체영향으로 2022년 77.3%로 감소했다. 그 외 '거주용 외 주택'(56.3%), '펀드'(52.8%), '회원권'(47.3%)이 50% 내외 보유율을 기록하며 뒤를 이었다. 한편, 주택가격 상승과 대출규제로 실수요자의 주택구매가 어려워진 상황에서 자금동원력이 충분한 부자들의 '거주용외 주택' 보유율은 전년 대비 8.8%p 상승하는 모습을 보였다. 5) 부자들이 수익을 경험한 금융상품은 '채권'과 '보험'이고 손실을 경험한 많은 금융상품은 '주식'과 '펀드'였다 이는 부자들이 관심을

여의도 더 현대 백화점

---

5) 2022 한국 부자보고서, KB금융지주 경영연구소, 2022냔 12월 4일

100년 장수 빵가게 군산 이성당

보이는 자산 즉 한정 골프회원권, 백화점회원권 등은 가격이 매년 상승하고 최근 금리인 상으로 우량기업이나 지자체가 발행하는 채권가격도 이자율이 10%를 육박하는 고공행 진을 하고 있다. 이는 시장에서 자금이 필요로 하는 사람들이 넘쳐나자 가격은 자고 일어 나면 변화하는 것이 현실이다.

최근 2022년 10월 서울 강남에서 열린 서울옥션 경매에서 스카치 위스키 브랜드 발베 니가 내놓은 한정판 세트 'DCS컴펜디움' 25병이 5억 원에 낙찰됐다. 국내 위스키 단일 경매기준으로 역대최고가 기록이다. 2019년 영국 소더비경매에서는 싱글몰트 위스키 맥 캘란의 '파인앤드레어 1926년' 60년산이 150만 파운드(약 25억 원)에 팔려 세계 최고가 기 록을 세웠다. 부유층 자금이 몰려들자 투자실적도 고공행진 중이다. 영국 컨설팅업체 나 이트프랭크에 따르면 지난 10년간 주요 명품 가운데 희귀 위스키의 수익률은 428%로 전 체 1위를 차지했다. 고급차(164%)나 와인(137%), 시계(108%), 가방(78%) 등의 수익률을 압도한다. 이런 성과에 힘입어 2020년 홍콩에서는 30년 이상 된 위스키 또는 15~40년짜 리 위스키 캐스크에 투자하는 펀드가 출시돼 2,480만 달러를 모으기도 했다. 최근에는 NFT(대체불가능 토큰)를 통해 위스키 진품을 보증하고 실물인도 등의 과정없이 온라인에서 매매가 가능한 전용플랫폼이 등장하는 등 거래 편의성이 높아지면서 일반인들의 투자참 여도 크게 늘고있다. 영국, 스웨덴 등 일부 유럽국가에서는 공모 위스키 펀드가 출시되기 도 했다.[6] 한국의 부자들의 투자가 단순하게 주식과 부동산을 넘어 예술품 채권 등 다양

6) 10년 묻어두면 수익률 428%… 부자들이 푹 빠진 이 명품, 조선일보, 2022년 12월 1일

하게 이루어 지는 것을 보면 보통 사람들은 다소 이해하지 못할 수도 있다고 본다.

우리가 잘알고 있는 기업들의 돈버는 방법을 살펴보면 쿠팡은 일일배송시스템 로케트 배송과 배달업계의 거인배달의 민족은 '시간'을 팔아 소비자들의 마음을 사로잡고 집처럼 편안한 '공간'을 제공하여 비슷한 커피맛임에도 불구하고 일반커피값보다 비싼 스타벅스 돈버는 전략, 여의도의 '더 현대' 백화점은 기존 백화점의 경우 창문과 시계를 두지 않는 것이 하나의 공식인데 이를 통해 소비자는 시간가는 줄 모르고 쇼핑할 수 있도록 유도하는 것인데 하지만 더 현대서울은 이 공식을 깨고 천장을 모두 유리로 만들었다. 더 현대서울은 쇼핑공간보다 자연과 휴식에 초점을 두었고 평균 60%가 넘는 영업매장을 줄이고 휴식공간으로 조성하여 그 중에서도 12m의 인공폭포가 조성된 워터폴가든과 5층 실내 녹색공원 사운즈 포레스트는 마치 공원에 온 듯한 착각을 불러일으켰다 천연잔디와 30여 그루의 나무와 꽃을 조성해 야외에서 쇼핑하는 기분, 공원을 산책하는 가벼운 기분까지 느낄 수 있도록 '자연과 휴식공간'으로 만들었다.

'추억과 경험'을 파는 100년 장수 빵가게 매출액 2백억 원 군산 이성당과 매출액 5백억 원 대전 성심당, 서울 태극당 등은 불황기에도 변함없이 여전히 고객들이 줄을서가면서 빵을 사간다. 이런 사업을 한다면 부자가 되지 않는 것이 이상할 정도이다. 다 설명할 수 없지만 세계적인 기업들 구글, 아마존, 넷플리스, 페이스북 등 많은 기업들도 마찬가지이다.

저자는 기업과 부자들을 연구하면서 과거에는 돈이 주로 제조업에 있다가 미래는 서비스와 금융에 있다는 생각을 지울 수가 없었다. 이런 점에서 미국은 금융부국으로 세계를 호령하고 있다. 그럼 미래의 부가 모이는 곳은 과연 어디일까요? 독자들의 생각이 궁금하다. 저자는 이 대목에서 트렌드 변화에 따라 '시간과 공간이 머무는 일 그리고 추억과 경험을 공유하는 일에' 사람들이 관심과 돈이 모인다고 볼 수 있기 때문에 미래의 부는 이 곳에서 생기고 부자기업이나 부자개인이 발생한다고 보고 있다. 아직도 늦지 않다고 볼 수 있다. 다가오는 2030에 일생일대의 기회를 활용하여 아직 못이룬 부의 꿈을 가져본 것도 좋은 도전이 아닐까 생각한다. 많은 부자들이 일생전반에 걸쳐 돈을 번거는 아니다 누구에나 주어진 몇 번의 기회를 활용하여 부자의 대열에 진입하는 것이 일반적이다. 주변을 둘러보면 부자는 특별한 사람이 아니고 그냥 함께 하는 평범한 이웃이기도 한다. 이번 생이 '폭망'이 아닌 '기회'의 시기를 만들어 가는 것도 역시 자신의 선택에 있다.

③ 노후는 적자로 시작되는 시기이다

　미국의 현재 조지메이슨 대학교 경제학과 교수인 로빈 핸슨(Robin Hanson)은 사회, 물리학과 출신이며 이후 인공지능과 뇌과학 및 철학을 공부하다가 경제학 박사학위로 마무리한 다중지식인으로 세계 경제규모가 이전보다 2배 증가하는데 필요한 시간을 추산한 결과 세계 경제규모는 수주일마다 2배씩 늘어난다고 한다. 수렵채집 사회에서는 22만 4천 년, 농경사회에서는 909년 그리고 산업사회에서는 6.3년이 걸렸다고 하였다. 이것이 가능하게 한 것은 디지털혁명이 변곡점이 되었다. 이러한 영향으로 사람들도 과거보다 더 오래 사는것이 당연하게 되었다. 그러나 요즘은 오래 사는것이 축복인 시절은 지나갔다. 그래서 환갑을 알리는 행사나 잔치는 하지 않는 것이 일상화되었다. 그것은 노후가 경제적으로 고단하다는 것과 관련이 있다.

　실제로 대한민국 노인 자살율이 OECD에서 최하위로 나타난 것을 보면 노후에 건강이나 돈문제가 주요 원인으로 분석되고 있다. 최근 통계청은 1인당 생애주기 소비와 노동소득흐름을 담은 '2020년 국민이전계정'을 2022년 11월 29일 발표했다. 우리 국민의 노동소득이 42세에 3,725만 원으로 정점을 찍고 61세부터는 적자로 전환하는 것으로 나타났다. 국민이전계정은 소비와 노동소득의 관계를 연령변화에 초점을 두고 연령집단(세대) 간 경제적 자원의 흐름을 파악하는 통계다.

　1인당 생애주기 적자는 16세 때 3,370만 원으로 최대적자를 기록했다. 27세부터 노동소득이 소비보다 많은 흑자구간으로 진입했고 43세에 1,726만 원으로 흑자규모가 가장 컸다. 61세부터는 다시 적자로 전환한다. 인생에서 흑자를 내는 기간은 34년에 불과한 셈이다. 연도별로 보면 흑자진입 연령은 27~28세로 일정한 편이나 적자재진입 연령은 점차 뒤로 밀리는 추세다. 42세에 소득정점, 61세부턴 '적자인생'이다. 2010년 56세에서 2020년 61세로 5세나 밀렸다. 평균수명의 연장, 전반적인 인구고령화 등으로 더 늦게까지 일한다는 의미로 해석된다.[7] 요약하면 연령증가에 따라 '적자 → 흑자 → 적자'의 3단계구조를 순차적으로 경험하는 것이다. 본격적인 노후가 행복하기보다는 돈문제로 힘들어진다면 미리 준비해서 좀 더 편안한 노후를 맞이해야 아닐까 생각해 본다.

---

7) 살면서 흑자인생은 단 34년뿐… 61세부터 적자가 시작된다, 조선일보, 2022년 11월 29일

④ 재테크의 새로운 패러다임

2008년 글로벌 금융위기 당시 우리나라는 3개월 만에 460억 달러가 빠져나가고 2009년 3월 6일 환율이 1,597원까지 올라갔다. 2008년 당시는 2004년 4.3%였던 인플레이션을 잡기 위해 1%였던 기준금리를 2006년 5.25%까지 2년 동안 4.25%포인트 인상했다. 사실 이것이 원인이 돼 금리인상 2년 후 2008년 글로벌 금융위기로 전이됐다. IMF 외환위기 당시인 1997년 12월 23일 환율은 1,997원까지 15일 만에 올라간 경험이 있다. 환율상승은 미국이 얼마나 기준금리를 올리느냐에 달려있다고 볼 수 있다. 우리나라 8번의 경제위기 중 7번이 미국 금리인상과 긴축이 원인이었다. 그러나 경기침체나 경제위기로 전이되지 않으려면 금리인상폭과 시기가 매우 중요하다. 우리나라의 경우 가계부채가 1,800조 원이 넘는 상황으로 전세계 1위 규모다. 미국처럼 금리를 큰폭으로 올리지 못하는 이유가 여기에 있다.[8]

1997년 11월 21일 밤 10시. 서울 광화문 정부청사에서 당시 임창열 경제부총리는 국제통화기금(IMF) 구제금융신청을 발표했다. 당시 일반국민에게 IMF는 이름도 생소한 국

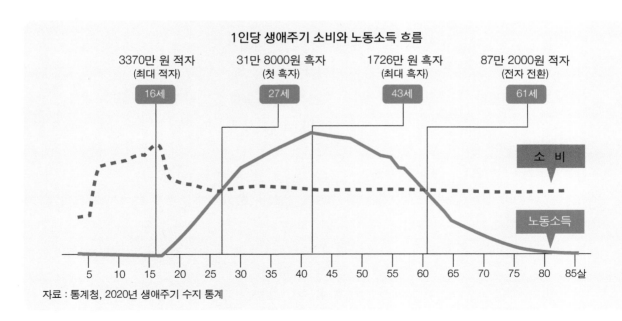

1인당 생애주기 소비와 노동소득 흐름

3370만 원 적자 (최대 적자) 16세 / 31만 8000원 흑자 (첫 흑자) 27세 / 1726만 원 흑자 (최대 흑자) 43세 / 87만 2000원 적자 (전자 전환) 61세

소 비

노동소득

5 10 15 20 25 30 35 40 45 50 55 60 65 70 75 80 85살

자료 : 통계청, 2020년 생애주기 수지 통계

---

8) R의 공포가 온다. 김효신 지음, 트러스트북스, 2022년 7월 11일.

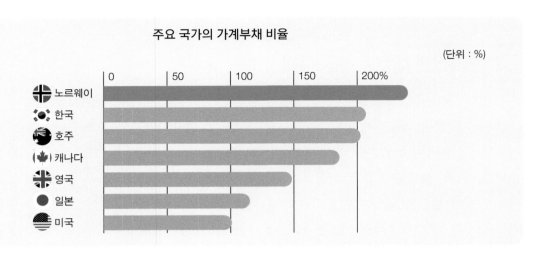

주요 국가의 가계부채 비율

(단위 : %)

- 노르웨이
- 한국
- 호주
- 캐나다
- 영국
- 일본
- 미국

제기구였다. 그 댓가는 혹독했다. 1999년까지 200개가 넘는 기업이 상장 폐지되었고 실업률은 10%에 육박하였다. 금융위기, 코로나19발(發) 경기침체를 거쳐 가파른 금리인상 후폭풍 속에 25년 만에 다시 경제위기론이 점화되고 있다.[9] 2008년 서브프라임 사태를 예견한 세계적인 투자가 짐 로저스는 2019년 5월 과도한 부채로 세계는 역사적으로 수년 안에 한번도 경험하지 못한 베어마켓(bear matket: 하락장)이 지구촌을 덮칠 것으로 전망하였다.[10] 최근 한국은행에서 발표한 〈2022년 1/4분기 금융안정보고서〉에 따르면 한국의 가계부채는 1,859조 원, 국민 1인당 3천 6백만 원으로 주택시장의 침체가 가장 위험한 나라는 한국이라고 닛케이는 지적했다. 한국의 가처분소득 대비 채무비율은 200% 정도로 세계적으로도 높은 수준이라는 것이다. 한국은 최근 5년간 아파트값(전국 평균)은 무려 2배로 뛰었다. 니혼게이자이 신문은 "한국은 소득수준에 맞지 않는 주택담보대출을 받은 가구도 적지 않다"며 "대출의 80% 이상이 변동금리 때문에 이자부담 증가가 일반가정에는 직격탄"이라고 보도했다.[11] 이번 인플레이션 위기로 한국의 주식시가 총액이 680조 원 감소, 주택시가 총액이 800조 원 감소하여 자산가격이 급락하였다.

　이러한 시기에 기존의 고정관념을 바꾸는 일은 늘 힘들다는 것은 다아는 사실이다. 기존에 가지고 있는 습관이나 패턴을 일부 바꾸어도 고통과 불편을 동반하는 것이 비일비재하다. 예를 들면 육식위주 먹는 습관을 채식으로 먹는 습관을 바꾸는 일, 체중을 줄이

9) "환란때보다 가계빚 심각, 방치하면 통제불능 빠질 것", 매일경제신문, 2022년 11월 20일
10) 세계에서 가장 자극적인 나라 짐로저스의 어떤 예견, 짐 로저스 지음, 오노 가즈모토/전경아 옮김, 살림, 2019년 5월
11) 세계 집값 급락…닛케이 "한국 빚 가장 위험", 조선일보, 2022년 11월 20일

기 위하여 매일 1시간씩 운동을 하는 일, 저녁 늦게 자는 수면시간을 일찍 잠자리에 드는 일, 나이들고 남의 탓을 하는 것을 네탓으로 하는 일 등 살아가면서 좀 더 나은 삶을 위해 하는 일들 대부분은 노력이 필요로 하는 일이 대부분이다. 특히, 경제적 자유를 위해 누구보다 열심히 살아 온 사람이 아직 부자가 되지 못하였다면 부자가 되기 위해 새로운 부자 재테크전략이 있어야 한다는 불편한 진실에 우리는 매번 마주치곤 한다.

남들보다 더 빠르고 더 영리하게 더 열심히 공부해서 좋은 대학에 진학하고 더 좋은 회사에 취업하여 승진하고 저축하여 집을 마련하고 그러다가 어느날 갑자기 회사에서 명예퇴직으로 직장을 그만둘 시점이 오면 과연 내 인생이 잘 살아온 인생인가? 이 물음에 명쾌하게 답변할 사람이 과연 몇 명이나 있을지 궁금하다. 그래서 부자라는 새로운 세계를 만나기 위해서는 패러다임이 바뀌는 것은 고통을 필연적으로 동반한다. 마치 코페르니쿠스는 세상 사람들 모두가 지구가 중심에 있고 하늘이 지구를 중심으로 돈다는 천동설을 주장할 때 태양을 중심으로 지구가 돈다는 지동설을 주장했다. 토마스 쿤은 천동설에서 지동설로 바뀌는 패러다임 시프트는 논리나 과학적 증거로 바뀌는 것이 아니라 그러한 이론을 믿는 자들이 죽고 새로운 세대가 그 이론을 받아들일 때야 비로소 패러다임 시프트가 일어난다고 했다. 그만큼 고정관념이라는 것은 머리 깊숙이 박혀있다는 얘기다.[12]

재테크도 일정한 주기가 있다고 본다. 비록 아인슈타인의 상대성 이론과 같은 자연법칙을 아우르는 거대한 패러다임은 아니지만 대한민국에서 재테크에 나름대로 규칙이 존재했다. 그래서 그 짧은 흐름을 패러다임이라 말하고 한다. 이는 소위 말하는 10년 불변설이다. 수출주도 국가인 대한민국은 손바닥 손금을 본것처럼 성장과 하락이 10년 주기로 반복되어 이루어졌기 때문에 이를 잘 활용하여 부자가 된 사람들의 '영웅담'이 마치 성경처럼 변하지 않는 진리가 되어 후세들에게 전해지는 것이 사실이다. 주식투자에서 성장주에서 가치주로 그리고 자산주와 배당주로 끊임없이 주도 주가 바뀌는 것을 볼 수 있다. 투자 대가 워렌버핏 처럼 장기투자와 분산투자가 정말 주식투자의 정답일까? 나도 똑같이 하면 주식의 神이 될까?

부동산 가격상승폭이 중대형 평수에서 소형평수로 경매에서 분양권으로 재건축으로 재개발로 오피스텔이 지식산업센터로 전세에서 월세로 지방으로 갔다가 수도권 그리고 서울로 패러다임이 바뀌는 중이다. 금리가 오르니 이제는 주식이나 부동산보다 채권이나 금같은 실물자산이 안전하다고 흐름이 바뀌는 이유는 무엇일까? 그것은 좋은 물건이 싸

---

12) 김장섭 칼럼 "부동산 투자의 4단계", M 이코노미뉴스, 2015년 5월 16일

게 바뀌고 수익률이 높아지는 것이 이유이다. 흔히들 재테크는 타이밍이라고 한다. 과학은 늦게 그 이론을 수용한다고 어떻게 되는 것이 아니지만 재테크는 타이밍에 따라 수익률의 차이가 크기 때문에 남들보다 늦게 수용하고 들어간다면 오히려 오른가격에 사서 나중에 손해를 보는 구조이기 때문이다. 늦었다고 생각할 때는 안들어가는 것이 낫다. 늦었는데 들어가는 것은 남들보다 빨리 싸게들어가는 것보다 큰 실수를 하는 것이다. 그 답은 간단하다. 비싸게 사기때문이다. 가장 좋은 것은 소수가 움직일 때 들어가야 하는 것이며 다수가 움직일 때는 그것을 털고나와야 하는 것이다. 2021년 이전까지 폭발하는 부동산가격 상승은 오늘 사지 않으면 앞으로 이 가격으로 다시는 살 수 없을 것이라는 분위기와 부동산은 오늘이 가장 싸다는 부동산 투자격언처럼 뒤늦은 인식의 변환은 마음을 급하게 만들고 큰 분석없이 일단 지르고 본다. 그러면 가장 비싸게 사는 것이고 비싸게 산것은 꼭 대가를 치르게 돼 있다. 이제 시작인 2022년 부동산가격 하락을 보면 충분히 이해할 수 있을 것이다.

그동안 대한민국에서 부자가 되기 위해 믿고 해왔던 재테크 패러다임이 앞으로도 이 방식으로 진행할 것일까? 이 질문에 대한 답은 결론적으로 '아니다'라고 말하고 싶다. 방향성은 비슷하나 투자전략이나 방식같은 각론에서 최근 몇십 년 동안 믿었던 부에 대한 부자들의 생각이 변화하고 있기 때문이다. 그럼 왜 부자들의 생각이 변화되었을까? 그 이유는 무엇일까? 궁금하지 않을 수 없다. 저자가 만난 대한민국 부자들을 인터뷰한 결과는 명료했다. 이 책에서 그들의 생각과 습관 그리고 실천을 분석하고 제시할 것이다.

⑤ 대한민국 산업구조 변화가 주는 부의 신호들

먼저 대한민국 산업구조 변화를 통해 부의 흐름을 읽어보면 한국수출은 2022년은 13년만에 3분기 연속 무역적자가 지속되고 있는데 2021년은 전년 대비 25.8% 상승한 6,445억 4천만 달러로 13년 연속 흑자무역수지 294억 9천만 달러 실적을 보여주는 등 1940년대 이후 80여 년간 끊임없는 성장을 했다. 시대변화에 따라 수출을 주도한 효자품목도 바뀌었다. 주요 수출품목은 철광석(1961년)에서 의류(1980년), 반도체(2015년) 등으로 수출 1위 상품이 변화했고 주요 수출시장도 1961년만 해도 일본과 홍콩이 수출시장 1, 2위를 차지했으나 1980년에는 미국과 일본이 2005년에는 중국과 미국으로 바뀌었다. 지

역대 10대 수출상품 변화

자료 : 한국무역협회

순위	1961년	1980년	2005년	2015년
1	철광석	의류	반도체	반도체
2	중석	철강판	자동차	자동차
3	생사	신발	무선통신기기	선박해양 구조물 및 부품
4	무연탄	선박	선박	무선통신기기
5	오징어	음향기기	석유제품	석유제품
6	활선어	인조장섬유직물	컴퓨터	평판디스플레이 및 센서
7	흑연	고무제품	합성수지	자동차부품
8	합판	목재류	철강판	합성수지
9	미곡	영상기기	자동차부품	철강판
10	돈모	반도체	영상기기	플라스틱 제품

출처 : 동아일보, 2016.7.12.

금은 1위를 차지한 중국시장의 수출액이 미국의 2배에 이르는 것으로 나타났다. 연평균 수출증가율도 1960년대에는 41.1%, 1970년대에는 37.6%, 1980년대에는 15.3%를 기록한 것으로 나타났다. 비록 1990년대 들어 수출증가율이 10% 아래로 떨어지긴 했지만 약 30년간 연평균 수출증가율이 두 자리수를 기록하며 수출경쟁력을 유지한 셈이다. 한국의 연평균 상품수출 증가율은 2011년 이후 6.2%대로 떨어졌다.

시대변화에 따라 수출을 주도한 효자품목도 바뀌었다. 이 수출품목을 운영하는 개인이나 법인들이 당연히 부자가 되고 주식시장을 선도할 수밖에 없던 시절이다. 1961년 당시 통계에 따르면 이때 '수출효자' 품목은 철광석, 중석, 생사, 무연탄, 오징어가 1~5위를 차지했다. 특히 10위에 있는 돈모는 생소한 단어이지만 돼지털을 말한다. 무엇이든지 팔아야 하는 어려운 시기에 성장한 업종이다. 1980년대에는 의류, 철강판, 신발, 선박, 음향기기로 바뀌었고 2005년에는 반도체, 자동차, 무선통신기기, 선박, 석유제품이 수출을 주도했다. 2005년 수출 1위 품목이었던 반도체가 2015년에도 여전히 1위를 차지하고 있어 10년 넘게 1위 품목에 변동이 없었다. 2위 품목 역시 여전히 자동차였으며 선박과 석유제품 등도 여전히 10위 안에 들었다. 총 수출액 중 반도체, 자동차, 석유제품, 선박 등 10대 수출품목 비율은 총 34.6%로 나타났다. 이는 미국(23.1%)이나 일본(27.6%), 중국(19.8%)에 비해 지나치게 높은 수치다. 산업구조 변화와 기술개발이 수출품목에도 변화를 가져온 것으로 한국무역협회 관계자는 '1990년대 중국이 세계시장을 잠식하며 우리나라의 섬유, 경공업분야 수출이 크게 줄었지만 반도체와 자동차가 새로운 수출동력으로 떠올라 재도약을 할 수 있었다'고 말했다.[13]

이런 성장으로 2021년 7월 대한민국은 유엔무역개발회의(UNCTAD)로부터 개발도상국에서 선진국지위를 공인받았다. UNCTAD의 설립(1964년)이후 57년 만에 개도국에서 선진국으로 지위가 바뀐 나라는 한국이 처음있는 사례이다.[14] 해방당시 문맹률이 77.8명으로 10명 중 8명이 문맹이었고 1960년대 당시 인구 2500만 중 1400만명이 농업에 종사한 빈국이었으며 1인당 국민총소득이 1953년에 67달러 정도였고 1960년도에는 아시아에서 일본에 이은 2번째 부국인 필리핀에 절반에도 미치지 못하였다. 이제는 1인당 국민총소득은 인도네시아보다 7.5배, 태국보다 4.7배가 많다. 대한민국이 IMF(국제통화기금; International Monetary Fund) 발표 2022년 4월말 기준 34,994 달러로 세계 29위 성장국가를 유지해오다가 이제는 OECD에서 2023년 한국 경제성장률 1.7% 전망을 내놓아 본격적으로 수축사회로 급격하게 진입하게 되었는데 근본적인 이유는 바로 고령화와 저출산 등 '인구구조 변화'로 더 이상 과거의 게임의 법칙으로는 부자국가가 되기가 어렵다는 것이다.

⑥ 인구구조 변화가 보여주는 미래의 돈의 흐름

불과 8년후면 한국이 일본을 제치고 세계 첫 번째 노인국가가 될 것이란 전망이 나왔다. 유엔과 일본 국립사회보장연구소 등의 분석에 따르면 2030년이면 한국 노령화 지수(유소년인구 100명당 65세 이상 고령인구 비율)가 301.6으로 일본(293.8)을 추월할 것으로 예상한다. 물론 이런 전망은 현재와 같은 저출산이 계속되는 상황을 전제로 한다. 추세를 바꾸면 당연히 달라진다. 문제는 그럴 가능성이 있는지다. 현재 한국의 합계 출산율은 압도적 세계꼴찌(2022년 기준 0.81명)다. 경제협력개발기구(OECD)는 물론이고, 유엔회원국 중에서 더 낮은 나라를 찾을 수 없다. 지난 2분기엔 0.75명까지 떨어졌다. 한 마디로 출산절벽,

13) 칠순 맞는 무협… 웃지 못한 '1조 시름', 동아일보, 2016년 7월 12일
14) 대한민국, 유엔무역개발회의(UNCTAD) 선진국그룹 진출, 대한민국 정책브리핑, 2022년 1월 19일

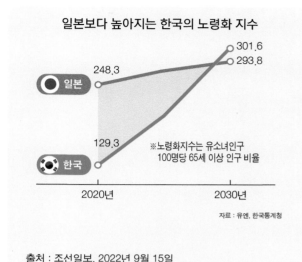

일본보다 높아지는 한국의 노령화 지수

248.3
○ 301.6
○ 293.8

● 일본

129.3

● 한국

※노령화지수는 유소녀인구
100명당 65세 이상 인구 비율

2020년　　　　　2030년

자료 : 유엔, 한국통계청

출처 : 조선일보, 2022년 9월 15일

주요국 고령화율 현황(2021년 기준)

10(세계 평균)

국가	비율
일본	29%
독일	22
프랑스	21
영국	19
캐나다	19
한국	17
미국	17
호주	17
싱가포르	14
중국	14
인도	7

자료 : 세계은행 · 중국국가통계국

인구재앙 수준이다.[15]

　유엔(UN)은 2022년 7월 발표한 세계 인구전망보고서에서 "2020년 세계 인구성장률이 1950년 이후 처음으로 1% 미만으로 떨어졌다."며 '노년층 비율이 2022년 10%에서 2050년 16%로 증가할 것'이라고 내다봤다.[16] 세계경제의 40% 이상을 차지하는 미국과 중국도 고령화의 그늘에서 자유롭지 못하다. 미국은 만 65세 이상 인구가 지난해 5400만 명(고령화율 16.5%)에서 2030년 7400만 명으로 증가하고, 2040년에는 초고령사회(고령자 비율 20% 이상)에 진입할 전망이다. 세계의 생산공장 노릇을 해온 중국 역시 빠르게 늙고있다. 중국은 지난해 고령자 인구가 2억 56만 명을 돌파하며 사상 처음 고령사회(고령자 비율 14% 이상)에 진입했다. 미국 재무장관 출신 래리 서머스 하버드대 교수는 지난해 11월 "미국을 비롯한 세계경제가 빠르게 일본화되고 있다"고 지적했다. 고령화로 경제활력이 사라지면서 일본과 같은 만성 저성장의 늪으로 빠져들고 있다고 경고한 것이다. 2021년 10월 기준 고령화율이 28.9%에 달하는 일본은 마지막 황금기였던 1980년대 이후 30여년째 경제성장률이 0~2%대를 횡보중이다. 일본사례에서 보듯 일반적으로 고령화는 경기침체 → 기업성장둔화 → 임금정체 → 소비감소 → 저물가 혹은 디플레이션으로 이어진다.
　대한민국은 고령화 속도가 세계에서 1위 수준이며 저출산율도 세계에서 1위 수준이다.

15) 日도 놀라는 韓 고령화 속도…경제살려야 충격줄인다, 한국경제신문, 2022년 11월 14일
16) [WEEKLY BIZ] 美도 中도 늙어간다… 세계경제 덮치는 '은빛 쓰나미', 조선일보, 2022년 9월 15일

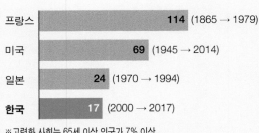

고령화 사회에서 고령사회로 진입 시간

(단위 : 년)

프랑스	**114**	(1865 → 1979)
미국	**69**	(1945 → 2014)
일본	**24**	(1970 → 1994)
한국	**17**	(2000 → 2017)

※고령화 사회는 65세 이상 인구가 7% 이상,
고령사회는 14% 이상인 사회

출처 : 한국경제신문, 2022년 8월 15일

이런 와중에 일본은 2005년 출산율이 1.26명까지 떨어졌지만 이후 20년 가까이 1.3~1.4명 수준을 유지하고 있다. 하지만 한국은 1984년 2명대가 붕괴한 뒤 2018년엔 1명대마저 무너졌다. 2021년에는 0.8명 수준이다. OECD서 1명 이하는 한국뿐이고 2022년 2분기 합계 출산율이 0.75명으로 떨어지면서 올해 연간기준 0.7명대도 기정 사실화하고 있다.[17]

대한민국 전체인구에서 65세 이상 고령인구가 차지하는 비율은 2040년이 되기 전에 유럽국가보다 높아진다. 2040~2045년엔 일본을 제치고 세계 1위 고령국가가 될 전망이다. 통계청은 2019년 내놓은 '세계와 한국의 인구현황 및 전망'에서 한국의 고령인구 비중이 2045년 37.0%까지 높아져 일본(36.7%)을 넘어설 것이라고 예상했다. 통계청은 2년 만에 2045년 예상 고령인구 비중 전망치를 37.4%로 높였다. 2070년 대한민국은 국민절반가량 65세 이상 인구를 일할 수 있는 사람 1명이 노인·유소년 1.16명 부양해야 하는 세계에서 '가장 늙은 나라'로 인구절벽시대에 대한민국이 직면하게 되었다.

미국의 일론 머스크 테슬라 CEO는 "저출산에 따른 세계 인구붕괴는 인류문명에 지구 온난화보다 훨씬 큰 위험요소"라고 주장했다. 이는 인구절벽이 한 국가의 문제가 아니라 전세계의 생존문제와 연결된 것을 암시하는 것이다. 인구절벽 시대에 나타나는 사회현상은 고령화로 인해 사회 각계각층에서 문제가 동시 다발적으로 발생할 것으로 본다. 그 중에서도 가장 중요한 이슈가 사람부족 현상이다. 외국에서 공부하고 돌아오는 내국인의 급감이다. 고급인재들의 '탈 한국'으로 국내보다 미국 등 박사급 연봉이 한국의 두배

---

17) 韓 고령화 속도 세계 1위…2045년 日 넘어 '가장 늙은 나라', 한국경제신문, 2022년 8월 15일

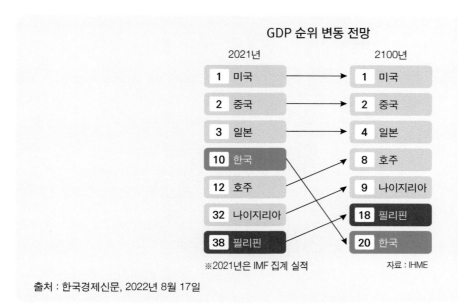

GDP 순위 변동 전망

2021년		2100년
1 미국	→	1 미국
2 중국	→	2 중국
3 일본	→	4 일본
10 한국		8 호주
12 호주		9 나이지리아
32 나이지리아		18 필리핀
38 필리핀		20 한국

※2021년은 IMF 집계 실적   자료 : IHME

출처 : 한국경제신문, 2022년 8월 17일

수준으로 유학생 90% 이상 현지 눌러앉아 인력유출이 곧 경쟁력 약화로 이어지기 때문이다.

　세계은행은 1998년 발간한 보고서를 통해 1965~1990년 동아시아 지역의 '기적(miracle)'과 같은 경제성장의 약 3분의 1이 인구증가로 인해 달성됐다고 분석했다. 또한 인구·보건분야에서 권위를 인정받는 미국 워싱턴대 의과대 산하 보건계량분석연구소(IHME)는 2020년 내놓은 보고서를 통해 한국의 GDP 순위가 2100년까지 20위로 떨어질 것으로 본다. 반면 필리핀은 18위로 올라설 것으로 예측했다. 지난 반세기 동안 경쟁상대로 여기지 않았던 필리핀과 경제규모가 재역전될 정도로 한국의 경제력이 약해지는 근본적 원인은 저출산·고령화다. IHME는 한국인구가 저출산으로 인해 2100년 2678만 명으로 줄어들 것으로 전망했다. 지난해(5174만 명)의 절반수준이다. 반면 필리핀은 2017년 1억 347만 명에서 2100년 1억 6946만 명으로 증가할 것으로 IHME는 내다봤다. 한국은 현재 호주, 나이지리아 등에 경제규모면에서 앞서고 있지만 2100년엔 뒤처질것으로 예상됐다.[18] 이로 인하여 자본축적·투자·소비침체를 유발하여 생산연령 인구(15세~64세) 0.1%P 감소 땐 GDP 연평균 0.3%씩 줄어들 것으로 예상된다.

　이는 일본은 생산연령 인구가 1995년부터 급격히 감소했는데 생산연령 인구비중이 낮

---

18) 인구줄어 들며 韓 GDP 순위 10→20위로…필리핀에 추월당한다, 한국경제신문, 2022년 8월 17일

아지면서 1인당 실질 GDP 증가율도 하락했다며 "한국은 일본에 비해 약 21년의 후행성을 보이는 점에 비춰볼 때 곧 일본의 '잃어버린 30년' 전철을 밟게 될 것"이라고 우려가 된다. 전남조선해양전문인력양성센터에 따르면 2025년까지 전남조선업계의 인력부족규모가 9000명에 이를 전망이다. 올해말 부족인력이 7849명인데 내년 6월말엔 1만 944명으로 28.3% 늘어날 것으로 관측됐다. 내년말엔 1만 5000명 안팎으로 더 불어날 것으로 예상된다. 농촌사정은 더 심각하다. 청장년층인 외국인 근로자없이는 모내기와 수확철 등 농번기를 넘기기 어렵다. 젊은층들 생산현장 외면에 조선건설 등 환경열악한 곳 외국인 없으면 가동중단 위기상태이다. 중소기업·농어촌도 상황이 비슷하다. 경북 의성의 한 마늘재배 농민은 "내국인이든 외국인이든 하루품삯을 15만 원 안팎으로 제시했지만 사람이 없어 골머리를 앓고있다"고 말했다.[19] 쪼그라드는 키즈산업은 완구거리서 40년 장사한 사장은 "아이들 안보여…이익 20% 뚝" 떨어져 더 이상 버티기도 힘들고 악기·학습지·아동복 등이 '직격탄'을 맞고 집집마다 한대씩 있던 피아노 수요시들…내수시장 28% 폭락하였다. '눈높이' 회원 4년새 30% 줄어 아동복업체, 골프의류로 눈돌려 산업전환으로 겨우 생존하고 있다. 2030년 대학원생 제로위기 서울대는 베트남 호찌민대와 공동으로 대학설립하여 학부때부터 한국식 교육을 하여 우수인력을 대학원에 유치하도록 베트남에 분교를 낸다. 택시기사 고령화 심각하다. 운전자 넷 중 세 명은 60대 이상 70세 이상 비율도 18.6% 달해 20~30대 운전자는 0.5% 그쳐 법인택시는 실적상관없이 월급이 적어 젊은층 떠나고 고령자만 남은 상태이고 개인택시들은 "돈보다 건강" 낮에만 일하고 야간운전꺼려하는 추세이다. 고령화와 저출산율은 이제 산업지형도도 바뀌는 상황이다. 인구절벽이 낳은 3대 산업트렌드 글로벌화·무인화·고급화이다 이로 인하여 인구감소에 내수성장 한계로 한국시장만 보고선 기업 못합니다. 현대차 내수 20년째 제자리 통신사 가입자도 포화상태로 내수에만 얽매여선 도태위기에 국내기업들이 처한 상황이다. 대한민국은 이미 인구 한명당 스마트폰 한대, 인구 두명당 자동차 한대를 보유한 나라다. 인구가 감소세로 접어든 것까지 감안하면 스마트폰, 자동차, 식품업계 등 소비재 시장은 더 이상 성장하기 힘들 것이라는 게 전문가들의 예측이다.[20]

더 심각한 것은 인구감소로 지방소멸이 가속화되고 있다는 것이다. 부산은 특별시 광역시 중 첫 '초고령사회'에 진입하게 되어 청년들 부산을 떠나 생산연령 인구절반으로 '뚝' 336만 명이고 전체인구 2050년에는 251만 명으로 줄 전망, 특히 영도구 인구감소율

19) 코로나로 외국인 근로자 입국감소…배만들 사람없어 수백억 일감포기, 한국경제신문, 2022년 8월 17일
20) "한국선 더 이상 힘들다"…삼성·현대차 줄줄이 해외로, 한국경제신문, 2022년 9월 8일

20.9%로 지자체 1위 불명예 "빈집 매입해 도시 공동화방지 나섰지만 규제 등 막혀 효과미미"한 상태이다. 또 다른 지자체로 전남 고흥군은 "아이 울음소리를 들은 게 30년도 더 됐을거야"할 정도이다. 고흥군, 1990년 인구 13만 전남 최대 군지역 명성 현재 8만 7000여명으로 줄어 가족단위 이탈증가, 동일면 사동마을은 81% 주민줄어 마을 사라질 위기, 인구줄면서 교통, 병원 등 복지소외 현상도 심화, 주민들 "농산물가격보장 해줘야 사람들이 들어올 것이다."

인구절벽이 심각한 경북 군위는 "인구가 늘어난다면 군 공항도 받겠다"정도이다. 전국 45개 소멸위험지역 중 9개가 경북에 군위군 정곡리 인구 15명, 가구 수 11개 불과하면 사망자 신고만 나올뿐 출생신고 가물에 콩나듯 다문화가정 아이들로 초등학교 명맥유지하고 있고 20년간 268개 학교폐교로 대구까지 장거리 유학하고 있다. 조영태 서울대 보건대학원 교수는 지금 추세가 지속되면 2050년 이후엔 2년마다 울산시 만큼의 인구(현재 112만 명)가 줄어들고 2100년이면 한국인구가 1800만 명 밑으로 떨어질 것으로 예상했다. 한국고용정보원은 228개 기초지자체 중 약 50%인 113곳을 소멸위험 지역으로 분류했다. 소멸위험 지역은 2010년 61곳에서 12년 새 거의 두 배가 됐다.[21]

산업화시대에 재테크방식과 디지털 4차 산업혁명 시대에 재테크방식은 그 방식이나 접근이 다르게 해야 한다고 본

다. 그 떵떵거리던 일본 D램이 지금 어디 있는지 삼성도 안심못한다. 2012년 이전까지 전 세계 핸드폰 시장점유율 41.1% 점유한 노키아가 망한걸 기억해야 한다. 대한민국 한강의 기적으로 국민소득 3만 불은 신기루에 가깝다. 필리핀이나 베트남 등의 동남아시아 국가들이 2만불 되는 것은 순식간이라고 생각하고 긴장해야 한다. 상당한 위기의식을 느껴야 한다. 이러한 시기에 부자가 되기 위한 새로운 부자전략을 근본적으로 세워야 하는 것이 현실이다. 기존 유치원에서 대학으로 이어지는 제도권 교육은 내용연수가 지나 수명을 다하

21) 인구재앙…지자체 절반 '소멸위험', 한국경제신문, 2022년 8월 15일

고 있다고 본다. 이런 수요를 감당할 평생학습 체계를 갖춰야 한다. 인구절벽 시대에 맞는 새로운 부자의 마인드와 습관 그리고 투자전략에 필요한 '로드맵'을 짜야 한다.

☑ 세계적인 투기와 버블은 왜 발생하였는가?

투기와 버블은 역사적으로 늘 반복되었다. 1920년대 1차 세계대전으로 유럽이 황폐해지자 이를 대신하여 경쟁력을 얻은 곳은 미국이었는데 대량생산과 대량소비로 발생한 버블로 1929년부터 시작된 세계 대공항발생의 시발점이 되었다. 일본에서도 1980년대 말 지금의 잃어버린 30년이 원인된 버블이 발생하였다. 옛날이나 지금이나 사람들의 삶속에는 늘 지금보다 더 잘사는 인생을 꿈꾸어 온 것은 분명한 사실일 것이다. 위기 속에서 기회를 찾는 사람들을 우리는 부자라고들 부르기도 한다. 역사적으로 위기들이 무엇이 있으며, 그 내용을 알아보고자 한다.

35년간 주기를 깊이 연구한 해리 덴트는 대호황의 1920년대가 끝난 뒤 대공황이 왔다. 그리고 대호황의 2000년대가 끝난 뒤 심각한 경기침체가 왔다. 우리는 2009년부터 2015년 사이의 엄청난 호황 장세이후 유례없는 매우 고통스러운 침체기를 앞두고 있다. 대략 2022년 이후에는 붐이 더 광범위하게 붕괴되면서 버블이 터질것이며 현재의 39년 주기로 반복된 세대지출 주기도 끝이 날 것으로 예상된다. 그러나 주식시장에서 손해는 대부분 2017년 후반부터 발생할 가능성이 있다. 부동산은 결코 이전과 같지 않을 것이다. 더 정확히 말하자면 그럴 수가 없다. 전 세계적으로 인구증가 추세가 둔화되기 때문에 예전과 같을 수가 없다. 점점 더 많은 부유한 선진국에서 사람들이 더 많이 사망하면서 매각하는 주택이 젊은사람들이 구입하는 주택보다 더 많아지고 있는 현실이 이를 증명한다. 간단히 말하면 모든 버블의 끝에는 금융자산을 가진 사람들과 기업에 일생일대의 기회가 찾아온다. 투자자들이 대공황 이후에 벌어들인 돈을 보라는 것이다.[22]

22) 2019 피할 수 없는 거대한 붕괴가 시적된다. 부의 대절벽, 해리덴트 지음 안종희 옮김, 청림출판, 2016년

◆ 투기와 버블의 시작 '네덜란드의 튤립파동'

그래서 세계적으로 대표적인 투기사례로 한 때 17세기 네덜란드의 황금기에 상류층의 부의 상징으로 거래되었던 튤립을 통해 일확천금을 노리는 튤립파동은 1634년에 시작하여 튤립가격은 50배 넘게 급등하다가 1637년 폭락으로 끝났다. 투기절정에 튤립 한뿌리는 암스테르담의 집한채 가격과 맞먹었고 황소 465마리와 맞먹는 5,500 플로린으로 거래되었다가 1637년 2월 버블이 붕괴되고 가격은 95센트까지 떨어져 버블은 사라지게 되는 일이 있었다.

튤립은 겨울엔 공급이 부족한 탓에 아직 재배중인 튤립을 우선 '증서' 형태로 계약하는 게 일반적이었고 증서를 제시해 구근을 받은 뒤에도 꽃을 피우기 전엔 정확한 품종을 얻기 힘들었기 때문이다. 튤립구근 실물을 받기 전 더 높은 가격에 증서를 되팔아 돈을 벌거나 구근을 받았는데 저렴한 품종에서 운좋게 희귀한 변종이라도 발견되면 큰돈을 벌수도 있었던 겁니다. 일종에 선물투자 상품이고 동시에 로또복권이었던 셈이다. 변종을 일으킨 튤립에는 '황제', '총독', '제독'같은 군대계급같은 이름이 붙어 비싸게 거래되었다. 높은 사행성으로 인기를 끈 튤립거래는 투기광풍으로 이어져 수년간 지속되었다. 그렇게 1636~1637년에는 투기적 수요가 극에 달하고, 가격도 정점을 찍었다.[23] 그러나 투기열풍은 계속되지 않았다. 튤립가격이 고공행진을 이어가자 재배하는 사람들도 급격히 늘어난 데다 너무 높아진 가격에 구매자들이 점점 사라졌기 때문이었다. 1637년 2월 튤립가격이 급락하기 시작하였으며, 그렇게 약 4달 만에 가격은 최고점 대비 95% 이상 급락하고 말았다. 튤립파동은 역사상 거대한 금융버블이기도 하지만 2000년대 닷컴버블보다 규모나 영향력이 더 컸다.[24]

◆ 잃어버린 30년 일본의 부동산 투기와 버블

20세기 미국의 경제패권이 힘을 잃어가기 시작하여 1980년대 중반 일본의 경제력은 조만간 1인당 GNP가 미국을 초월할 것으로 예상되는 시기에 일본의 무역수지흑자 증가 추세는 강화되고 미국의 무역수지적자는 눈덩이처럼 늘었다. 이를 두고 일본이 미국을 '경제적 진주만 공격'으로까지 불릴 정도였다. 이로 인하여 잃어버린 30년 일본의 버블

---

23) 비트코인 가격거품? 역사상 최악버블은 '이것' [영화로운 경제], 매일경제신문, 2022년 3월 7일
24) 42가지로 사건으로 보는 투기의 세계사, 토르스텐 데닌 지음, 이미정 옮김, 웅진지식하우스, 2022년

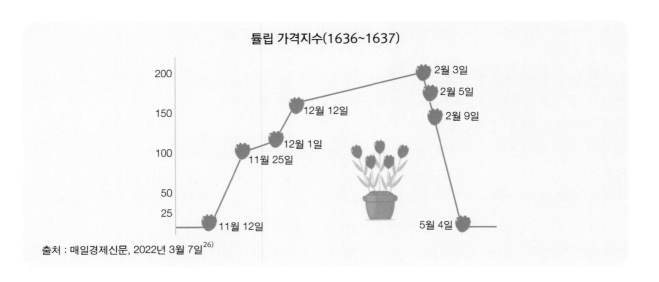

튤립 가격지수(1636~1637)

2월 3일
2월 5일
2월 9일
12월 12일
12월 1일
11월 25일
11월 12일
5월 4일

출처 : 매일경제신문, 2022년 3월 7일[26]

은 플라자협정[25]으로 인하여 엔화강세와 이자율하락으로 주식과 부동산, 해외투자에 거품형성으로 발생하였다. 일본은 무역수지흑자 해소를 위하여 미국의 국채와 고층부동산을 싹쓸이 할 정도였다. 그래서 일본의 버블은 일본인들이 '바부르'라고 부르는 동산버블부터 시작되었다. 일본의 땅값은 구조적으로 산이 많아 경작할 수 있는 땅이 상대적으로 적은 이유로 1956년부터 1986년 사이에 무려 50배 이상 올랐고 1974년을 제외하고는 땅 가격이 상승하였다.

1980년대 말 대표적인 부동산버블을 말해주고 있는 일화로 일본 천황이 거주하고 있는 도쿄 황궁(도쿄의 3.4제곱킬로미터 정도 차지)의 땅값이 캐나다 전체 땅값보다 높고 미국 캘리포니아 전체 땅값보다 비싸다는 기사가 나왔다. 캘리포니아의 면적은 황궁에 비해 수십억배나 넓은데도 그 땅을 다 팔아도 황궁땅을 살 수 없다는 것이 기정 사실이었다. 1990년도 일본의 전체 부동산가격이 전 세계 모든 부동산가격을 합친 것보다 50% 더 많다고 추산하였다. 도쿄중심가 긴자(銀座)거리의 땅가격이 한 때 1㎡당 3,000만엔(약 21만 달

25) 1985년 9월 22일에 미국의 재무장관 제임스 베이커를 포함한 프랑스, 독일(서독), 영국, 일본의 재무장관들이 뉴욕 맨하탄의 센트럴파크 남단 5번가에 1907년에 지어진 플라자 호텔에서 합의한 것이다. 미국이 인위적으로 다른 나라 화폐들(특히 일본 엔화)의 가치를 올림으로써 달러의 가치를 떨어뜨린 일종의 환율조정을 한 사건이다.이를 통해 미국은 당시 경제적, 문화적으로 미국의 입지를 슬슬 침범하던 일본을 성공적으로 저지하였다는 평가를 받는다. 대신 일본은 엔고 현상, 부동산 경제버블 등 엄청난 경제타격을 입어 이후 그 여파가 30년간 이어져 소위 '잃어버린 30년'이라는 말이 나오게 되었다. 이 때문에 플라자 합의를 '일본에 대한 미국의 경제적인 원폭투하'라고 평가하기도 한다.
26) 비트코인 가격거품? 역사상 최악버블은 '이것' [영화로운 경제], 매일경제신문, 2022년 3월 7일

일본 닛케이주가와 부동산 가격 추이

출처 : 동아일보, 2008년 10월 29일

자료 : 블룸버그, 일본부동산연구소

러, 한화 약 3억 원)으로 거래되었다. 1989년 일본의 대기업인 미쓰비시는 10억 달러를 투자하여 뉴욕 맨해튼에 있는 록펠로센터를 매입하였고 소니는 34억 달러를 투자하여 영화사 콜롬비아를 사들인 등 전 세계 주요 지역의 부동산쇼핑에 몰두하였으며 일본 국민소득은 미국의 절반에 미치지 못했지만 주식시장의 시가 총액은 미국 주식시장 시가총액의 2배에 달했다.

하지만 그 거품은 오래가지 않았다. 1989년 12월 29일 니케이225 지수는 3만 8,957.44까지 치솟아 4만 포인트를 달성하듯이 보였고 일본 상장주식의 시가총액이 4조 달러에 이르렀고 이는 미국내 모든 주식시장 시가총액 합계의 1.5배에 육박(당시 일본 GDP 가 미국 GDP의 절반정도) 전 세계 주식시가 총액의 45%에 이를 정도였으며 정부나 언론에서도 1990년에도 니케이는 상승할 것이라는 장미빛 전망을 제시하였다. 그러나 주가는 1989년 12월 29일 최고기록을 갱신하며 더 이상 상승하지 못하고 급락했고 일본의 대장성이 나서서 은행과 보험, 증권사와 우체국들에게 압력을 가해 부양책을 썼지만 니케이 지수는 끝없는 하락이 시작하였으며 부동산가격도 급락했다. 금리도 상승하고 무역적자도 늘어나 결국에는 금융부실이 나타났다. 1995년 8월 일본인들은 2차 세계대전 이후 처음으로 예금인출 사태를 경험하였고 대형 금융회사인 오사카 신용조합과 효고은행, 주택금융신용조합 주센, 그리고 1997년 10월에는 전후 최초로 신용증권이 증권사로 파산하였고 1997년 11월 23일에 설립 100년된 일본 빅4 증권사 하나인 야마이치 증권이 파산하였다. 1998년 10월 니케이지수는 1만 2천을 기록하자 이를 일본경제를 경제학자 케인즈가 말하는 '유동성 함정'에 빠졌다고 하였다. 1980년대 일본의 버블과 1990년대 거품붕괴에 따른 장기불황은 1929년 미국 대공황 이후 최대의 금융위기로 평가된다.

일본의 경제적 성장을 칭송하는 보고서 1976년 브루킹연구소의 '아시아의 새로운 거인'과 1979년 하버드대학교 사회학자 에즈라 보겔의 '1등 국가 일본' 등에서 미국과 일본의 국제적 위상이 바뀔 것이라고 주장했으며 1988년 일본은 전 세계 부의 16%를 차지했고 1989년 시가총액 기준으로 전 세계 10대 기업 중 7개가 일본기업이었으며 1990년에는 총 자산기준으로 세계 5대 은행이 전부 일본은행이었는데 자원이 부족한 나라치고는 놀라운 성과였다. 또한 세계 최대 원조공여국이고 유엔에 2번째로 많은 분담금을 내고 선진 7개국 회의 G7에 유일하게 참석하는 아시아 국가가 되었다.[27] 세계경제 3위의 경제대국이고 10대 인구대국 일본의 인구는 한국의 2.5배 영토는 한반도 기준 2배(남한만 비교하면 4배) 경제규모는 3배인 일본경제는 버블로 인하여 '잃어버린 30년'이 시작되었다. 일본은 2006년까지 30개 OECD 국가 중 빈곤율 4위, 2009년 삼성전자의 영업이익이 일본 전자기업 9개의 영업이익을 합친 것보다 2배를 넘어섰고 2010년 중국이 세계 2위의 경제대국이 되어 일본을 추월하였으며 2012년에는 한국의 국가신용등급이 일본을 능가하는 변화가 있었다.

◆ **미국의 부동산 투기와 버블 '서브프라임 사태'**

2008년 세계적인 서브프라임 금융위기 근원지는 세계의 경제 1위 국가 미국에서 발생하였다. 1997부터 2006년 사이에 미국 주택가격은 124% 이상 증가하였다. 미국 부동산 가격은 2006년에 정점에 도달했다. 금리상승으로 모기지로 대출을 받은 사람들은 주택가격상승폭이 둔화되면서 금리부담이 커지게 되어 2007년 서브프라임 모기지위기(Subprime mortgage crisis)가 본격화되었다. 미국에서 서브프라임(subprime) 등급은 대출심사에서 통과하지 못하거나 신용등급이 낮은 사람들에게 나가는 대출을 말한다. 주택을 담보로 모기지대출을 제공할 때 신용도가 낮은 사람들에게 나가는 비우량대출이 서브프라임 모기지(subprime mortgage)대출이다.

서브프라임 모기지(비우량 주택담보대출)를 취급한 대표적인 금융회사는 2008년에 9월에

27) 마지막 정점을 찍은 일본 피크재팬, 브래드 글로서먼 지음, 김성훈 옮김, 김영사, 2020년

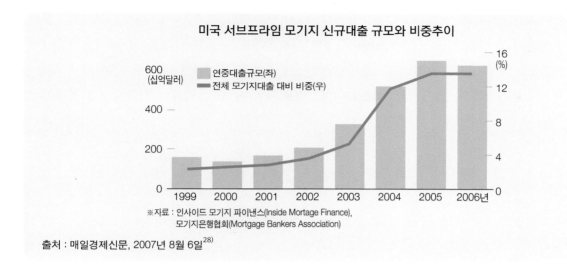

미국 서브프라임 모기지 신규대출 규모와 비중추이

■ 연중대출규모(좌)
■ 전체 모기지대출 대비 비중(우)

※자료 : 인사이드 모기지 파이낸스(Inside Mortage Finance),
모기지은행협회(Mortgage Bankers Association)

출처 : 매일경제신문, 2007년 8월 6일[28]

파산한 베어스턴스(Bear Stearns)과 리먼브러더스(Lehman Brothers) 등이다. 뉴욕 맨해튼 한복판 46~47가에 베어스턴스(Bear Stearns) 본사가 있었는데 이들 금융회사의 성장비밀은 서브프라임 모기지투자에 있었다. 1923년에 자본 50만 달러로 유대계 조지프 베어(Joseph A. Bear)와 로버트 스턴스(Robert B. Stearns)가 설립하여 2005~2007년 미국 포춘지가 선정하는 '가장 존경받는'(Most Admired) 증권사에 선정도 되었다. 미국내에서 증권사 규모가 6~7위에 해당하였고 2000년대초 미국 부동산가격이 뛰고 공급보다 수요가 늘어나고 저금리시기에 상대적으로 신용도가 낮은 담보대출에 고금리의 비우량 모기지대출을 확장해 높은 수익을 얻어 급격한 성장을 이루었고 2006년 11월 베어스턴스의 총 자본은 667억 달러, 총 자산은 3,504억 달러에 이를 정도로 급성장하였다. 그 후 금리인상과 경기침체로 주택가격 하락으로 부동산가격이 하락하여 부실이 증가했다. 베어스턴스는 서브프라임 모기지를 담보로 해서 유동화증권을 발행하는 일종의 파생금융상품인 부채담보부 증권(CDO, collateralized debt obligation)에 대량으로 투자한 금융기관이나 기업, 개인들이 동시다발로 어려움에 처하게 되어 서브프라임 모기지를 담보로 해서 유동화증권이 부실화로 어려운 상황이었다.

리먼브러더스(Lehman Brothers)는 독일 유대인 출신의 헨리, 에마누엘, 메이어의 리먼 세 형제가 미국에서 1847년에 면화장사로 출발한 회사다. 세 형제는 면화사업에서 큰돈을 벌어 금융업으로 업종을 전환했고 2008년 파산직전에 자본 225억 달러의 회사가

---

28) 서브프라임 충격, 고수익 노렸던 금융기관 부실 도미노, 매일경제신문, 2007년 8월 6일

6,800억 달러의 자산을 가지고 있었고 2008년 파산할 때까지 골드만삭스, 모건스탠리, 메릴린치에 이어 뉴욕 월스트리트의 4위 투자은행으로 성장하였다. 결국에는 수익이 좋은 서브프라임 모기지대출과 관련한 파생금융상품인 부채담보부 증권 CDO에 투자하여 2008년 9월에 파산한 미국의 대표적인 금융회사이다. 이로 인하여 미국경제가 침체할 정도로 그 여파가 매우 심각하였다.[29]

◆ 암호화폐의 투기와 버블

암호화폐의 미래 비트코인은 2009년 최초로 등장했다. 암호화폐(cryptocurrency)는 블록체인(blockchain) 기술로 암호화되어 발행되고 일정한 네트워크에서 대안적 탈중앙화 지불수단 화폐로 사용할 수 있는 전자정보로 정의하고 있는데 비트코인은 총 발행량이 2100만개로 정해져 있다. 비트코인이 '디지털 금'으로 불리기 시작한 이유 중 하나이다. 오늘날에는 1만 개가 넘는 대체코인(알트코인)이 만들어졌다. 2010년에 0.003달러였던 비트코인 가격은 당시 피자 두판의 가격이 30달러였으니 비트코인 1개당 0.3센트(0.003달러, 약 3.82원) 정도했던 셈이다.

2022년 5월 22일 현재 1비트 코인의 가격은 약 29,442달러로 12년 새 가격이 9,814,000배 뛰었다. 이처럼 엄청난 호황과 불항으로 비트코인은 1637년 네덜란드 튤립 파동이나 1980년대 일본의 부동산버블과 2008년 미국 서브프라임 모기지사태보다 훨씬 규모가 큰 역사상 최대 금융버블이 되었다. 암호화폐는 포브스에서 아리 폴은 '온갖 버블의 유혹앞에서 기억할 가치가 있는 사실은 아직도 우리는 기술개발 초기단계이자 전 세계적으로 도입초기에 있다는 것이다.'라고 하였다. 그만큼 초기단계이기도 하지만 위기도 성장도 무궁무진하다는 것이다. 2020년 12월 20일 테슬러 최고경영자(CEO) 일론 머스크는 '생산적인 삶을 위해 비트코인 투자를 참고있다'는 글을 트위터에 올렸고 이 글로 인하여 비트코인 가격이 급등하기도 하였다.[30] 테슬라에 집중투자하는 ETF로 '대박'을 낸 스타 투자자 캐시 우드는 2022년 3월 3일 참가한 온라인회의에서 더 많은 미국기업들이 암호화폐를 재무제표에 넣을 것이라고 예상했다고 하였다. 그는 다른 미국기업들이 이러한 움직임에 합류한다면 비트코인의 추가상승 여력은 최소 4만 달러에서 최대 40만 달러에 달할 수 있다고 말하였다.

29) 2008 미국 파산⑥···거품 붕괴의 종말, 아틀라스뉴스(http://www.atlasnews.co.kr), 2020년 12월 4일
30) 42가지로 사건으로 보는 투기의 세계사, 토르스텐 데닝 지음, 이미정 옮김, 웅진지식하우스, 2022년

역대급 '코인붕괴' 왜 발생했나…루나사태 A to Z [긱스]

　수십조 원을 호가하던 코인가격이 하루아침에 휴지조각이 됐습니다. 전세계 가상화폐 시장도 상당한 충격에 휩싸였습니다. 블록체인 기업 테라폼랩스가 발행한 테라·루나 얘기입니다. 차세대 코인의 선두주자로 테라생태계는 어쩌다가 모래성처럼 산산히 무너지게 됐을까요.

　'알고리즘 스테이블코인(algorithmic stable coin)'은 인간의 탐욕이 만든 허상인지 아니면 혁신을 위한 시행착오의 과정인지… 국내 최고의 암호학 전문가로 평가되는 김승주 고려대 정보보호대학원 교수가 [한경 긱스]에서 루나사태를 통해 알고리즘 스테이블코인 시장의 현재를 진단하고 미래를 조망합니다.

　■ 역대급 '코인붕괴' 왜 발생했나…루나사태 A to Z [긱스]

　루나(LUNA)와 테라(UST)는 올해 5월 초까지만 하더라도 시가총액 기준으로 전 세계 가상자산 중 8위까지 올랐었다. 그러나 국내거래소에서 10만 원이 넘는 가격에 거래되던 인기 암호화폐 루나는 단 6일 만에 그 가치가 1원 미만의 휴지조각으로 전락하면서, 테라는 고점 대비 57%가 루나는 고점 대비 무려 99%가 폭락했다. 불과 5개월 사이 약 50조원 넘게 사라진 것이다.

　더욱이 그 파장은 국내를 넘어 전 세계 가상자산 시장까지 악재로 작용하고 있다. 실제로 시가총액 규모로 스테이블 코인에선 1위, 암호화폐시장 전체에서는 비트코인(BTC), 이더리움(ETH)에 이어 3위였던 암호화폐 테더(USDT)는 이번 루나/테라 사태의 영향으로 1주일 새 약 100억 달러(12조 6400억 원)가 인출되기도 했다. 영국 가디언(The Guardian)지는 이번 사건을 두고 '암호화폐 세계의 리먼브라더스 사태'에 빗댔으며, IMF 총재는 전형적인 피라미드 사기라고 비판하기도 했다.

　테라와 루나는 한때 가상자산 정보사이트 코인마켓캡 기준 시가총액 10위 안에 위치할 정도로 성장하며 한국을 대표하는 가상자산으로 손꼽혔다. 하지만 금리인상에 따른 시장위축으로 암호화폐들의 가격이 일제히 하락하고, 원인모를 루나, 테라의 대량매도까지 갑작스럽게 발생하면서 5월 9일 테라의 가치는 0.985달러까지 하락하며 1달러 페그가 붕괴한다. 5월 10일 테라의 가격이 회복되지 않고 디페깅이 지속되면서, 테라의 가치는 15% 하락한 약 0.8달러를 기록한다. 루나 또한 53% 하락하며 29달러를 기록한다. 테라와 루나의 공동하락으로 시세방어가 점점 더 불가능해져 간 것이다. 5월 11일, 지속된 디페깅으로 투자자 불안이 가중되며 뱅크런이 가속화됐다. 이에 루나는 92% 하락한 2.5달러. 테라는 0.4달러로 시세가 급락한다. 같은 날 재닛 옐런(Janet Yellen) 미국 재무장관은 스테이블 코인에 대한 규제가 필요하다며 법안마련을 촉구했다.

　5월 12일, 루나와 테라의 시세가 99.99%까지 폭락한다. 게다가 루나/테라의 가격방어를 위해 테라폼랩스에서 자신들이 보유한 비트코인을 매도할 것이란 우려가 제기되면서 비트코인이 3만 달러 선이 붕괴한다. 실제로 권도형 대표(CEO)가 만든 LFG(Luna Foundation Guard)는 얼마 전 재단이 가진 자산내용을 공개했는데, 보유하고 있던 비트코인이 313개밖에 안 남았었다.

지난 5월 7일만 하더라도 8만 394개를 갖고 있었으니 불과 열흘만에 현재 시세로 약 3조원어치의 비트코인이 사라진 것이다. 재단은 비트코인 판돈을 테라의 가격방어에 썼다고 밝혔다. 5월 13일, 세계 최대 가상자산 거래소인 바이낸스(Binance)가 루나거래를 중단한다고 밝히고, 14일 권 대표가 "내 발명품이 모두에게 고통을 줘 비통하다"며 사과하면서 루나/테라의 신화는 막을 내린다. 금융당국은 루나를 보유한 국내투자자 수를 28만명으로 추산하고 있다. 그러나 더욱 우려되는 것은 루나가 이렇게 폭락한 와중에도 단기차익을 노리는 사람들이 뛰어들고 있다는 것이다. 실제로 루나가 폭락한 다음날에도 국내 최대 암호화폐 거래소인 업비트(Upbit)에서 루나는 1,633억 건이나 거래됐다.

● 출처 : 한국경제신문, 2022년 5월 28일

세계적 금융회사들도 점점 비트코인에 대한 긍정적 전망을 발표하는 분위기이다.

씨티그룹은 지난 1일 보고서를 통해 '비트코인의 미래는 여전히 불확실하지만 주류에 편입하거나 투기적으로 붕괴할 티핑포인트(변곡점)에 있다'며 '언젠가는 국제무역을 위해 선택가능한 통화가 될 수 있다'고 전망하였다. 세계 최대 자산운용사 블랙록의 경우 올해 초 비트코인 투자를 공식화하였으며 반면 비트코인 투자열풍에 경고의 메시지를 꾸준히 날리는 주요 인사들도 많다. 재닛 옐런 미국 재무장관은 2022년 2월 22일 '비트코인은 매우 투기적인 자산이며 극도로 변동성이 높다는 점을 사람들이 알아야 한다'고 경고하였다. 빌 게이츠 마이크로소프트 창업자도 2022년 2월 25일 블룸버그 TV에 출연해 '많은 여유돈을 가지지 못한 사람들이 열풍에 현혹당하고 있다며 머스크보다 가진 돈이 적다면 비트코인 투자를 조심해야 한다'고 말하였다.[31]

최근에 발생한 대표적인 사례로 한국에서 만든 암호화폐 테라USD(UST)-루나(LUNA) 사건이다. 테라-루나는 테라폼랩스가 만든 암호화폐다. 테라는 1개당 1달러, 가격변동이 없는 암호화폐를 표방했다. 그 수단이 된것이 루나다. 테라의 가격이 1달러 밑으로 떨어지면 루나로 테라를 사들여 가격을 조정하는 방식이다. 올해 5월, 이 논리가 깨지며 루나와 테라의 가격은 끝없이 추락했다. 1달러짜리 암호화폐는 순식간에 개당 0.1원이 됐다. 피해액은 최소 50조 원이 넘을 것으로 추정된다.

---

31) 비트코인 가격거품? 역사상 최악버블은 '이것' [영화로운 경제], 매일경제신문, 2022년 3월 7일

⑧ 대한민국 투기와 버블은 왜 발생하였는가?

◆ 대한민국에서 배워보는 투기 역사들

국내적으로 살펴보면 조선시대의 선비들은 안빈낙도(安貧樂道)[32]를 유교적 이상으로 삼고 살아온 것 이상으로 '잘 먹고 잘 살자' 것이 삶의 중요한 철학이 되었다. '투자의 나라' 그리고 '서울공화국' 2030시대의 대한민국을 재조명해 보면 투자의 결과에 따라 삶의 희비가 엇갈리는 사람들의 모습을 보여주고 있다. 옛날이나 지금이나 서울은 살고싶은 땅이었다. 오죽했으면 조선시대 광해군 때 영의정을 지낸 이항복에서 연유된 속담은 '말은 제주도로 사람은 한양으로 보내라' 뜻으로 줄곧 쓰였다. 조선시대 실학자 이익 '성호사설'[33]에서는 '말과 소의 새끼는 시골로 내려가야 하고 사람의 자식은 한양으로 올라가야 한다'라고 말했다. 그리고 '한양의 귀족은 모두 용모를 예쁘게 해서 임금의 마음에 들려고 하고 근본이 되는 일에는 소홀하다'라고 했다.[34] 조선왕조 실록과 승정원 일기[35]에 따르면 한양은 백성들은 상업이 발달하여 일자리를 찾으려 전국에서 한양으로 돈과 정보, 사람들이 모이고 양반들은 한양에서 대과라는 과거시험을 보기 위해 전국에서 모이다 보니 항상 집이 부족하였다. 한양은 조선건국 1392년 2년 후에 1934년에 정도전에 의해 설계되었으며 조선왕조 실록에서는 세종 10년(1428년) 한성부 기록에 따르면 한양의 가구 수는 1만 6921호이고, 인구는 10만 9372명이었다. 이후 정조 7년(1783년)에는 20만 7265명까지 증가하여 한양의 과밀화는 더 심해졌고, 사대문안의 주택부족 문제가 심각했다.

조선왕조 실록은 조선시대 대표적인 개혁군주 영조가 즉위한 1724년에 시행한 '여염

---

32) 구차(苟且)하고 가난한 생활에서도 그에 구속되지 않고 편안한 마음으로 도(道)를 즐기는 것을 일컫는다. 이는 옛 선비들의 생활신조이기도 했다.

33) 《성호사설》은 실학자인 성호 이익의 문답집을 엮은 저술이다. 저자 이익이 40세 전후부터 독서하다가 느낀 점이나 제자들의 질문에 답한 내용을 기록해 두었던 것을 그의 나이 80세 되던 해에 집안 조카들이 정리해 편찬한 책이다. 총 30권 30책으로 구성되어 있다.

34) 우리는 투기의 민족입니다, 이한 지음, 위즈덤하우스, 2022년

35) 《승정원 일기》(承政院日記)는 조선 및 대한제국의 승정원에서 왕명 출납, 행정사무 등을 매일 기록한 일기[1]이다. 2001년 9월 세계기록 유산에 등재되었다. 1623년(인조 1년) 음력 3월부터 1910년(순종 4년)까지의 기록이 현존하며, 현재는 인조와 고종시기의 일기가 번역되어 있다.[2] 다른 이름으로는 후원일기(喉院日記)라고도 한다.

집 탈취금지령'이다. 여염집에서 본래 주인을 몰아낸 자는 남의 집을 불법으로 점령한 죄로 처벌한다는 것이다. 이는 지금의 서울인 한양에 힘없는 백성들의 집을 빼앗아 가는 권력자들을 엄벌하기 위한 부동산정책이었다. 영조는 권력자인 대신들의 반발과 함께 법령 시행을 피하기 위해 현장에서 매매나 전세로 위장한 거래가 쏟아질 것까지 함께 예견하고 아예 도성 내 매매와 전세까지 금지시켰다. 거래하다 적발되면 양반은 물론이고 왕족과 고위관료까지 예외없이 유배형에 처했다. 유생의 경우엔 6년간 과거응시가 불가능했고 관리들은 2년간 벼슬길 진출이 막히게 됐다. 영조는 이 법을 정책과제로 삼고 주기적으로 담당부처를 점검하며 불시에 보고서를 확인하기도 했다. 하지만 금지령은 영조와 가장 가까운 관료, 그리고 그의 딸로 인해 조금씩 무너지고 있었다. 영조 10년 옹주가 결혼하면서 아버지로부터 받은 집 주변의 민가를 사들이고 있는데 이를 알고있느냐는 상소가 올라온다. 좌의정 김상로 또한 청계천 남쪽에 살다 북쪽으로 이사한 사실이 적발될 처지에 처하자 서둘러 왕앞에 자수했다. 독하게 정책을 밀어 붙인 영조였지만 딸과 좌의정을 벌할순 없었다. 그 사이 영조 즉위 전 160냥에 거래되던 장통방(남대문 인근) 근교의 집 한채 가격은 100년 뒤인 1831년엔 1500냥으로 10배 가까이 폭등했다.[36] 영조의 신임으로 1776년에는 어영청 대장이 된 윤태연은 군사기무를 소홀히 하고 정사에 간여하며 권력을 남용해 여염집을 불법으로 산죄로 기장현에 유배되었다. 10칸 남짓되는 집을 백성들로부터 빼앗아 30칸으로 잘라 세를 놓는 '쪽방재테크'를 벌였다. 그는 오랫동안 백성을 수탈한 악덕부동산 업자의 대명사로 회자되기도 하였다.

부동산의 특징 중 하나인 땅은 이동할 수 없고 고정되어 입지와 밀접한 관계를 말하는 부동성(고정성) 특성으로 사람이 모이지만 한양땅은 제한적이기 때문에 과거나 지금도 한양은 사람들과 돈과 정보가 모이는 것으로 서로 자기집을 가지려는 것이 지금과도 똑같은 것 같다. 다산 정약용이 전남 강진에서 유배생활 중 1810년 그가 두 아들에게 교훈이 될만한 글을 적은 서첩 〈하피첩〉[37]에 '혹여 벼슬에서 물러 나더라도 한양근처에서 살며 안목을 떨어뜨리지 않아야 한다. 이것이 사대부 집안의 법도이다… 내가 지금은 죄인이 되어 너희를

---

36) LH로남불 – 내가 하면 노후대비, 아시아경제신문, 2021년 3월 18일
37) 유배생활 10년째인 1810년, 남양주에 있는 부인 홍씨가 강진 다산초당(茶山草堂)으로 5폭짜리 빛 바랜 치마를 보내왔다. 시집올 때 입었던 명주치마였다. 그 치마를 받아든 정약용의 마음이 어떠했을까. 정약용은 치마를 오려 남양주에 두고 온 두 아들 학연(學淵. 1783~1859)과 학유(學游.1786~1855)을 위해 작은 책자를 만들기로 마음먹었다. 치마를 책장(12x16cm) 크기에 맞춰 여러 장으로 잘라 한지를 포개어 붙인 후에 얄팍한 서첩 4권을 만들고 거기 가르침을 주는 글을 써 내려갔다. 그게 바로 하피첩이다. 여기서 '하피'는 노을빛 치마라는 뜻으로, 정약용은 부인이 보내준 빛바랜 치마에 이렇게 멋진 이름을 붙였다.

출처 : 다산 정약용이 제작한 '하피첩'
세권/국립민속박물관 소장

시골에 숨어 살게했지만 앞으로 반드시 한양의 십리안에서 지내게 하겠다… 분노와 고통을 참지
못하고 먼 시골로 가버린다면 어리석고 천한 백성으로 일생을 끝마칠 뿐이다. 만약 한양 한복판
으로 깊이 들어 갈 수 없다면 잠시 근교에서 살면서 과일과 채소를 심어 생활을 유지하다가 재산
을 불린 후에 들어가도 늦지 않다.'라면서 'in인 서울'을 강조했다. 조선후기로 갈수록 서울
거주가 출세의 관건이었음을 알 수 있다. 16세기 한양의 작은 집 하나가 오늘날 시세로
10억대 아파트와 비슷하다는 생각을 지울 수 없는 것이 현실이다.

　성균관 대사성(오늘날 서울대학교 총장정도 지위로 추정)을 역임한 조선시대 성리학의 대가 퇴
계 이황은 과거에 급제하여 경상도 안동에서 한양으로 왔으나 마땅히 기거할 집을 구하
지 못해 오늘날의 서울시립미술관 근처 셋집살이를 할 정도였다. 생전 자산을 2배나 불
린 투자자로 퇴계 이황은 '분산투자'에 능한 투자가이기도 하였다. 분산투자의 원조는 유
대인이 부자가 되는 비밀 중 하나이다. 5천 년 동안 박해를 받아왔고 2천 년 동안 유랑생
활을 해온 민족으로서 한 곳에 계속 살기가 어렵기 때문에 부동산이나 금이나 채권 등을
여러 곳에 30% 전후로 적절하게 분산하는 것이 필요했다. 〈퇴계집〉[38]에 수록된 아들과
나눈 편지들을 살펴보면 자신이 운영한 농장에서 수확량이 높은 이앙법을 도입하여 수익

---

38) 『퇴계집(退溪集)』은 조선 중기의 학자 퇴계(退溪)이황(李滉, 1501~1570)의 문집이다. 이황은 주자의 학문과
　　사상을 이은 도학자로서, 이기호발설 등 성리학 관련 분야에서 고명한 탁견과 학문으로 매우 뛰어난 인물이다. 특
　　히 이황이 당시 군왕인 선조에게 올린 『성학십도(聖學十圖)』는 성학에 대한 선학의 도(圖)와 설(說)에 자신의 견
　　해를 덧붙여 유학의 핵심을 10개의 도(圖)로써 정리한 것으로, 군주는 사단(四端)의 마음을 확충해 본성을 회복
　　한 성인이 되는 학문인 성학을 돈독히 닦아 그것으로써 정치의 근본을 삼아야 한다는 생각에서 68세의 나이에 지
　　은 것이다.

을 최대화하였고, 계절이나 시기를 분산하여 리스크를 줄이기 위해 목화농사를 병행하기
도 하였다.

"잡을 때마다 상투"…'2030 영끌족' 벼랑 끝 몰렸다

부동산 상승기, 서울 아파트, 최대 고객은 2030
분위기 휩쓸리는 뇌동매매 성향, 주식·코인도 고전

"잡을 때마다 상투"…'2030 영끌족' 벼랑끝 몰렸다. 초고금리로 인한 부동산시장 침체가 본격
화하면 '2030 영끌족'이 가장 심각한 타격을 입을 것이란 전망이 나왔다. 분위기에 성급하게 휩쓸
리는 '뇌동매매', 고점에 사고저점에 파는 '거꾸로 투자'경향이 다른 세대보다 강한 것으로 나타났
다. 주식과 코인시장에서도 깡통계좌가 속출하는 상황임을 감안할 때 청년층 재테크가 총체적 위
기로 치닫고 있다는 지적이다. 한국경제신문은 2019년 이후 한국부동산원 세대별 아파트 매매거
래 현황자료를 토대로 월간 서울 아파트 가격상승률과 연령별 아파트매수의 상관관계를 처음으로
분석했다. 그 결과 2030세대의 상관계수가 0.57로 전 연령 중 가장 높았다. 40대가 0.5, 50대 0.43,
60대가 0.4에 그친 것과는 대조적이다. 최황수 건국대 부동산학과 교수는 "2030세대의 상관계수
가 높다는 건 이들이 부동산가격이 오를 때마다 매수를 늘리고, 가격이 떨어지면 오히려 반대로
매수를 줄였다는 뜻"이라며 "재테크측면에서 좋지 못한 선택을 한 것"이라고 분석했다.

전체 아파트 매수건수에서 2030이 차지하는 비율에서도 이런 성향이 그대로 나타났다. 2019년
서울 부동산시장에 정체기가 왔을 때 2030의 매수비율은 25.7%(2019년 6월)를 기록했다. 그러다
코로나19 사태로 금리가 인하된 이후 부동산가격이 크게 오르자 이 비율은 44%(지난해 9월)까지
급등했다. 홍춘욱 리치고인베스트먼트 대표는 "투자경험이 없는 젊은층이 지난 5~6년간 자산시
장 급등에 초조해지기 시작했고, 레버리지를 통한 과도한 재테크패턴을 보인 것"이라며 "주관을
확실하게 세우지 않은 투자의 결과"라고 지적했다.

"나만 벼락거지될까 영끌했는데…" 1년도 안돼 '눈물의 급매', 자산시장 급등에 박탈감…'극단
적'인 투자에 치우쳐 '2030 영끌족'이 벼랑끝에 섰다. 부동산가격급등에 놀라 '패닉바잉'한 젊은
층은 부동산시장이 하락세로 전환할 조짐을 보이자 집을 팔아야 하나 고민에 빠졌다. 2030 코인·
주식 개미들은 이미 '고난의 행군'을 이어가고 있다. 전문가들은 20·30대의 남들보다 뒤처지고
싶지 않아 하는 '포모증후군(Fear Of Missing Out syndrome)'이 이 같은 투자실패 배경에 깔
려있다고 진단한다.

산지 1년도 안 돼 '눈물의 급매', "잡을 때마다 상투"…'2030 영끌족' 벼랑끝 몰렸다. 작년 10월

경기 성남 분당구 탑마을 주공8차 전용면적 41.2㎡를 7억 2000만 원에 산 김모씨(32). 그는 당시 2억 4000만 원을 대출받아 집을 샀다. 3%대 후반 이자로 주택담보 대출을 받은 김씨는 원리금상환액 약 100만 원을 부담했다. 그러다 최근 금리인상 통보를 받았다. 다음달 부터 매달 갚아야 할 돈은 150만 원으로 껑충 뛰었다. 김씨는 다시 아파트를 내놓을지 고민중이다. 김씨 월급은 250만 원. 대출원리금을 다 갚으면 생활비를 100만 원밖에 쓰지 못한다. 더 큰 문제는 현재 같은 평형대 매물이 7억 원에 나와있다는 점이다. 김씨는 "손절 타이밍만 생각하고 있다"고 했다. 직방에 따르면 집을 구매한 지 1년도 안 된 사람들이 매도하는 비율도 가파르게 오르고 있다. 전체 매도자 중 1년 이하 보유자 비율이 지난해 3분기 7.16%에서 올 2분기 9.92%로 올랐다. 한국부동산원에 따르면 지난해 7월 이후 부동산매입에서 20·30대가 차지하는 비율은 41%에 달했다. 장재현 리얼투데이 리서치본부장은 "젊은층은 소득이 적어 견딜 힘도 부족하다"며 "금리인상에 의한 하락장에서 가장 두려운 건 '영끌'한 젊은층"이라고 설명했다.

주식·코인개미는 이미 '고난의 행군'

"잡을 때마다 상투"…'2030 영끌족' 벼랑끝 몰렸다. 주식, 코인에 투자한 20·30대는 이미 공황상태나 마찬가지다. 루나코인에 투자한 회사원 정모씨(28). 2020년 초부터 코인에 투자하기 시작한 그는 하루에도 수백만 원씩 이익을 내자 과감하게 지인과 은행에서 대출까지 받았다. 약 1억 5000만 원까지 자산이 불어나며 성공가도를 달리는 듯했다. 하지만 테라·루나사태로 정씨의 자산은 1000만 원 수준으로 폭락했다. 정씨는 "월급이 300만 원이 채 안 돼 부동산을 사려면 과감한 투자가 필요하다고 생각했다"며 "자취방을 좁은곳으로 옮겨 확보한 전세금으로 지인에게 돈을 갚았고, 은행대출을 갚기 위해 생활비를 줄이고 있다"고 말했다. 그는 마지막 투자에서도 실패하면 개인회생을 신청할 계획이다. 금융공기업에 다니는 이모씨(38)는 2020년 하반기에 비상금과 대출을 합쳐 4000만 원 가량을 주식에 투자했다. 한때 1000만 원 이상 평가이익이 나자 그는 골프채를 바꾸고 최신형 스마트폰도 샀다. 올초에는 준대형세단을 계약했다. 하지만 올초부터 주식들이 곤두박질치더니 1500만 원 수준의 손실을 보게 됐다. 그는 주문한 새차도 계약해지했다.

2030 투자실패 몬 '포모증후군'

전문가들은 "20·30대가 '포모증후군'에 의한 강한충동으로 투자를 하는 경향이 지나치다"고 지적한다. 포모증후군은 세상의 흐름에 자신만 제외되고 있다고 느끼는 일종의 고립공포감을 뜻한다. 2030세대는 1990년대 이후 사교육이 보편화된 시절 입시경쟁을 하며 경쟁을 체화한 세대. 10대 시절부터 SNS를 이용했다. 그 결과 비교에 민감하고, 남들에게 뒤처지지 않아야 한다는 포모증후군을 심하게 앓고있다는 분석이다. 곽금주 서울대 심리학과 교수는 "남과 비교하는 데 민감한 20·30대가 누가 코인으로 돈벌었다, 부동산에 영끌했다는 얘기가 나오면 '나도 들어가야 하나'란 심리가 생길 수밖에 없었을 것"이라며 "초조함에 과도하게 지배된 사례"라고 말했다. 부동산가격 폭등에서 느낀 초조함이 주식, 코인시장의 극단적인 투자로 이어졌다는 분석도 나온다. 최황수 건국대 부동산학과 교수는 "과거 젊은층은 당장 집이 없어도 언젠간 집을 살 수 있다는 희망이 있었다"며 "문재인 정부 이후 부동산 급등기에 '오늘이 가장 집값이 싼시기'란 인식이 생겼고, 초조해진 젊은층이 '묻지마 투자'를 하는 경향이 나타났다"고 말했다.

● 출처 : 한국경제신문, 2022년 7월 22일[39]

---

39) "잡을 때마다 상투"…'2030 영끌족' 벼랑끝 몰렸다, 한국경제신문, 2022년 7월 22일

✦ 생각해 보기 ✦

1. 세계적인 위기는 투기와 버블 통해 형성되고 이때를 기회로 활용해서 막대한 부(富)를 이루는 것이 부의 역사인 것에 대한 당신의 생각은 무엇입니까?

제2장

왜 부자학인가?

① 부자가 되기 위해 학습이 왜 필요할까?

2022년 5월에 알고지내는 지인으로부터 진지하게 경제적 어려움에 대한 자문을 받고 싶다는 연락을 받고 만난적이 있다. 그는 통신업을 해서 나름대로 성공한 경우인데 갑자기 하는 사업이 전체적으로 어려운 상황에 어떻게 해야 할지 모르겠다고 걱정하였다. 그는 현재 가정과 자신에게 중대한 결정을 내려야 할 시기에 놓여 있다. 사업상 소송에 휘말렸고 주식투자 손실로 수억 원대 채무를 지고 있어 매달 수입으로는 이자도 충당하기도 어려운 절망적인 상황이다. 아직 가족에게는 이런 사실을 알리지 않고 카드대출로 매월 근근이 살고있다. 그동안 남부럽지 않게 살아온 세월이 잘못된 투자로 한순간에 절망의 늪에 빠져 허우적거리는 자신의 모습이 너무 안타깝다는 것이 주된 내용이었다.

이와 같이 어디서 무엇이 잘못되어 지금의 상황에 있는지 한마디로 규정짓기는 쉽지 않다. 누구나 살다보면 캄캄한 밤에 길을 잃어 본적이 종종 있다. 돈 문제로 삶의 이유마저 부정해 본적이 있는가? 현재 하는 일을 남보다 더 열심히 했건만 과거에 비해 오늘이 크게 다르지 않은가? 미래가 더욱 불확실한가? 당신이 지금하는 일에 지쳤거나 혹은 충분한 돈을 벌지 못하였다면, 이제는 돈버는 방식을 바꿀 때가 되었다.

돈이 움직이는 방식과 부자의 특성에 대하여 배울 때가 되었다. 변호사, 회계사, 박사, 고위공무원 등 공부를 잘한 사람들이 반드시 부자는 아니다. 이와 마찬가지로 돈을 만지는 일을 직업으로 하는 은행원, 증권사 직원, 부동산업자 등도 모두 부자는 아니다. 학벌과 사회적 지위, 그리고 인격이 높은 사람들이 돈 문제로 어려움을 겪고 자신이 그동안 애써 가꾸어온 현재의 위치를 돈 때문에 포기하고 눈물을 흘리는 모습을 보고 있을 때면 무엇인가 잘못되었다는 생각이 든다. 그동안 학교에서 배운 것은 직업을 유지하기 위해서는 필요하였지만 부자가 되기 위해서는 크게 도움이 되지 않는다는 사실을 뒤늦게 인식하게 되었다.

부자가 되기 위해서는 절대적으로 부자들의 행동패턴과 생각의 흐름 그리고 마인드와 특성을 이해하는 일은 매우 중요하다. 그러나 어디에서도 실질적으로 도움을 주는 부자 교육이 행해지는 곳을 찾아볼 수 없다. 경제학과나 경영학과에서는 원론적이고 이론적인 것을 가르치고 있어 이를 현실적으로 적용하거나 실천하기에는 어려운 것이 현실적이다. 세계적인 최고 부자 MS사 창업가 빌 게이츠나 투자의 전설 워렌버핏은 알려진 것처럼 매

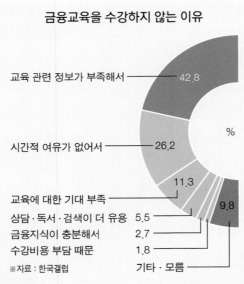

금융교육을 수강하지 않는 이유

교육 관련 정보가 부족해서 ——— 42.8
%
시간적 여유가 없어서 ——— 26.2
11.3
교육에 대한 기대 부족
상담·독서·검색이 더 유용 5.5
금융지식이 충분해서 2.7
수강비용 부담 때문 1.8
※자료 : 한국갤럽
기타·모름 ——— 9.8

출처 : 조선일보, 2022년 4월 20일

일 한 시간 이상씩 독서를 통해 정보와 통찰을 습득하고 끊임없이 자신을 발전시키는 것을 볼 수 있다. 반면에 우리는 부자가 되기 위해서 어떤 학습을 하고 무엇을 준비하는지에 자신있게 말할 수 있는 사람이 과연 얼마나 있을까?

2020년 4월 20일 조선일보가 발표한 내용에 따르면 금융위원회와 한국갤럽은 2019년 '금융교육실태조사'를 진행하였는데 학교에서 금융을 가르치는 시간 연평균 8.9시간에 그쳤고 국민의 68.6%는 본인의 금융지식이 '충분하지 않다'고 답했다. 본인의 재무관리 수준이 '낮다'고 답한 국민도 58.4%에 달했다. 절반 이상의 국민이 본인의 금융지식이나 재무관리 지식이 부족하다고 생각하고 있다. 국민의 92.4%는 금융교육수강 경험이 '없다'고 답했다. 금융교육을 받은 적이 없다고 답한 국민 중 42.8%는 '교육 관련 정보가 부족'하다는 이유를 들었다. 정부나 공공기관이 여러 금융교육 프로그램을 운영하고 있지만 이런 사실 자체를 대부분의 국민이 모르고 있었다. 국민의 85.3%는 공공기관이나 지자체의 금융교육 프로그램이 존재하는지도 모르고 있었다. 특히, 경제생활 수준이 가장 높은 그룹에서는 금융교육 프로그램 인지도가 24.4%까지 올랐는데, 가장 낮은 그룹(12.4%)의 두 배에 가까운 수치였다. 이미 경제적으로 여유가 있는 사람이 더 많은 금융교육 관련 정보를 접하는 금융교육의 빈익빈 부익부 현상인 셈이다.[1]

---

1) 10명중 9명 "금융교육 못 받아"… 대책은 4개월째 감감무소식, 조선일보, 2020년 4월 20일

또한 2021년 4월 5일 발표한 금융감독원과 한국은행의 '2020 전국민금융이해력 조사'에 따르면 설문응답자 2400명 중 금융·경제교육을 경험한 적이 있다고 답한 비중은 24.6%에 불과했다. 연령대별로는 청년층 33.7%, 중장년층 24.8%, 노년층 16.2% 순이었다. 나이가 많을수록 제대로 된 금융교육을 경험할 기회가 적었던 셈이다. 우리나라 국민 중 과연 금융교육을 제대로 받아본 경험이 있는 사람은 얼마나 될까? 극소수다. 대출, 자산관리과정에서 금융지식이 부족하다고 느끼는 이들이 대다수다.[2] 교육경험이 적었던 만큼 우리나라 국민의 금융이해력은 높지 않은 수준으로 나타났다. 응답자 중 경제협력개발기구(OECD)가 정한 최소 목표점수(66.7점)를 넘은 비중은 51.9%로, 성인의 절반에 가까운 48.1%는 낙제점을 받았다. 특히 29세 이하 청년층의 금융이해력은 64.7점으로 60대(65.8점)보다 낮았다. 70대 노년층의 점수도 56.9점에 불과했다.

특히, 영끌 부동산과 주식투자, 코인투자에 대거 참여한 2030년 세대에 대한 금융교육의 부재결과 금융기관들의 카드빚 연체율이 높아지고, 젊은이들이 대거 신용불량자로 전락하여 사회적으로 홍역을 앓고 있다. 최근 전체 신용불량자 252만 명 중 10대와 20대는 무려 45만 명(18%)을 넘어섰다. 신용불량자 5명 중 1명이 10대, 20대인 셈이다. 더욱 심각한 것은 이들이 사회생활을 시작하기도 전에 개인파산에까지 이르는 사례가 잇따르고 있다는 사실이다. 이는 심각한 사회문제로 대두되고 있다. 또한 이들에게 부자교육을 할 수 있는 교사도 턱없이 부족한 것이 현실이다. 결국 부자교육의 부재가 신용불량자의 양산, 가난한 국민, 국가로 이어지는 '빈곤의 악순환현상'이 야기되고 있는 것이다.

이런 고민 때문에 저자는 2002년 전부터 부자에 대한 연구를 시작하였다. 삼성글로벌리서치(舊삼성경제연구소)내 세리포럼 '부자특성연구회'를 2002년 12월 29일 개설하여 '부자들은 누구인가?', '부자들이 중요하게 생각한 것은 무엇인가?', '부자들은 돈관리를 어떻게 하나?' 이처럼 지금까지 우리 사회에서 한 번도 연구된 적이 없던 여러 주제를 놓고 연구와 부자들을 만나왔다. 부자들에 대한 체계적인 접근으로 부자들의 특성을 연구하게 되면서 부자가 되기 위해서는 나름대로 방식이 있다는 사실을 발견하였다. 아울러 부자가 되기 위해서는 부자지능 IQ의 향상이 필요하다고 결론을 내리게 되었다.

보통 사람은 3가지 목적을 위해 산다고 한다. 신체를 위해, 정신을 위해 그리고 영혼을 위해 산다. 이중 어떤 하나가 더 소중하거나 덜 중요하지는 않다고 한다. 어느 하나라도 부족하거나 가치가 충분하지 않으면 나머지는 존재의 의미를 잃어버릴 수 있기 때문이

2) 국민 4명 중 3명 "경제·금융교육 제대로 받은 적 없다", 헤럴드경제신문, 2021년 4월 5일

다. 일반적으로 사람은 물질적인 사물을 사용하면서 육체적으로 완전한 삶을 추구하고 정신을 성장시키고 편안한 영혼을 찾는다. 그래서 사람에게는 부자가 되는 일이 무엇보다도 소중하다. 한 가지 사실은 부자가 되는 것은 남녀노소나 직위고하에 상관없이 '부자가 되는 방법이 공식처럼 존재한다는 것'이다. 이런 시각에서 부자학은 사람의 인생에서 가장 필요한 학문이고 훌륭한 실천지혜라고 생각한다.

부자학은 과학이나 수학처럼 원칙과 법칙이 있는 학문으로 부(富)를 얻는 과정이나 절차가 일정한 법칙으로 존재하는데 이러한 법칙을 터득하고 따라 한 사람은 그러지 않은 사람보다 부자가 될 확률이 더 높다는 것이다. 그래서 부자학은 비슷한 행동은 비슷한 결과를 낳는 것이 자연의 법칙을 설명하는 것이다. 따라서 부자학은 '부자가 되는 것은 특정한 방식으로 일을 진행한 사람은 누구나 부자가 될 수 있고 이를 배우는 학문이다'라고 정의할 수 있다. 같은 일을 하지만 부의 크기가 다르고 같은 지역에 살고 같은 학교를 나오고 자본이 있거나 부족한 경우도 똑같이 부자가 되지 않는다는 것은 독자들은 잘 알고 있을 것이다. 이는 우리가 부자가 되고 안 되고는 특별한 일을 하는 것에 달려있는 것이 아니라 특정한 방식으로 일을 하는 것을 습득하고 행하는 것에 달려있다는 점이 중요하다고 본다. 그래서 부자학에서는 이미 부자가 된 사람들의 일하는 방식과 마인드나 철학, 행동 등을 집중적으로 학습하여 부자가 했던 결과를 만드는 것이 목표이기도 한다.

> **부자학의 핵심 키워드는 다음과 같다.**
> - 부자가 되는 것은 특정한 방식으로 일한 결과이다.
> - 비슷한 행동은 비슷한 결과를 만든다.
> - 그래서 이러한 방식으로 일을 하는 사람은 누구나 부자가 될 수 있다.[3]

부자학에서 중심적인 연구주제는 늘 '부자'였다. 저자는 2002년도부터 부자를 연구한 결과 부자를 한마디로 정의하기에는 어려움이 있다고 본다. 시대에 따라 상황이나 개인에 따라 그 정의가 다양하다. 부자를 가지고 있는 돈의 크기를 기준으로 해서 결정하는 사람도 있고 어떤 사람은 부자를 자유로운 시간을 사용할 수 있는 정도에 따라 정의하는 사람도 있다. 사회적 지위보다는 경제적 자유를 이룬 사람 또한 사회적 영향력 정도로 부자를 정의하는 사람도 있다. 여기에서 부(富)란 다양한 의미로 해석되고 있다. 돈과 부를 가지고 있는 사람은 부자이다. 부자의 사전적 정의는 살림이 넉넉한 사람, 재산이 많은

3) 부자학, 월레스 D. 와틀스 지음, 박인균 옮김, 아이필드 2002년

부자의 법칙

1. 돈의 중요성에 대해 가르친다.
2. 자산과 부채에 대해 가르친다.
3. 돈을 관리하는 법에 대해 가르친다.
4. 돈을 버는 여러 가지 방법에 대해 이야기 한다.
5. 좋은 습관을 갖게 한다.
6. 인내심에 대해 가르친다.
7. 남을 돕는 것이라고 가르친다.

사람, 재산가이다. 영어로는 'a rich(wealthy) man; a man of wealth; a millionaire; a billionaire로 표현하기도 한다. 부자는 영어로 'Wealth'라고 하는데 웹스터 월드 영영사전에서는 '많은 돈과 재산을 가진 사람'으로 정의하고 있다.

세계적인 투자가이면서 인기작가인 미국 로버트 기요사키의 『부자 아빠 가난한 아빠』[4]에서 '부'란 그 사람이 앞으로 얼마나 오래 생존할 수 있는지의 능력문제'라고 말한다. 즉, 당신이 만약 오늘 당장 일을 그만둔다면 당신은 며칠을 더 살 수 있을까가 바로 부의 척도라는 것이다. 그러나 부는 수입과 일치하지 않는다. 많은 수입에도 불구하고 소비가 많을 경우, 그저 '부유층 생활'을 누리고 있을 뿐이지 결코 부자는 아니다. 부를 축척하는 능력은 의외로 간단하다. 부지런하고 근면하며 자제력과 인내심이 강하고 좋은 생활습관을 갖추고 있으면 가능하다. 부자학의 아버지로 말할 수 있는 미국의 월레스 D. 와틀스의 1910년에 출간한 『부자학』에서는 부자를 '주어진 생을 살아가는 동안 원하는 것을 모두 가진 사람으로 정의하였다'. 부자가 아닌 사람은 절대로 원하는 것을 모두 가질 수 없다. 인간의 사회 구조는 사물의 소유자가 되기 위해서는 돈이 있어야만 가능하도록 조직되었다. 따라서 모든 인간적 발전의 토대는 부자학으로부터 출발해야만 하는 것이다.라고 말하고 있다.[5] 또한 부자의 정의를 미국의 『이웃집 백만장자』 저자 부자연구가 토마스 J. 스탠리는 '고도의 소비성향 생활방식보다는 증식자산을 소유하는 데 훨씬 더 큰 기쁨을 얻는 사람'이라고 정의하였다. 그래서 이 책에서는 부자는 사전적인 의미보다는 '많은 역경을 극복하며 스스로 새로운 기회를 만들고 정신적으로 자신이 하고 싶은 것을 할

---

4) 부자 아빠 가난한 아빠, 기요사키/샤론 레호트 지음, 형성호 옮김, 황금가지 1998년
5) 부자학, 월레스 D. 와틀스 지음, 박인균 옮김, 아이필드 2002년

수 있고 물질적으로 그 일을 할 수 있는 경제력을 가지고 있으며 그리고 사회적으로 그 일을 통해 인정받은 사람으로 정신적, 경제적, 사회적 여유로움을 누릴 수 있는 사람'으로 정의하였다.

② 대한민국 부자 그들은 누구인가?

◆ 부자에 대한 인식의 변화

부자에 대한 평가는 상반되는 의견이 있다. 부럽지만 존경하지 않는다. 또는 존경하지만 부럽지는 않는다. 형태의 다양한 의견이 있다. 2008년 3월 5일 한동철 서울여대 교수(부자학 연구학회 회장)가 전국의 성인남녀 201명을 대상으로 부자에 대한 인식을 물었더니 응답자의 50.5% 절반 이상은 과거의 부자들이 '완전히'(0.9%) 또는 '상당히'(49.6%) 부정한 방법으로 부자가 됐다고 응답했다. 그러나 '정당한 방법'으로 부자가 됐다는 응답은 7.1%에 그쳤다. 특히, '현재의 부자들이 부를 쌓고있는 방법'에 대한 시각도 비슷했다. '완전히'(0.9%) 또는 '상당히 부정한 방법'(41.6%)이라는 응답이 '정당한 방법'이라는 응답(11.5%)의 4배 가까이 됐다. 미래의 부자는 '정당한 방법으로 될 것'이란 응답이 34.5%로 크게 증가했으나 '부정한 방법으로 될 것'이란 의견도 31.8%로 팽팽히 맞서, 재산축적과정에 대한 불신이 심각한 것으로 나타났다.[6]

또한, 부자들의 인식에 대한 의견조사 내용을 보면 부자에 대한 시민인식 '부정적', 응답자 66% "존경할 부자가 없다" 2014년 4월 2일 한국갤럽이 공개한 '부자에 대한 인식조사(전국 만 19세 이상 남녀 1199명)에 따르면 우리 국민절반(47%)이 '부자는 보통사람과 비슷하게 행복하다'고 응답하면서도 부자에 대한 시선은 여전히 곱지 않았다. 이는 경제민주화 바람이 가세하면서 부자의 개념 중 돈을 잘 쓰는 부의 소비보다 부의 형성과정을 중요하게 들여다보는 경향이 커지고 있기 때문으로 풀이된다. 우리나라 부자들의 부 축적과정에 대한 생각을 물은 결과를 보면 부정한 방법으로 돈을 번 부자가 더 많다는 응답이 63%를 차지했다. 그렇지 않다는 대답은 23%에 불과했다. 특히 이념성향에서는 보수층 350명 중 55%, 진보층 306명의 74%가 부의 축적과정을 곱지않은 시각으로 내다봤다. 이는 부의 축적방

---

6) 국민절반 "부자는 부정하게 돈 모아", 한겨레신문, 2008년 3월 5일

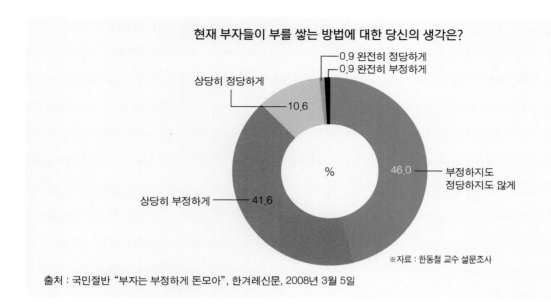

현재 부자들이 부를 쌓는 방법에 대한 당신의 생각은?

- 0.9 완전히 정당하게
- 0.9 완전히 부정하게
- 상당히 정당하게 — 10.6
- 46.0 부정하지도 정당하지도 않게
- 상당히 부정하게 — 41.6

%

※자료 : 한동철 교수 설문조사

출처 : 국민절반 "부자는 부정하게 돈모아", 한겨레신문, 2008년 3월 5일

법이 공정하지 못하고 그래서 부자를 존경하지는 않는다는 의견이 60%를 넘게 나온 것으로 생각한다.

1% 이상 응답자가 부자로 꼽은 인물은 고(故) 정주영 현대그룹 명예회장(13%), 고(故) 이건희 전 삼성전자 회장(10%), 고(故) 유일한 전 유한양행 회장(6%), 안철수 국회의원(2%), 고(故) 이병철 전 삼성그룹 회장(2%), 정몽준 아산나눔재단 명예이사장(1%), 고(故) 박태준 전 포스코 명예회장(1%) 등을 거론했다. 하지만 이들 일곱명은 1% 이상 응답이 나온 부자일뿐 전체 응답자의 60%가 '존경할 만한 부자가 없다' '모르겠다' '생각나지 않는다'고 답했다. 특히 부자들 중 존경할 만한 사람이 더 많은지 그렇지 않은지 결과를 보면 한국인 세 명 중 두 명(66%)은 '존경할 만한 부자가 많지 않다'고 답했다. 존경할 만한 부자가 더 많다는 응답은 19%에 불과했고 15%는 의견을 유보했다.[7]

가장 최근 부자에 대한 인식조사로 2021년 6월 20일 머니투데이가 창립 22주년과 신문창간 20주년을 맞아 매년조사하는 '2021 당당한 부자대국민 설문조사'결과는 국민들이 부자에 대해 갖는 호감도가 지난해 26.9%에서 31.2%로 조사 11년 만에 처음으로 30%를 넘어섰다. 속으로는 돈을 좋아하면서도 부자를 경계한다는 이중적 인식이 약간은 사라지는 셈이다. 2018년 이후 지속적으로 상승하였다. 비호감비율은 25.6%에서 23.8%로 낮아졌다. 부자의 노력과 존경여부에 대해선 인정은 하지만 존경하지는 않는다(55.8%)는 응

---

7) 부자에 대한 시민인식 '부정적'…응답자 66% "존경할 부자가 없다", 아주경제신문, 2014년 4월 2일

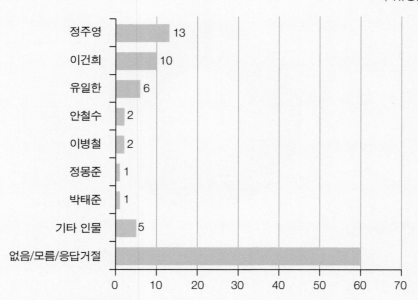

우리나라에서 가장 존경할 만한 부자는 누구라고 생각하십니까? 한명만 말씀해 주십시오.
(자유응답, 단위 : %)

정주영 13
이건희 10
유일한 6
안철수 2
이병철 2
정몽준 1
박태준 1
기타 인물 5
없음/모름/응답거절 60

※0.5% 미만으로 응답된 사람은 모두 기타 인물에 포함

출처 : 부자에 대한 인식조사 - 1993/2014년, 한국갤럽, 2014년 3월 27일

답은 여전히 과반을 차지했다. 인정하고 존경한다(19.6% → 22%)는 비율이 일년만에 다소 늘었지만 아직까지 과반은 존경까지는 하지 않는다고 대답한 것이다. 인정도 존경도 않는다(20.9%)는 지난해와 거의 같은 수준이었다. 부자에 대한 호감도 평가는 10점 만점(아주 나쁘다 0점, 아주좋다 10점)으로 조사한 결과 평균 5.18점으로 보통(5점) 수준으로 나타났다. 2006년 5.28점에 이어 두 번째로 높은 수치이기는 하지만 '보통' 수준을 벗어나지 못한 것이다. 특히 가구소득 100만 원~200만 원 미만(4.91점), 서울(4.94점), 대전/충청(4.75점)에서 호감도가 낮았다. 부자를 존경한다고 답한 220명은 그 이유로 '자신의 노력(32.7%)'이라고 답하거나, '고용을 창출하는 등 국가경제에 기여(29%)'하고 있다고 했다. 합법적이고 정당한 방식으로 부를 이루었다는 답변은 지난해 15%에서 23.6%로 크게 늘었다. 부자를 존경하지 않는다는 768명은 그 이유로 '사회적 특권의식(28.7%)'과 '금수저(22.4%)', '불법, 탈법(21.5%)'을 댔다. 고위공직자 부동산투기 등이 보도되면서 '불법, 탈법'은 2년 전 16.9%에 비해 4%p 이상 높아졌다. 과반의 국민들은 부자가 당당해지기 위해선 '도덕적 책임과 의무수행(53.4%)'이 필요하다고 봤다. '부의 자발적 사회환원

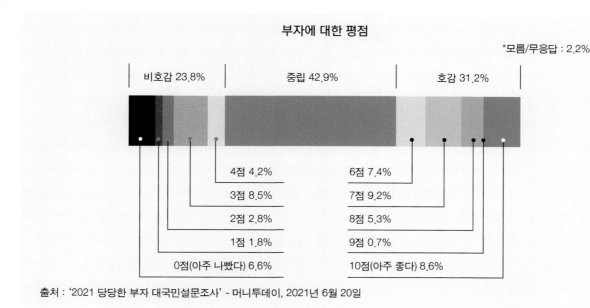

부자에 대한 평점

*모름/무응답 : 2.2%

| 비호감 23.8% | 중립 42.9% | 호감 31.2% |

4점 4.2%
3점 8.5%
2점 2.8%
1점 1.8%
0점(아주 나빴다) 6.6%

6점 7.4%
7점 9.2%
8점 5.3%
9점 0.7%
10점(아주 좋다) 8.6%

출처 : '2021 당당한 부자 대국민설문조사' - 머니투데이, 2021년 6월 20일

(20.7%)'과 '부를 인정하는 사회분위기 형성(14.4%)'이 중요하다고 지목했다. 김범수 카카오이사회 의장과 김봉진 우아한형제들 대표가 재산의 절반을 내놓겠다고 사회환원을 약속한 것과 같은 분위기가 계속되기를 원하고 있다고 볼 수 있다.[8]

　이는 '낙타가 바늘구멍을 통과하기가 어렵다'와 '부자가 천국에 가기가 정말 힘들다'와 같은 말은 일반적으로 사람들이 자주 쓰는 부자에 대한 인식이다. 이는 부자가 되기도 어렵지만 부자로 살기가 더 어렵다는 것을 은유적으로 표현하는 것이라고 생각한다. 우리나라에서는 존경할 만한 부자로 조선시대 최진립의 가문인 경주 최씨 가문이 17세기 초반부터 20세기 중반까지 12대 약 300년(1568년~1970년)간 부를 이어온 부자 경주 최부자 집의 육훈은 지금도 전해지고 있는 부자의 지침이다.

최부자 집 육훈(六訓)
- 과거를 보되 진사 이상은 하지 마라.
  권력에 탐욕을 갖지 말고 휘둘리지 말란 의미을 갖고 있다.
- 재산은 만석 이상 모으지 마라.
  재산에 대한 욕심을 버리라는 의미을 갖고 있다.

8) "부자가 좋아요"…호감도 첫 30% 돌파, 머니투데이, 2021년 6월 20일

- 흉년에는 재산을 늘리지 마라.

  가난한 사람들은 흉년탓에 고생인데, 남의 불행도중 행복을 누리지 말라는 뜻을 갖고 있다.
- 과객을 후하게 대접하라.

  다른 사람이 행복을 잠시 느낄수 있게 해주라는 의미을 갖고 있다.
- 사방 백리 안에 굶어 죽는 사람이 없게 하라.

  남을 도우라는 의미을 갖고 있다.
- 최씨 가문의 며느리들은 시집온 후 3년간 무명옷을 입게 하라.

  절약과 검소를 몸에 배게하란 의미을 갖고 있다.

전 재산을 풀어 노블레스 오블리주를 실천한 김만덕(金萬德, 1739년~1812년)은 조선의 상인이다. 제주도에 대기근이 닥치자 전 재산을 풀어 육지에서 사온 쌀을 모두 진휼미로 기부하여 빈사상태의 제주도 백성들을 구제하였다. 이 때문에 제주에서는 의녀(義女) 만덕으로 불린다. 가장 존경받는 기업인 1위인 유한양행 창업자 유일한은 1925년 귀국하여 12월 10일 서울 종로2가 45번지 덕원빌딩에 자신의 이름을 따서 '유한양행'을 설립하였다. 업종의 다양화와 폭넓은 선택을 위해 '양행(洋行)'으로 출발한 유한양행은 당시 사회상으로 볼 때 혁신적으로 1936년에는 주식회사 형태로 전환하여 '기업은 개인의 것이 아니며 사회와 종업원의 것이다.'라는 유일한 사장의 경영철학을 반영하는 것이었다. 국내기업으로는 처음으로 종업원 주주제를 시행하여 기업은 종업원의 것임을 확실히 하기 위해 주식을 종업원들에게도 액면가의 10퍼센트 정도로 주식을 골고루 나누어 주었다. 유일한은 광복후에도 불법적인 정치자금을 건네는 일은 없었다. 유일한은 또한 경영의 투명성을 유지하면서 1962년에 약업계로서는 최초로 주식공개를 단행하였다. 그가 1971년 3월 11일 사망 후 1971년 4월 8일 공개된 유언장에 그가 소유했던 유한양행 주식 14만 9백 41주(당시 시가 2억 2천 5백만 원) 전부를 재단법인 '한국사회 및 교육원조 신탁기금'에 기증하도록 지시한 것으로 알려졌다. 유일한의 직계가족에게는 딸 유재라 여사에게 오류동 유한 중·고등학교 교내이자 그의 묘소가 있는 5천평의 대지를 상속하여 '유한동산'으로 꾸미도록 부탁했으며, 손녀 유일링(7세)이 대학까지의 학자금으로 쓰도록 주식의 배당금 가운데 1만 달러(3백 20만 원) 정도를 마련해 달라고 당부했을 뿐이다. 미국에 있는 장남(유일선)에게는 일체의 재산을 물려주지 않았고 '너는 대학까지 졸업했으니 앞으로는 자립해서 살아가라'는 유언만이 있었다.' 유일한은 기업은 이윤만을 추구하는 조직이 아니라 기업활동을 통한 하나의 공동운명체이자 공공의 것이라는 신념을 죽을때까지 실천함으로써 우리 사회의 영원한 지표를 세운 것이다. 생전의 이러한 활동에 대해 정부는 1971년에 국가복지향상에 이바지한 공으로 국민훈장 무궁화장을 추서하였으며, 1995년에는 자유 독립과 국가발전에 기여한 공으로 건국훈장 독립장을 추서하였다. [9]

◆ **한국에서 부자의 조건**

투자은행 크레디트 스위스가 2022년 9월 20일 발표한 '글로벌 부(富) 보고서 2022'에 따르면, 지난해 말 순자산 5000만 달러(한화 약 697억 원)가 넘는 이는 26만 4200명으로 집계되었다. 이는 2020년 말보다 4만 6000여 명 늘어난 수치다. 한국성인 가운데 100만달러(약 14억 원)가 넘는 순자산을 보유한 이들은 129만 명으로 조사됐다. 2020년(117만 4000명) 보다 11만 6000명 가량 늘었다. 보유자산기준 전세계 상위 1%에 들어가는 한국성인은 104만 3000명, 상위 10%에 속하는 성인은 1848만 3000명으로 나타났다. 2021년말 한국성인 1명당 평균자산은 23만 7644달러(한화 약 3억 3100만 원), 중간값은 9만 3141달러(한화 약 1억 2900만 원)로 추산됐다. 보고서는 코로나 대유행기간에 부동산 가격과 주가가 상승하고 저금리혜택 등으로 초고액 순자산가(순자산 5000만 달러(약 697억 원)가 넘는 '슈퍼리치')의 수가 늘어났다고 분석했다. 지난해 초고액 순자산가가 가장 많은 나라는 미국이었다. 이어 중국, 독일, 캐나다, 인도, 일본, 프랑스, 호주, 영국, 이탈리아 순서였다. 한국은 11위였다. [10]

한국에서 부자의 기준은 무엇일까? 단순히 가지고 있는 돈의 규모로만 부자라고 할 것인가? 아니면 일정 금액이상을 부자로 규정할 것 인가에 대한 사회적 합의가 필요하다. 2014년 현재 부자라고 칭할 수 있는 자산규모는 평균 25억 원으로 약 13억 원이라고 응답한 21년 (IMF 시기)전과 비교하면 두 배 이상 높아졌다. 그러나 한국인의 절반가량인 45%는 10억 또는 그보다 적은 돈을 가진 사람도 부자로 보고 있었다. 이는 예나 지금이나 보통 사람들이 쉽게 만질 수 없는 큰돈으로 보기 때문이라는 게 한국갤럽측의 분석이다. 전 연령대에서 부자의 자산규모로 10억 원으로 가장 많이 응답했지만 평균금액은 고연령일수록 낮은 모습을 보였다. 2030세대는 부자의 자산규모를 33억으로 답했고 4050세대는 22억, 60세 이상은 17억 정도를 부자의 기준으로 뒀다. 우리 사회에서 부자가 되기 위해 더 중요한 조건으로는 53%가 '부모의 재산이나 집안'을 꼽았다. 반면 '본인의 능력이나 노력이 더 중요하다'는 의견도

9) 가장 존경받는 기업인 1위, 유일한, 한국학중앙연구원 – 향토문화전자대전, 2012년 9월 21일
10) '700억 원 자산가' 수, 한국 세계 11번째… 성인 1인 평균 자산은?, 조선일보, 2022년 9월 21일

40%로 적지 않아 의견차가 좁혀지고 있음을 방증했다. 그러나 연령별 의견차에서는 2040세대 60%, 30대 74%가 부모의 재산이나 집안이 더 중요하다고 판단했다. 60세 이상 71%는 본인의 노력이나 능력이 더 중요하다고 여겼다. 즉 한국경제가 고성장일로에 있던 1960~70년대를 경험한 세대는 능력과 노력에 대한 믿음이 강하나 2014년 현재 구직 또는 경제활동 중심에 있는 세대는 개인의 경제수준이 '물려받은 재산'으로 결정된다고 판단하는 경향이 뚜렷했다.[11]

KB금융지주 경제연구소의 〈KB 2022 한국 부자보고서〉[12]는 2011년부터 매년 금융자산(현금 및 예적금, 보험, 주식, 채권 등의 금융상품에 예치된 자산 합계) 10억 원 이상 보유한 개인을 '한국 부자'로 정의하며 '한국 부자현황'은 한국은행 자금순환표, 통계청 가계금융복지조사, 국세청금융소득 종합과세통계 그리고 KB금융 고객데이터 등을 이용하여 KB경영연구소의 추정모형을 통해 추정된 결과이다. 'KB 2022 한국 부자보고서'에 따르면 올해 금융자산이 10억 원을 넘는 부자가 전년보다 약 10% 넘게 증가했고 부자들의 총 금융자산도 20% 이상 늘었다고 한다. 금융자산 10억 원 이상 보유한 개인을 의미하며 한국 부자는 2021년 42만 4천 명으로 2020년 39만 3천 명 대비 3만 1천 명이 증가했다. 이중 서울을 포함한 수도권에 70.3%가 집중되어 있고 수도권에서만 2만 2천 명 증가하였고 전체인구에서 한국 부자가 차지하는 비중은 2021년 0.82%로 2020년 대비 0.06%p 상승했다. 2021년 한국 부자 수는 2020년 대비 8.0% 증가하였으나, 2019년 대비 2020년 10.9% 증가한 것에 비하면 다소 증가폭이 줄었다. 코스피지수의 증가세 둔화('19년 대비 '20년 30.8% 증가, '20년 대비 '21년 4.9% 증가)가 부자 수 증가에도 영향을 미친 것으로 보인다. 금융자산 규모는 2,883조 원으로 전년 대비 10.1% 증가했다. 부자의 보유 총 금융자산은 한국은행이 발표한 한국가계가 보유한 총 금융자산 4,924조원 중 58.5%를 차지했다. 금융자산 300억 원 이상 '초고자산가'는 8,600명으로 총 인구의 0.02%, 보유금융자산은 1,348조 원으로 가계 총 금융자산의 27.4%였다.

한국 부자의 지역별 분포를 살펴보면 한국 부자의 지역별 분포를 살펴보면, 2021년 기준 서울에 45.1%인 19만 1천 명(2020년 17만 9천 명)이 살고 있으며 경기 9만 4천 명(2020년 8만 6천 명), 부산 2만 9천 명(2020년 2만 9천명), 대구 1만 9천 명, 인천 1만 3천 명 순으로 나타났다. 서울과 경기, 인천을 포함한 수도권에 한국 부자의 70.3%(전년 대비 0.1%p 감소)가 집중되어 있으며 인천을 제외한 5대 광역시에 16.3%(전년 대비 0.3%p 감소), 경기를 제외

11) 부자에 대한 시민인식 '부정적'…응답자 66% "존경할 부자가 없다", 아주경제신문, 2014년 4월 2일
12) 2022 한국 부자보고서, KB금융지주 경영연구소, 2022년 12월 4일

한국 부자 수 추이

(단위 : 천명)

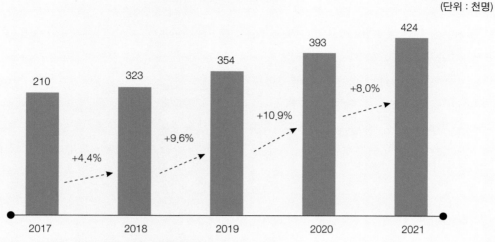

출처 : 2022 한국 부자보고서 - KB금융지주 경영연구소, 2022년 12월 4일

지역별 한국 부자수 현황과 증감

(단위 : 천명)

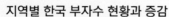
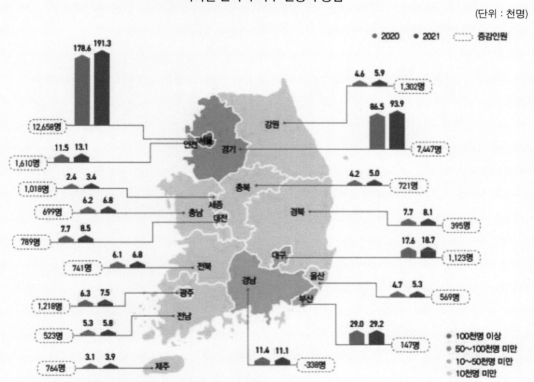

출처 : 2022 한국 부자보고서 - KB금융지주 경영연구소, 2022년 12월 4일

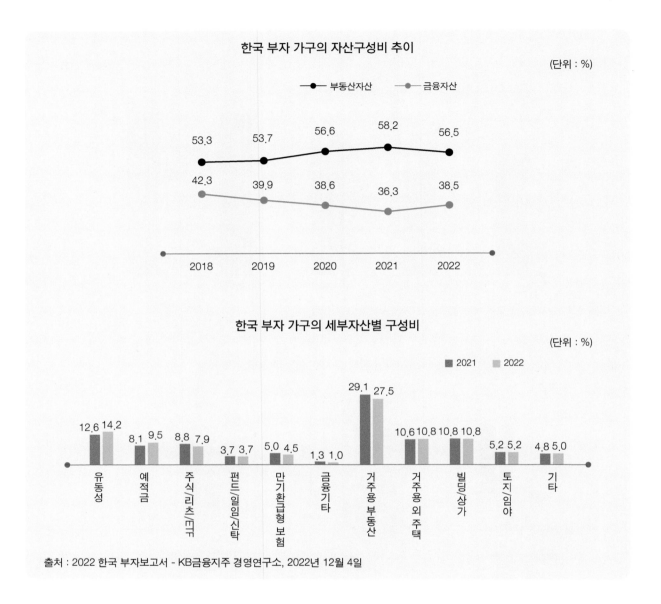

한국 부자 가구의 자산구성비 추이

(단위 : %)

● 부동산자산　● 금융자산

	2018	2019	2020	2021	2022
부동산자산	53.3	53.7	56.6	58.2	56.5
금융자산	42.3	39.9	38.6	36.3	38.5

한국 부자 가구의 세부자산별 구성비

(단위 : %)

■ 2021　■ 2022

	유동성	예적금	주식/리츠/ETF	펀드/일임/신탁	만기환급형 보험	금융기타	거주용 부동산	거주용 외 주택	빌딩/상가	토지/임야	기타
2021	12.6	8.1	8.8	3.7	5.0	1.3	29.1	10.6	10.8	5.2	4.8
2022	14.2	9.5	7.9	3.7	4.5	1.0	27.5	10.8	10.8	5.2	5.0

출처 : 2022 한국 부자보고서 - KB금융지주 경영연구소, 2022년 12월 4일

한 기타 지방에 13.4%(전년 대비 0.4%p 증가)가 거주하고 있다. 지난 1년간 전국에서 3만 1천 명의 부자가 늘었고 이중 수도권에서만 2만 2천 명이 늘었다. 서울에서는 2021년 기준 서초, 강남, 송파의 '강남 3구' 지역에 한국 부자의 45.3%(전년 대비 0.4%p 감소)가 집중되어 있다. '강남 3구를 제외한 강남지역'에 20.7%(전년 대비 0.2%p 감소)가 살고 있다. 지난 1년간 '강남 3구'에서 5천 1백 명의 부자가 늘었다. 서울에 45.5%인 17만 9천 명이 살고 있으며, 경기 8만 6천 명, 부산 2만 9천 명, 대구 1만 8천 명, 인천 1만 1천 명 순으로 나타났다. 서울과 경기, 인천을 포함한 수도권에 한국 부자의 70.4%가 집중되어 있다.

한국 부자의 기준

1. 한국 부자가 생각하는 부자의 최소 총 자산은 '100억 원', 최소 연소득은 '3억 원'이다.
2. 부자들은 즉시 현금화할 수 있는 유동성 자산확보를 중요하게 생각한다.
3. 한국 부자가 생각하는 부자의 최소 부동산 자산은 '50억 원', 최소 금융자산은 '30억 원'이다.
4. 한국 부자가 생각하는 부자의 최소 기타 자산은 '5억 원', 이상적인 부동산 자산비율은 51.1%다.
5. 부자를 부자답게 만드는 자산외 요소 1순위는 '가족관계', 부자가 원하는 부자상은 '돈보다 중요한 가치가 있는 부자'다.
6. 총 자산이 많을수록 '돈보다 중요한 가치가 있는 부자', 적을수록 '끊임없이 노력하며 자기계발을 하는 부자'를 꿈꾼다.
7. 부자가 가장 중요하게 생각하는 사회적 지위는 '직업', 사회적 관계는 '비즈니스 모임'이다.
8. 부자는 대체로 '가족관계'를 상당히 중요하게 생각하며, 사회공헌을 실현하는 방법으로 '기부'를 고려한다.

● 출처 : 2022 한국 부자보고서, KB금융지주 경영연구소, 2022년 12월 4일

2021년 말 한국 부자가 보유한 부동산자산 규모는 2,361조 원, 전년 대비 14.7% 증가하였다. 2021년 부자구분별 부동산 자산증가추이를 살펴보면, 한국 부자 중 '자산가'의 부동산자산은 2020년 대비 2021년에 19.2% 늘어나며 최근 4년간 최대 증가율을 기록했고, '고자산가 이상 부자(고자산가 + 초고자산가)'의 부동산자산은 2020년에 2019년 대비 33.5% 증가하며 가장 큰 폭으로 성장했다. 고자산가 이상 부자의 경우 보유한 부동산자산 중 법인명의 부동산자산 비중이 높아 2019년 대비 2020년에 부동산자산 증가율이 더 큰 것으로 해석된다.

하나은행 하나금융연구소의 2022년 4월 13일 발표한 〈2022 Korean Wealth Report〉에 따르면 우리나라 부자(금융자산 10억 원 이상 보유)와 대중 부유층(금융자산 1억 원 이상~10억 원 미만보유), 일반대중(금융자산 1억 원 미만보유)을 대상으로 실시한 온라인 설문조사(2021년 12월)에 기반한 것이다. 올해는 영리치(49세 이하의 부자)와 올드리치(50세 이상의 부자)를 비교하고 코로나19 팬데믹기간 부자의 자산관리를 분석했다. 설문조사에 참여한 〈부자가 실제 보유하고 있는 총 자산규모의 평균〉은 77억 8천만 원이었다. 이는 국내가구당 평균자산인 5억 2천 5백만 원의 약 15배에 해당하는 금액이고 부유층의 총 자산평균(14억 8천만 원)의 약 5배가 넘는 수준이다. 부자가 보유한 자산은 일반대중이 가진 부의 크기와 비교해볼

부자의 총 자산규모별 향후 실물경기에 대한 전망

■ 매우 안 좋아질 것이다 ■ 안 좋아질 것이다 ■ 현 상태와 동일 ■ 좋아질 것이다 ■ 아주 좋아질 것이다

50억 원 이상	4%	54%	26%	16%	
30억 원 이상 50억 원 미만	4%	55%	22%	19%	
10억원 이상 30억원 미만	6%	44%	24%	25%	1%

출처 : 2022 한국 부자보고서 - 하나은행 하나금융연구소, 2022년 4월 13일

때 현저히 큰 규모였으나 일반적으로 예상하는 크기의 자산을 보유하지는 않았다. 지난 해 동일한 질문에 부자가 응답한 '부자가 보유한 최소 총 자산의 기준'은 총 자산 124억 원(중앙값 기준 100억 원)이었으나 금년조사에서는 187억 원으로 조사되어 부자의 기준이 큰 폭으로 상향이동했다. 그리고 '대한민국의 부자라면 일주일 내로 사용할 수 있는 현금성 자산을 어느 정도 보유하고 있을까?'에 대한 질문에 일반대중은 63억 원이라고 응답했다. 반면에 〈부자가 실제 보유한 예금, 주식,채권 등의 금융자산 규모의 평균〉은 31억 원으로 조사되어 금융자산 규모에서도 일반대중이 생각하는 이미지와 부자가 실제 보유한 자산의 규모에도 괴리가 있었다.

　Korean Wealth Report는 매년 '금융자산을 10억 원 이상 보유한 자'를 부자라고 정의하고 이들의 특성을 분석하는 내용을 다뤄왔는데 일각에서는 이러한 기준에 포함하는 부자의 숫자가 급증하고 부자가 가진 부의 규모가 많이 늘어난 점 때문에 부자의 기준이 바뀌어야 한다는 의견을 제기하기도 한다. 이제 부자가 가진 희소성의 이미지가 사라지고 특수집단이라는 인식도 예전보다는 덜한 것 같다. 그러나 여전히 '금융자산을 10억 원 이상 보유한 사람'은 대한민국에서 일부에 불과하고 금융회사의 중요한 VIP이다. 강남지역의 30평대 집한채 가격이 30~40억대인 시대가 되어 이제 보통사람들은 10억 원을 가진 백만장자를 부자로 생각하지도 않는다. 한자리 수의 단위를 더 붙여 1백억 대 자산을 가져야 부자로 인식한다.[13]

---

13) 2022 Korean Wealth Report, 하나금융 경영연구소, 2022년 4월 13일

◆ 대한민국 부자의 관심사는 무엇일까요

 부자가 되기 위해서 건강, 명품, 장수, 행복 등 대부분 사람들이 관심있게 생각하는 것은 많다. 그런데 대한민국 부자들이 부를 증가하기 위해서 무엇에 관심이 있을까? 이를 구체적으로 제시한 보고서 2022 한국 부자보고서, KB금융지주 경영연구소, 2022년 12월 4일를 살펴보면 한국 부자의 총 자산 포트폴리오는 부동산자산 56.5%, 금융자산 38.5%로 구성됐다. 한국 부자들이 향후 자산운용에서 가장 우려하는 위험요인은 '금리인상'(47.0%)과 '인플레이션'(39.8%)이었다. 이외 '부동산 규제'(35.8%), '러시아-우크라이나 전쟁'(35.0%), '세금인상'(32.5%) 등도 향후 자산운영의 위험요인으로 꼽혔다. 그래서 한국 부자는 '부동산투자', '세무상담, '경제동향'에 관심이 많고 특히 절세관련 '세무상담'에 대한 관심이 전년 대비 한 단계 상승하였고 최근에 한국 부자들이 크게 관심을 두고 있는 자산관리 분야는 '국내부동산투자'(34.0%), '세무상담'(31.5%), '경제동향정보수집'(30.0%)이었다. 2022년 '세무상담'에 대한 관심이 늘어 2021년 3위였다가 2위로 한 단계 올라섰다. 투자여건이 어려워지면서

출처 : 2022 한국 부자보고서 - KB금융지주 경영연구소, 2022년 12월 4일

대한민국 부자의 부의 4가지 성장동력에 대한 생각

부자의 절반정도는 업(業)으로 현재의 부를 축적하였고 가장 기여도가 큰 부의 원천은 사업소득이었다. 부자들은 부의 원천이자 성장의 기초인 '종자돈'으로 최소 8억 원 정도를 생각했다.

1. 부자가 활용하는 첫 번째 부의 성장동력은 '목표금액설정'으로 평균 126억 원을 생각했다.
2. 부자가 활용하는 두 번째 부의 성장동력은 '부채사용'으로 자산이 많을수록 활용하는 부채의 규모도 컸다.
3. 부자들이 활용하는 세 번째 부의 성장동력은 '소득잉여자금'으로 규모는 연 4,800만 원 수준이다.
4. 부자가 활용하는 네 번째 부의 성장동력은 '자산배분'으로 총 자산이 많을수록 금융에서 부동산으로 자산을 배분하였다.

● 출처 : 2022 한국 부자보고서, KB금융지주 경영연구소, 2022년 12월 4일

수익확대보다는 절세를 통한 관리에 관심이 증가한 이유로 생각된다. 디지털자산에 투자하고 있는 경우는 7.8%로 지난해(8.8%)에 비해 소폭감소했고, '과거에 투자하였으나 현재는 하지 않는다'고 응답한 경우는 10.8%로 지난해 4.5%에 비해 크게 증가했다. 이는 부자가 디지털자산에 투자했다가 2021년 11월 이후 디지털자산의 가격하락과 테라/루나 사태를 거치면서 디지털자산 투자를 중단한 것으로 보인다. 한국 부자 중 58.3%는 '향후에도 디지털자산에 투자하지 않겠다'고 응답했다. '자산포트폴리오 조정'에 대해서도 2021년에 비해 한 단계 상승했다. 2021년에 비해 순위의 차이가 큰 분야는 '은퇴/노후상담'으로 2021년 5위에서 올해는 7위로 두 단계 떨어졌다.

부자의 배우기

인생을 망치는 세 가지
1. 소년등과(少年登科)로 어린 나이에 고시패스해서 평생 1%로 사는 사람들에게 너무 빠른 성공을 경계하라는 의미이다.
2. 중년상처(中年喪妻)로 40~50대 배우자가 떠나는 것을 말하는데 '있을 때 잘하자'가 절로 떠 오른다.
3. 노년무전(老年無錢)으로 노후에 돈이 없어 허덕이는 인생을 말한다. 젊어서 좀 더 준비하자는 것이다.

1. 우리나라에서 부자의 기준을 금융자산이 10억 원 이상으로 말하는 것이 적절한 부자의 조건이라 생각합니까?

◆ 한국 아이들의 '장래 직업순위가' 말하는 것은

한국의 초중고 아이들이 미래의 직업선호는 직업의 안정성이나 얼마나 돈을 잘 벌고 사회에서 존경 받는지를 알 수 있는 척도로 교육부와 한국직업능력연구원이 2022년 12월 19일 발표한 '2022년 초·중등 진로교육 현황조사' 결과에 따르면 초등학생 희망직업 1위는 운동선수(9.8%)로, 5년 연속으로 1위를 차지했다. 이어 2위 교사(6.5%), 3위 크리에이터(6.1%), 4위 의사(6.0%), 5위 경찰관·수사관(4.5%) 순으로 나타났다. 지난해 3위였던 교사가 한계단 뛰어올랐고, 의사는 2위에서 4위로 떨어졌다. 중·고교생의 경우 희망직업 1·2위가 각각 교사와 의사, 교사와 간호사로 전년도와 동일한 가운데 컴퓨터공학자·SW개발자의 순위가 크게 올랐다. 중학생의 경우 컴퓨터공학자·SW개발자 순위는 2020년 11위에서 지난해 8위, 올해 5위로 상승했다. 아울러 인공지능(AI) 전문가와 정보보안 전문가 등 신산업분야 직업을 희망하는 학생도 점차 늘고있는 추세로 나타났다. 이는 우리나라 초등학생들이 희망하는 직업 1위는 운동선수, 중·고등학생은 교사로 나타났다. 교사·경찰·군인·간호사 등 안정적인 직업에 대한 선호도가 높은 가운데 디지털전환으로 인한 온라인 기반 산업분야에 대한 관심이 높아지면서 프로그래머, 가상·증강현실(VR·AR) 전문가 등 컴퓨터공학자·소프트웨어(SW) 개발자의 선호도가 지속적으로 늘고있는 것으로 조사 됐다.[14]

이는 단순히 미래를 책임지는 청소년의 꿈이라기 보다는 부모세대와 세상부의 변화에 따라 젊은세대들의 직업선택에 영향을 미친 것은 사실이다. 중·고생 희망직업 '소프트웨어 개발자' 순위상승, 서울신문, 2022년 1월 18일 따르면 작년 2021년 조사결과도 중·고생 희망직업 '소프트웨어 개발자' 순위가 상승하였고 상위권 운동선수, 교사, 의사 등 2020년과 비슷하였다. 이는 메타버스(가상세계) 등 온라인 기반 산업이 주목받으면서

---

14) 초등은 운동선수, 중·고교생은 교사…SW개발자 선호도 상승, 서울경제신문, 2022년 12월 19일.

2022년 초·중·고교생 희망 직업 순위

(단위 : %)

구분	초등학생		중학생		고등학생	
	직업명	비율	직업명	비율	직업명	비율
1	운동선수	9.8	교사	11.2	교사	8.0
2	교사	6.5	의사	5.5	간호사	4.8
3	크리에이터	6.1	운동선수	4.6	군인	3.3
4	의사	6.0	경찰관/수사관	4.3	경찰관/수사관	3.3
5	경찰관/수사관	4.5	컴퓨터공학자/소프트웨어개발자	2.9	컴퓨터공학자/소프트웨어개발자	3.3
6	요리사/조리사	3.9	군인	2.7	뷰티디자이너	3.0
7	배우/모델	3.3	시각디자이너	2.6	의사	2.9
8	가수/성악가	3.0	요리사/조리사	2.6	경영자/CEO	2.5
9	법률전문가	2.8	뷰티디자이너	2.3	생명과학자 및 연구원	2.5
10	만화가/웹툰작가	2.8	공무원	2.3	요리사/조리사	2.4

지난해 중·고교생 장래희망 중 컴퓨터공학자·소프트웨어 개발자의 순위가 상승했다. 초등학생 희망직업 1위는 운동선수(8.5%)였다. 운동선수는 2019년부터 1위를 차지하고 있다. 2위는 의사(6.7%)로, 지난해 교사를 제치고 2위로 올라선 이후 2년 연속 순위를 지켰다. 3위는 교사(6.7%), 4위는 크리에이터(6.1%), 5위는 경찰관·수사관(4.2%)이었다. 6~10위는 조리사, 프로게이머, 배우·모델, 가수·성악가, 법률전문가의 순이었다. 중·고등학생 희망직업 1위는 교사였다. 중학생의 9.8%, 고등학생의 8.7%가 희망직업으로 교사를 꼽아 2019년부터 3년 연속 1위를 차지했다. 중학생 희망 직업 2위는 의사(5.9%), 3위는 경찰관·수사관(4.3%)이었다. 고등학생은 2위 간호사(5.3%), 3위 군인(3.5%)이었다. 2021년 조사에서는 컴퓨터공학자와 소프트웨어 개발자의 순위상승이 눈에 띄었다. 중학생 희망직업으로는 전년도 11위에서 8위(2.7%)로, 고등학생 사이에서는 7위에서 4위(3.4%)로 각각 올랐다.

◆ 한국에서 부자의 유형

한국에서 부자의 유형은 어떻게 구분할 수 있는지 어려운 점이 많다. 미국의 유명경제

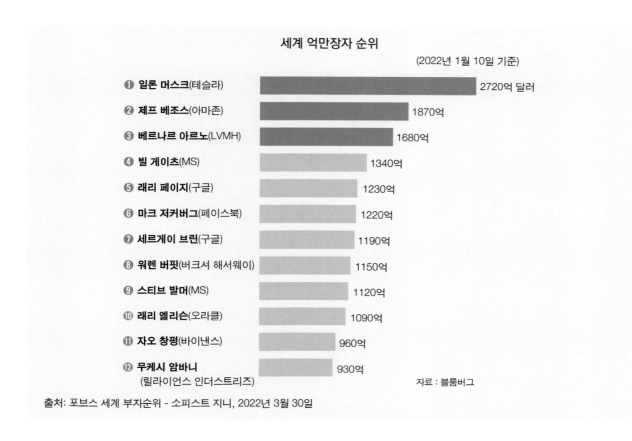

세계 억만장자 순위

(2022년 1월 10일 기준)

❶ **일론 머스크**(테슬라) 2720억 달러
❷ **제프 베조스**(아마존) 1870억
❸ **베르나르 아르노**(LVMH) 1680억
❹ **빌 게이츠**(MS) 1340억
❺ **래리 페이지**(구글) 1230억
❻ **마크 저커버그**(페이스북) 1220억
❼ **세르게이 브린**(구글) 1190억
❽ **워렌 버핏**(버크셔 해서웨이) 1150억
❾ **스티브 발머**(MS) 1120억
❿ **래리 엘리슨**(오라클) 1090억
⓫ **자오 창펑**(바이낸스) 960억
⓬ **무케시 암바니** 930억
(릴라이언스 인더스트리즈)

자료 : 블룸버그

출처: 포브스 세계 부자순위 - 소피스트 지니, 2022년 3월 30일

전문지 포브스가 세계 부자순위와 별도로 발표하는 한국 부자순위 TOP 50(Korea's 50 Richest List)를 기반으로 만들어져 2022년 8월 12일 발표한 '2022년 한국 부자순위 20위'는 환율에 따라 재산규모에 약간의 차이가 있을 수 있는데 포브스는 매년 다양한 리포트와 공시자료를 기반으로 억만장자 순위 리스트를 만든다.

한국의 부자들은 부자가 되기 위해서는 자신만의 전략이 있어야 한다고 말한다. 이것을 '부자궁합(宮合)'이라 부르겠다. 미국 경제지 포브스 선정 2022년 기준 한국 부자순위를 보면 삼성전자의 이재용 회장이나 현대자동차그룹 정몽구 명예회장, SK그룹 최태원 회장 등과 같은 소위 재벌의 후계자를 제외하고 벤처기업으로 셀트리온의 서정진 명예회장이나 카카오의 김범수 의장, BTS기획사 HYBE 방시혁 의장은 디지털 4차 산업혁명에 적합한 아이디어 기업창업으로 벤처기업 정상에 오른 밀레니엄 부자로 시대를 잘 타고나왔거나 번뜩이는 아이디어로 성공한 부자도 있다. 저자가 오랫동안 현장에서 만난 부자들을 보면서 일정한 패턴이 존재한다. 오랫동안 경험적으로 접근한 것이라 아직은 부자학으로 학문적으로 정해진 것은 아니지만 현실적인 면에서는 상당히 유효하리라는 믿음에

미국 경제지 포브스선정 한국 부자순위 TOP 20(2022년)

순위	세계 순위	이름	소 속	재산
1	274	서정진	셀트리온 명예회장	80억 달러(한화 약 10조 3,900억 원)
2	280	이재용	삼성전자 부회장[9]	79억 달러(한화 약 10조 2,600억 원)
3	294	김병주[10]	MBK파트너스 회장	77억 달러(한화 약 10조 원)
4	329	김범수	카카오 의장	71억 달러(한화 약 9조 2,200억 원)
5	392	권혁빈	스마일게이트 CVO[11]	64억 달러(한화 약 8조 3,100억 원)
6	516	홍라희	전 리움미술관장	52억 달러(한화 약 6조 7,500억 원)
7	687	정몽구	현대자동차그룹 명예회장	41억 달러(한화 약 5조 3,200억 원)
8	848	송치형	두나무 회장	34억 달러(한화 약 4조 4,200억 원)
9	892	이부진	호텔신라 대표이사 사장	33억 달러(한화 약 4조 2,900억 원)
10	977	정의선	현대자동차그룹 회장	31억 달러(한화 약 4조 300억 원)
11	1033	이서현	삼성복지재단 이사장	29억 달러(한화 약 3조 7,700억 원)
12	1184	유정현	NXC 대표이사	26억 달러(한화 약 3조 3,800억 원)
13	1298	조정호	메리츠금융그룹 회장	24억 달러(한화 약 3조 1,200억 원)
14	1437	최태원	SK그룹 회장	21억 달러(한화 약 2조 7,300억 원)
15	1546	김형년	두나무 부회장	18억 달러(한화 약 2조 3,400억 원)
16	1663	서경배	아모레퍼시픽 회장	18억 달러(한화 약 2조 3,400억 원)
17	1677	구광모	LG그룹 회장	18억 달러(한화 약 2조 3,400억 원)
18	1780	이해진	네이버 GIO[12]	17억 달러(한화 약 2조 2,100억 원)
19	1782	방시혁	HYBE 의장	17억 달러(한화 약 2조 2,100억 원)
20	1795	김창수	F&F 대표이사	16억 달러(한화 약 2조 800억 원)

출처 : 포브스 세계 부자순위 - 소피스트 지니, 2022년 8월말 기준
[9] 삼성그룹 회장 권한대행으로 삼성그룹의 실질적 총수
[10] 영문명: Michael Kim(마이클 킴)
[11] Chief Visionary Officer
[12] Global Investment Officer

서 부자들의 유형을 나누어 보았다.

대한민국에서 돈을 버는 방식에 따라 부자유형을 분류할 때 그림과 같이 일반적으로 크게 네 가지 종류로 나눌 수 있다. 상속형 부자(Inheritance Wealth), 신흥형 부자(New Wealth), 자수성가형 부자(Old Wealth), 전문가형 부자(Professional Wealth)이다. 부자의 4가지 유형 중에서, 당신은 어느 유형의 부자가 될 것인가를 결정하자. 그러면 부자로 가는

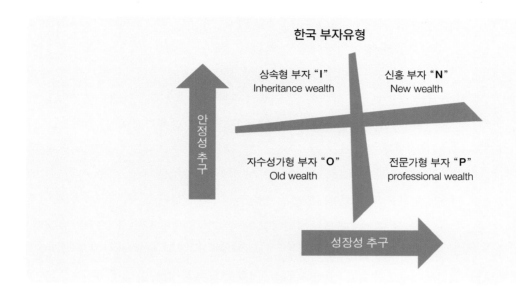

한국 부자유형

상속형 부자 "I"
Inheritance wealth

신흥 부자 "N"
New wealth

안정성 추구

자수성가형 부자 "O"
Old wealth

전문가형 부자 "P"
professional wealth

성장성 추구

길이 점점 더 가깝게 다가올 것이다. 한국의 부자들은 자신에게 알맞은 '부자되는 방법'
을 통해 부을 축척하고 관리하고 있다.

◆ 상속형 부자

포브스가 매년 발표하는 대한민국 50대 부자는 그동안 재벌가의 상속부자들이 주류를
이루었다. 전형적인 60~70세대 베이붐 세대을 부모로 둔 부자로 주로 40~50대가 대부
분이다. 6.25 전쟁 이후 산업화 1세대인 부모들에게 과거 10년 전후에 재산을 상속받은
사람이 여기에 속한다. 이들은 안정성을 추구하며 꾸준히 수익이 보장되며 자신과 가족
이 원하는 삶을 추구한다. 부자문화가 아직은 정착되지 않은 우리나라에서 그나마 이러
한 문화를 형성에 가는 사람들이다. 상속형 부자와 관련해 삼성가에서는 이재용 삼성전
자 회장(2위)을 필두로 홍라희 전 삼성미술관 리움관장(6위), 이부진 호텔신라 사장(8위),
이서현 삼성복지재단 이사장(11위)이 50대 부호 리스트에서 상위권을 차지했다. 지난해
삼성일가는 고(故) 이건희 삼성전자 회장으로부터 받은 유산의 상속세 납부를 목적으로 2
조 원이 넘는 대규모의 계열사 주식을 매각했다. 삼성가에서 지난해 보유주식을 대량처
분하면서 자산규모에 영향을 끼친 것으로 분석된다.

현대가에서는 정몽구 현대차그룹 명예회장(7위), 정의선 현대차그룹 회장(13위), 정몽준
아산재단 이사장(48위)이 포함됐다. 포브스는 정몽구 명예회장의 자산은 44억 달러로

29% 감소했고, 현대중공업 최대주주인 정몽준 이사장의 자산은 9억 7500만 달러로 30% 감소했다. 정몽구 명예회장은 경영일선에서 물러났고 정의선 회장이 최고 사령탑 지위에 올랐지만 보유주식량은 정몽구 명예회장이 정의선 회장보다 많다. 정몽구 명예회장은 현대글로비스 주식 251만 7,701주, 현대차 보통주 1,139만 5,859주, 현대모비스 677만 8,966주, 현대제철 1,576만 1,674주 등을 보유하고 있다. 정 명예회장이 보유한 현대글로비스 지분은 현대차 정몽구재단의 기부 등으로 지난해 9월 말 기준으로 6.71%로 낮아졌다. 정의선 회장의 보유주식은 현대글로비스 비중이 가장 크며 873만 2,290주다. 이어 현대차 보통주 559만 8,478주, 현대차 우선주 238주, 기아 706만 1,331주, 현대모비스 30만 3,759주, 이노션 40만 주, 현대오토에버 201만 주, 현대위아 53만 1,095주 등이다. LG가에서는 구광모 LG 회장(26위), 구본식 LT그룹 회장(37위), 구본능 희성그룹 회장(40위)이 리스트에 포함됐다. 포브스는 올해 50대 부자리스트에서 탈락한 9명 중 주목할 인물로 LX그룹 구본준 회장을 언급했다. 구 회장이 LG지분의 일부를 3개 자선재단에 기부하고 LX홀딩스의 지분일부를 자녀에게 물려줬다는 사실을 다뤘다.[15]

❶ 라이프 스타일

단순히 돈만 있다고 유유상종하지는 않는다. 부모보다 교육을 많이 받아 돈걱정을 하지 않아도 되는 기업후계자나 교수, 변호사, 회계사 등의 직업을 가진 사람이 상당부분 차지하고 있다. 소비와 저축을 균형있게 하려는 실용적 성향이 강하다. 그래서 사람을 사귈 때 집안배경과 학력, 사회적 지위, 사는 거주지, 취미 등을 매우 까다롭게 본다. 아무리 돈이 많아도 이러한 조건들이 충족되지 않으면 유유상종하지 않는다. 나름의 계급의식도 있고 품위와 합리성을 중요하게도 생각한다. 다소 수준이 높아졌을 뿐 기본적인 태도는 전통적인 부자와 비슷한 실속형이다. 다만 전통적인 부자들과 구분되는 한 가지 차이점은 소비와 절약이 비교적 균형을 이룬다는 점이다. 꼭 써야 할 때는 과감하게 그러나 아낄 때는 자린고비처럼 행동하기도 한다. 안전을 생각해 자녀들에게 값비싼 외제차를 사주기도 하고 크게 눈에 띄지않은 신발, 지갑, 시계 등 명품들을 즐겨 사용한다.

❷ 돈관리

재산을 3대 이상 유지하기 매우 어렵다는 이야기가 있다. 즉, 벌기보다는 지키는 것이 그만큼 어렵다고 할 수 있다. 이처럼 상속형 부자가 되기도 어렵다는 것이다. 대개 부모

---

15) 대한민국 50대 부자 자수성가 부자들의 대약진, forbeskorea 2022년 6월, 2022년 5월 23일

로부터 돈버는 법, 쓰는 법, 그리고 투자하는 법 등에 관해 나름대로 교육받아 왔다. 그래서 경우에 따라서 절약도 하지만 비교적 소비도 잘한다. 절제된 범위내에서 합리적인 수준의 소비지출과 투자를 한다. 그리고 전문가들의 충고와 조언에 귀 기울이고 체계적이고 뛰어난 관리능력을 갖추고 있다. 다른 한편으로는 부모들이 재산을 축적해 온 시간보다 짧은 기간에 재산을 크게 불리는 경우가 종종 있다.

❸ 열성적인 재테크교육

재산증식보다는 재산유지에 보다 관심이 많다. 그래서 선대보다는 재산증식은 어렵지만 나름대로 유지와 관리에 노력한다. 그래서 재테크교육에 남보다 열심이고 자신도 자녀들에게 재산을 상속하기 위해 본인뿐 아니라 배우자, 자녀들의 교육에도 매우 충실하다. 그래서 인생의 목표가 재산증식보다는 좀 더 나은 삶의 가치를 추구하는 성격이 강하다.

❹ 상속형 부자의 사례 : 삼성전자 이재용 회장

삼성그룹 고(故) 이건희 회장 아들인 삼성그룹 3대 총수 이재용은 1968년 6월 23일 이병철 삼성그룹 창업주 손자, 홍진기 제9대 법무부 장관 외손자로 태어난 명문가 출신이다. 경기초등학교, 청운중학교, 경복고등학교, 서울대학교 동양사학 학사, 게이오기주쿠대학 대학원 경영학 석사, 하버드대학교 경영대학원(Harvard Business School) 경영학 박사를 졸업하며 우월한 학업을 마쳤다. 이재용 삼성전자 회장(한국 부자순위 2위)을 필두로 어머니 홍라희 전 삼성미술관 리움관장(6위), 여동생 이부진 호텔신라 사장(8위), 이서현 삼성복지재단 이사장(11위)이 한국 부자 50대 부호리스트에서 상위권을 차지했다.

2021년에 삼성일가는 고(故) 이건희 회장으로부터 받은 유산의 상속세 납부를 목적으로 2조 원이 넘는 대규모의 계열사 주식을 매각했다. 홍라희 전 리움미술관장은 2021년 10월 삼성전자주식 1,994만 1,860주를 시간 외 매매(블록딜) 방식으로 처분했다. 같은 시기 이부진 호텔신라 사장과 이서현 삼성복지재단 이사장도 보유하고 있던 계열사 주식을 매각했다. 이부진 사장은 삼성SDS 주식 150만 9,430주(1.95%), 이서현 이사장은 삼성생명 주식 345만 9,940주(1.73%), 삼성SDS 주식 150만 9,430주(1.95%)에 대해 처분신탁계약을 맺었다. 이재용 삼성전자 부회장은 2021년 9월 삼성전자 주식 583만 5,463주를 법원에 공탁했다. (출처 : 대한민국 50대 부자 자수성가 부자들의 대약진, forbeskorea 2022년 6월, 2022년 5월 23일)

삼성은 이병철 창업주가 삼성물산이라는 이름으로 자본금 3만 원(현재가치 3억 원)에 회사를 창업하여 현재의 삼성그룹으로 발전하였다. 삼성의 매출액이 대한민국 GDP의 26.6%나 차지한다는 점은 시사하는 바가 크다. 글로벌 브랜드 가치평가 및 전략 컨설팅기관 브랜드 파이낸스는 2022년 글로벌 500대 브랜드 보고서를 발표했다. 삼성그룹은 브랜드 가치 1,073억 달러(약 129조 원)를 인정받아 6위를 기록했다.

◆ 신흥형 부자

그들은 전문성과 과감성을 가진 투자형 부자이다. 그래서 그들은 돈이 되는 것이라면 기회를 놓치지 않고 과감하게 도전하는 성향을 가지고 있다. 신흥부자'는 이제 막 부자에 진입한 개인을 의미하는 용어로 30~49세의 금융자산 10~20억 원을 보유한 개인을 의미한다. 최근 자주 회자되는 영리치가 '나이가 젊은 부자'라는 점에 주목하였다면, 신흥부자는 '막 부자에 진입하였다'는 점에 주목한 개념이다. 모든 종류의 부자 중 모험심이 가장 높다. 스타트업 창업가나 벤처창업가, 전문투자가 등이 대부분이다. KB금융지주 금융연구소가 발간한 '2022 한국 부자보고서'에 따르면 2021년 말 기준 금융자산이 10억 원 이상인 부자는 모두 42만 4,000명인데 이 가운데 20억 원 이상의 금융자산을 보유한 3040대 신흥부자는 7만 8,000명으로 전체부자의 18.4%에 달했다. 이들의 총 금융자산은 99조 5,000억 원으로 전체(2,883조원)의 3.5%를 차지했다. 신흥부자가 금융자산 10억 원을 넘기며 부자가 되는 데 기여한 주된 부의 원천은 '사업소득'이 32.2%로 가장 많았고, '부동산투자'(26.4%), '상속증여'(20.7%) 순이었다. 반면 전통형 부자에 비해 '근로소득'(+0.4%p), '부동산투자'(+1.0%p), '상속증여'(5.2%p)가 부의 원천이라고 꼽은 경우가 상대적으로 더 많았다. 신흥부자들은 부의 밑거름이 되는 종자돈을 이른바 '아빠·엄마찬스'인 부모지원으로 마련한 경우가 많았다.

최소 7억 원 이상의 종자돈을 비롯한 근로소득과 부모의 지원상속 증여를 통해 모았다는 답변비중이 50대 이상의 전통부자보다 높았다. 신흥부자의 자산 포트폴리오에서 부동산과 금융자산 비율은 각각 64.7%, 29.5%로 나타났다. 전통부자(부동산 51.9%, 금융자산 44%)와 비교할 때 부동산 비중이 더 높았다. 이에 향후 금융자산 투자를 확대하겠다는 신흥부자들이 많았다. 신흥부자가 이상적으로 생각하는 포트폴리오는 부동산·금융·기타 자산 비중이 5:4:1인 것으로 조사됐다. 자산관리 관심분야로 국내 금융상품(36.8%)이 가장 많이 꼽힌 배경이다. 전통부자들은 세무상담(35.9%)에 대한 관심이 가장 높았다. 신흥부자들은 향후 수익률이 높은 투자처로 금융상품에선 주식을, 부동산 자산에선 주거용 부동

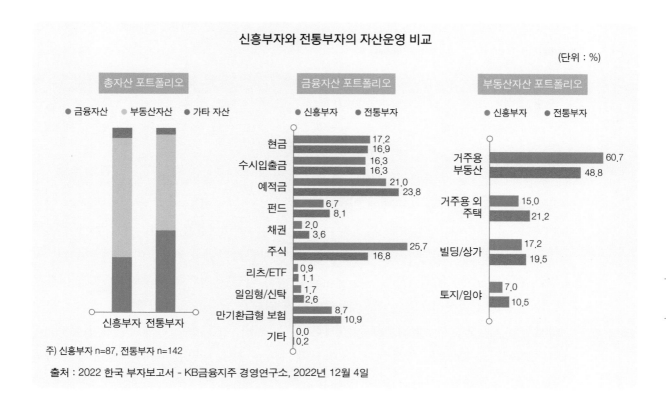

신흥부자와 전통부자의 자산운영 비교

(단위 : %)

총자산 포트폴리오
● 금융자산 ● 부동산자산 ● 가타 자산

신흥부자 전통부자

금융자산 포트폴리오
● 신흥부자 ● 전통부자

	신흥부자	전통부자
현금	17.2	16.9
수시입출금	16.3	16.3
예적금	21.0	23.8
펀드	6.7	8.1
채권	2.0	3.6
주식	25.7	16.8
리츠/ETF	0.9	1.1
일임형/신탁	1.7	2.6
만기환급형 보험	8.7	10.9
기타	0.0	0.2

부동산자산 포트폴리오
● 신흥부자 ● 전통부자

	신흥부자	전통부자
거주용 부동산	60.7	48.8
거주용 외 주택	15.0	21.2
빌딩/상가	17.2	19.5
토지/임야	7.0	10.5

주) 신흥부자 n=87, 전통부자 n=142

출처 : 2022 한국 부자보고서 - KB금융지주 경영연구소, 2022년 12월 4일

산을 가장 많이 선택했다. 전통부자들도 금융상품에선 주식의 수익률이 향후 높을 것으로 봤지만, 부동산에선 빌딩·상가나 토지·임야에 기대감이 더 컸다. 주식 유망종목에 대해선 신흥부자와 전통부자 모두 1순위로 전기차와 배터리를 꼽았다.

다만 신흥부자들은 전통부자와 달리 친환경에너지와 제약·바이오도 긍정적으로 봤다. 신흥부자는 공격지향적 투자성향이 강했다. 전통부자보다 자산축적을 위한 시간여유가 있는 만큼 공격적 투자를 통해 고수익을 노리겠다는 생각이 반영된 결과로 분석된다. 신흥부자는 총 자산 113억 원을 목표금액으로 삼았다. 전통부자의 목표금액인 162억 원보다 낮았다. 부자에 대한 인식과 미래상도 생각이 달랐다. 전통부자의 66.2%는 스스로를 부자라고 생각했지만, 신흥부자는 4명 중 1명꼴인 26.4%만 자신을 부자로 인식했다. 부자의 미래상도 신흥부자들은 '자산을 성장시키는 부자'(19.5%), '돈으로부터 자유로운 부자'(19.5%)라는 응답이 많아 자산증식을 중시하는 것으로 나타났다. 이는 전통부자가 '자기계발에 노력하는 부자'(24.6%)를 가장 많이 지향하는 것과 차이를 보였다.

KB금융지주 금융연구소가 발간한 '2022 한국 부자보고서'에 따르면 "신흥부자들은 주식과 주거용 부동산에 대한 공격적 투자로 금융자산과 총 자산확대라는 두 마리 토끼를 쫓을 것으로 보인다"고 분석했다. 신흥형 부자의 특징으로 첫째, 신흥부자는 종자돈을 마련한 방법으로 '근로소득'과 '부모지원·증여·상속'이 많았다. 둘째, 신흥부자는 종자돈마련 후 부자가 되기까지 '주식투자'와 '예적금'으로 자산을 키웠다. 셋째, 신흥부자의 4분의 1만이 부자로 자각하며, '자산을 성장시키는 부자'가 되려 노력한다. 넷째, 향후 공격지향적 투자로 금융자산 확대와 총 자산확대의 두 마리 토끼를 쫓을 계획이다. 다섯째, 신흥부자는 향후 '주식'과 '주거용 부동산투자'로 자산을 늘려갈 것이다.[16]

최근 IT 발달로 인하여 급격하게 증가한 신흥형 부자는 주로 30~40대가 대부분이며 이제 부를 쌓기 시작하는 단계에 있어 자산을 충분히 유지하고 재산을 증식시킬 수 있는 투자수단을 원한다. 행동하기 전에는 매우 신중하나 일단 결정을 내리면 거침없이 돌진한다. 전문직업인으로는 국내 대기업 또는 대형 다국적기업의 임원들이 이에 속한다. 교육수준이 높다. 거주지는 특별하게 제한되지 않고 다양한 지역에 거주하고 있다. 이들은 다른 부자들에 비하여 모험심과 전문성이 높아 위험을 감수하고 변화를 빠르게 파악하고 도전하는 사람들이다. 엔씨소프트 김택진 사장, 카카오 김범수, 배달의민족 김봉진, 네이버 이해진, 셀트리온 서정진, BTS 방시혁 등이 여기에 해당한다. 이런 신흥형 부자들이 부상하고 있는 이유는 자본시장의 활성화, 전문경영인의 시대, 지식근로자의 도래로 능력과 아이디어만 있으면 창업하고 부를 형성할 수 있기 때문이다.

❶ 라이프 스타일

이들은 최근 4차 산업혁명시대 산업자본화 이후에 나타난 대표적인 부자들로 자기계발과 발전을 위하여 과감히 투자하는 성향이 짙고 한 가지 일에 몰두하는 전문성을 갖추고 있다. 자신의 일에 열정을 바치는 경우가 허다하다. 빌 게이츠는 창업 이후 6년간 매해 이틀밖에 쉬지 못했다고 한다. 쓸때는 쓰고 투자할 때는 투자하는 성향이 강해 소비형태는 전통형 부자들과는 상당히 다르고 상속형 부자들과는 비슷한 성향을 띤다. 즉, 소비와 지출의 균형감각을 가지고 있다. 기존의 부자들은 투기 등으로 돈을 번 부자가 대부분으로 돈번 과정이 투명하지 못하여 사회적으로 존경받지 못했으며 사회적 책임의식이나 사회환원에 대해서도 다소 인색하였다. 반면, 신흥형 부자들은 형식과 격식을 중요시하지 않으나 나름대로 철학과 믿음을 가지고 살아가는 부자들이다. 그래서 사람을 사귈 때 집안배경과 학력, 사회적 지위를 중요하게 여기지 않으며 자유롭게 사귀는 편이

16) 2022 한국 부자보고서, KB금융지주 경영연구소, 2022년 12월 4일

다. 또한 돈버는 과정이 기존의 부자들보다 투명하고 기부금, 사회적 공헌, 봉사정신 등이 뛰어나다.

그룹 방탄소년단(BTS)을 키워낸 방시혁 하이브 의장이 학교밖 청소년교육을 위해 50억원을 쾌척했다고 사랑의 열매가 2022년 10월 13일 밝혔다. 방 의장은 사랑의 열매 사회복지공동모금회에 50억 원을 기부해 한국형 기부자 맞춤기금 13호에 가입했다. 한국형기부자 맞춤기금은 10억 원 이상을 일시 혹은 기부약정하는 사랑의 열매 개인기부프로그램이다. 또한 배달의민족 김봉진 창업자 성공스토리로 섬소년에서 5천억대 기부자로 김의장 부부재산의 절반이상을 사회에 환원약속 교육불평등 문제해결과 문화예술·자선단체를 지원할 예정이다. 2010년 3천만 원으로 창업해 국내 1위 배달앱 성장으로 성장하여소위 노블리스 오블리제(Noblesse Oblige)를 몸소실천해 사회적으로 존경받고 있다. 이런모습은 한국사회에서 부자에 대한 부정적 시각을 바꾸어 주고 있다. 누구든 최선을 다해일하면 부자가 될 수 있다는 희망적 부자관을 만드는 데 기여하고 있다.

❷ 돈관리

'High Risk, High Return', 즉 과감한 투자로 높은 수익을 추구한다. 이들은 시장과 증권 등에 상당한 지식을 가지고 있다. 반면, 재산관리에 시간적 여유가 없다. 그래서 주로증권회사나 은행 등에 자산을 맡겨 관리한다. 돈이 창출되는 과정을 보면 대개 자신의사업을 통해 나오는 경우가 대부분이며 소유주식 증가 등으로 부는 지속적으로 증가한다. 그리고 전문가들의 충고와 조언에 귀 기울이고 체계적이고 뛰어난 관리능력을 갖추고 있다.

❸ 자신의 일에 열정을 바친다

일을 통해 부를 형성한 경우가 대부분이어서 자신의 일에 대해서는 무섭도록 철저하고심지어 '일벌레'라는 이야기를 들을 정도로 일에 충실하다. 자신이 속한 사회나 단체의리더가 많다. 그래서 인생의 목표가 반드시 재산증식에 있다기 보다는 좀 더 나은 삶의가치를 추구하고 다른 사람들과 더불어 살아가는 성향이 강하다.

❹ 신흥형 부자의 사례 : 배달의민족 김봉진 의장

한국 스타트업계의 신화로 불리는 배달의민족 김봉진 우아한형제들 의장은 1976년 10월 10일 전라남도 완도군 소안면 횡간리 구도리 마을에서 아버지 김옥준(金鈺浚)과 어머니

한용임 사이의 4형제 중 막내아들로 태어났다. 1979년 아버지를 따라 광주광역시로 이주하여 살다가 이후 서울특별시로 이사하였다. 세바시 강연에 따르면 어려서 화가를 꿈꿨지만 어려운 가정형편으로 예술고등학교에 가지 못하고 수도전기공업고등학교에 진학했다. 뒤늦게 디자인학원을 다니며 디자이너의 길을 보고 서울예술대학교에 들어가 실내디자인을 전공했다. 대학졸업 후에는 디자이너로 일하기 시작하였고 2002년 디자인그룹 이모션을 시작으로 이후 네오위즈, NHN(현 네이버) 등에서 웹 디자이너로 일을 하였다. 2008년 수제가구사업에 도전했다 망해서 빚더미와 생활고에 시달렸다. 그 후 다시 직장인으로 돌아와 일하면서도 디자인실력을 키우고 국민대학교 디자인대학원에 진학해 2015년 8월 시각디자인학 석사학위를 취득했다.

2010년 배달의민족을 만들며 다시한번 창업에 도전했다. 명함에 '경영하는 디자이너'라고 표현해 '디자이너'로서의 정체성을 중요하게 유지해 오고 있다. 스타트업 기업인 우아한형제들을 10년 만에 유니콘으로 성장시켰다. 그 결과로 대학생과 스타트업 창업자들의 롤모델 중 한 명으로 꼽히기도 한다. 2008년 미국에서 첫선을 보인 후 2009년 국내에 들어온 아이폰출시로 스마트폰 보급이 확산되며 다양한 초기앱(어플리케이션)이 나타나고 있었다. 이를 본 김봉진은 '거리를 어지럽히고 집집마다 대문에 덕지덕지 붙어있던 음식점 전단지를 모바일로 옮기면 어떨까?' 하는 생각을 하게됐다고 한다. 개발자였던 친형을 포함해 전직장동료, 학창시절 친구 등을 모아 5~6명이 '답십리 카페베네'를 작업실 삼아 주말마다 모여 프로젝트를 진행했다고 한다. 그가 주목한 분야는 114와 같은 '전화번호' 서비스였다. 스마트폰용 전화번호부 앱을 만들고자 했으나 수익성과 확장성, DB 구축에 어려움을 느끼고 전화번호를 제공하는 다른 형태의 앱을 개발하기 시작했는데 다다른 곳은 배달음식점 전화번호, 즉 '전단지'였다. 음식점 정보가 많을수록 앱 경쟁력이 커지기 때문에 최대한 많은 전단지를 모아 일일이 스캔하고 앱에 반영하는 노력을 기울였다.

그는 배달의민족의 초창기 버전에 해당하는 전단지앱 개발에 착수하게 된다. 2010년 6월 25일 배달의민족이 출시되기 조금 전 이미 배달통, 배달114 등의 경쟁자들이 먼저 나와있던 상황이였으나 배달의민족은 출시 직후 주요 앱마켓, 스토어에서 1위에 오르며 단숨에 최고자리에 등극했다. 2016년 출범한 스타트업 기업들의 모임 '코리아 스타트업 포럼'의 초대의장을 역임하고 기획재정부 '혁신성장 옴부즈맨'으로 위촉되는 등 업계 및 정부, 지방자치단체 등에서도 직책을 맡아 왔다. 2019년 말까지 약 10년 간 대표이사(CEO)로 회사를 경영했으며 2020년부터는 '비전CEO(VCEO)'라는 이름으로 이사회 의장직을 수

노블리스 오블리제(Noblesse Oblige)란 무엇인가? 사회고위층, 귀족이나 성공한 기업가일수록 지켜야 할 도덕적 의무가 많다는 것이다. 영국의 이튼스쿨은 부자나 귀족의 자제만 다니는 학교로 국가가 전쟁이 발발하거나 위기에 처할 때 왕자들을 비롯한 이튼스쿨 재학생들은 목숨을 바쳤다. 그래서 지금까지 영국 왕실이 존경받는 이유 중 하나이다. 로마의 귀족들은 전쟁에 더 많이 참전하여 나라를 지켰고 미국의 많은 거부들은 기부를 통해 사회정의를 실현하는데 기여를 했다. 우리나라의 경우에도 흉년에는 가난한 사람의 논을 사지 않고 과다한 소작료를 받지 않은 경주 최부자 집이 광복직후 전 재산을 영남대에 기증해 한국판 노블리스 오블리제를 몸소 실천했다.

행하고 있다. 2020년 말에 우아한형제들이 독일의 배달서비스 기업 딜리버리히어로에 인수되면서 두 회사가 힘을 합쳐 싱가포르에 설립한 '우아DH아시아'의 최대주주로서 이 회사의 의장 겸 집행이사를 맡았다. 그후 우아DH아시아를 경영하며 딜리버리히어로의 아시아 배달사업을 목표로 하고 있는 것으로 추정된다.(출처 : 나무위키)

◆ 자수성가형 부자

자수성가형 부자는 우리 주변에서 가장 많이 볼 수 있는 부자유형이다. '쓰리 노 정신'이 강하다. '쓰리 노 정신'은 안 먹고 안 쓰고 안 입는 자린고비의 정신이지만 필요한 때에는 아낌없이 쓴다. 돈관리에 있어서는 철저하며 보수적인 투자성향을 가진다. 그리고 신용을 목숨처럼 중히 여긴다. 한국 부자의 80% 이상을 차지하는 유형으로, 가난한 환경, 어려운 역경을 뛰어넘고 고생, 고생해서 돈을 모아 '안 먹고, 안 쓰고, 안 입고(쓰리노)' 부자가 된 부류이다. 전통형 부자들의 직업 중 가장 많은 것은 역시 사업가로 해방이후 6·25전쟁을 거치면서 보리죽을 먹고 자수성가한 60~70대가 주로 여기에 해당된다. 이들의 거주지는 지역마다 다소 차이는 있지만 서울에서는 성북동, 평창동, 연희동 등에 주로 거주하고 있다. 그리고 평범하게 보통 사람들과 사는 이도 많다. 이런 분류에 해당되는 사람으로 창업 1세대인 삼성그룹 고(故) 이병철 회장, 현대그룹 고(故) 정주형 회장, SK그룹 고(故) 최종현 회장 등 성실을 밑천으로 기업을 일궈낸 부자이고 대기업은 아니지만 아주대에 200억 기탁한 수원교차로 황필상 사장 등 이름은 덜 알려졌지만 우리

주변에 있는 수 많은 부자들이 여기에 해당된다.

KB금융지주 금융연구소가 발간한 '2022 한국 부자보고서'에 따르면 전통부자들은 종자돈 규모를 최소 9억 원 이상으로 봤는데 직접 운영하는 사업수익이나 주식과 같은 금융상품, 매매·임대를 비롯한 부동산자산에 투자해 마련했다는 답변의 비중이 높았다. 코인을 포함한 디지털자산을 통해 종자돈을 마련했다는 답변은 전통부자와 신흥부자 모두 없었다. 종자돈 만든 뒤 자산증식을 위한 투자방법도 달랐다. 신흥부자는 주로 주식투자(54%)를 가장 많이 활용했고, 거주용 외 아파트(36.8%), 예·적금(31%), 거주용 부동산(24.1%) 투자가 뒤를 이었다. 디지털자산을 비롯한 기타 자산에 투자했다고 응답한 비율(9.2%)이 전통부자(5.6%)보다 높았다. 신흥부자들은 금·보석(4.6%), 비트코인·이더리움을 비롯한 디지털자산(2.3%), 자동차·요트(1.1%)에 투자해 돈을 굴렸다. 금·보석을 주로 활용한 전통부자들과 대비된다. 부동산투자에서도 신흥부자는 다세대·연립·빌라에 투자한 경우가 더 많았다. 반면 전통부자는 재건축아파트·상가·토지에 투자해 자산을 키웠다는 응답이 많았다. 이는 자금력의 차이가 영향을 준 것으로 분석된다.

❶ 라이프 스타일

돈을 별로 쓰지 않는다. 그들은 돈에 대한 애착이 강하고, 돈을 함부로 쓰지 않아 보이는 행동은 흡사 구두쇠를 연상시킨다. 한겨울에 빛바랜 운동화를 신고다니거나 요즘은 보기 힘든 털고무신을 신고다닌다. 신발도 구두밑창을 갈아신고 유행이 지난 털실목도리로 두를 정도이다. 지금도 자가용없이 자전거를 타고 다니거나 대중교통을 이용하기도 한다. 웬만한 거리는 걸어 다니는 것이 그들의 일상화된 습관이며 항상 부지런하다. 실제로 고(故) 정주영 회장은 구두를 22년간 신고 손목시계는 2만 원 짜리를 차고 있었다. 식사도 갈비탕, 설렁탕 등 5,000원 이하의 식사를 주로 하고 술도 소주를 주로 마신다. 담배는 피우지 않은 경우가 많으며, 피울 경우에는 대부분 가장 가격이 싼 담배를 피운다. 건강을 위한 보약을 좀처럼 먹지 않으며 '밥이 보약'이라고 생각하여 식사는 비교적 잘하는 편이다. 운동은 돈 안드는 등산이 주류를 이루고 있고, 아침 일찍 일어나고 저녁 늦게 자는 경우가 대부분이다.

❷ 돈관리

냉혹할 만큼 이중적인 면을 갖고 있다. 평소에는 가족들에 대해 매우 각별하지만 돈에 있어서는 가족도 예외는 아니다. 심지어 한 이불 속에서 자는 아내도 의심하는 경우가 있다. 벌어들이는 돈중, 소비보다는 저축에 더 무게를 두고 있어 수입의 50% 이상을 저축하고, 빚은 '절대 NO'이다. 그래서 신용카드는 절대 쓰지 않는다. 이는 지출을 통제하기 위해서이다. 또한 은행에 거액을 입금할 때는 현금을 허술한 비닐봉투에 넣어가 다른 사람들이 돈봉투임을 알아 차리지 못하게 한다. 금리나 이자계산 등의 계산은 빠르고 정확하다. 그리고 예금은 원금이 보전되고 이자가 확정되는 정기예금을 주로 가입한다. 절대로 한 곳의 금융기관과 거래하지 않고 분산해서 거래하는 경우가 절대적이다. 거래할 경우 대리급 이상 직원보다는 말단직원하고 조용히 일을 보고 사라지는 경향이 짙다. 특히 '돈냄새를 본능적으로 잘맡아' 부동산에 대하여 남다른 안목을 가지고 있다. 수입 중 임대소득의 비중이 높으며 주식에는 투자를 거의 하지 않는다. 이들은 대부분 부동산으로 부를 축적한 부자이다. 그래서 그들은 신중하고 고집이 세고 보수적이라는 특징을 가지고 있다. 즉, 돌다리도 두드려보고 건너는 타입이다.

❸ 투자는 아끼지 않는다

그런 그들도 필요할 때는 아낌없이 돈을 쓴다. 자녀교육, 재산증식, 그리고 남을 돕는데는 돈을 아끼지 않는다. 자녀들에 대한 교육투자에는 어느 부모보다 강한 집념을 보인다. 자녀 중 1명 이상은 외국으로 유학보내고 있으며 자녀들의 결혼상대자도 부자보다는 회계사, 변호사, 의사 등 주로 학력이 높은 전문직업인을 선호하는 경향이 짙다. 그러나 최근에는 이런 경향이 다소 낮아지고 있기는 하나 재산증식을 위한 지출이 높고 가격이 오를 것으로 판단되는 투자나 절세, 증여 등에 대해 다른 사람보다 몇 배의 과감한 투자와 노력을 한다. 마지막으로, 선행에 대한 의외의 행동이 눈에 띈다. '절약, 절약, 그리고 또 절약'을 부르짖는 이들이 어느 날 갑자기 대학에 거액의 발전기금을 출연하거나 병들고 어려운 사회 저소득층을 위하여 뜻밖의 큰돈을 기부하기도 한다.

❹ 신용이 생명이다

신용을 목숨처럼 소중히 여긴다. 그래서인지 그들은 사소한 약속이라도 소홀히 하는 사람은 믿을 수 없다는 신념을 가지고 있다. 작은 일을 하지 못하는 사람은 큰일을 할 수 없다는 생각을 가지고 있기 때문이다. 이것은 비단 이들의 특징만이 아니다. 성공한 사람들의 공통적인 특징이기도 하다. 인간관계에 대해 바르고 정확한 계산, 그 바탕을 통해 신뢰와 믿음을 쌓아 오늘에 이른 것이다.

89

제2장 왜 부자인가?

❺ 자수성가형 부자사례 : 다이소 창업주 박정부 회장

無수저로 45세 창업, 1,000원짜리 팔아 3조 매출, 아직도 고객이 두렵다. 다이소 창업주 박정부 회장(78세)의 이야기이다. 아성다이소 이게 다이소의 정식 이름인데 어머니가 지어준 '아시아에서 성공하라'의 아성과 '필요한 모든 것이 다 있다.'라는 의미의 '다이소'는 우리의 핵심가치를 전달할 수 있고 재미있는 이름이면서도 유치원생도 기억할 만큼 쉬워서 우리도 쓰면 좋겠다고 생각했다. 그런데 이 이름으로 인하여 아직도 일본기업 아니냐는 오해를 받는다. 그러나 아성다이소는 내가 만든 한국기업이다. 다이소하면 마치 일본기업으로 오해받은 적이 많았다는 박회장은 2001년 내가 물건을 납품하던 일본회사(㈜대창산업)에서 지분투자를 받으면서 '다이소'란 이름을 사용하게 됐다. 대창산업을 일본어로 하면 '다이소산교'고 그들이 일본에서 운영하던 100엔숍 이름이 '다이소'였다.

우리 사회는 여전히 '싼게 비지떡'이란 인식이 강하다. 어찌보면 지난 30년은 이런 통념과의 싸움이었다. 우리는 가격이 싼 상품을 팔지만 싸구려를 팔지는 않는다. 소비자는 품질이 나쁘면 1,000원도 비싸다고 느낀다. 좋은 상품은 신기하게도 소비자가 먼저 안다. 택시요금이 1,000원일 때부터 균일가 숍을 시작해 아직도 1,000원을 고수한다. 서울 강남에 매장을 낼 땐 '누가 벤츠몰고와서 천원짜리 물건사겠느냐'고 했다. 그러나 반응은 폭발적이었다. 부자든 아니든 고객은 1,000원의 가치보다 더 큰 만족감을 주는 상품이 있으면 사고싶어 한다. 다이소는 지갑이 얇아서 가는 곳이 아니다. 필요한 상품이 있기에 가는 곳이다. 특히 요즘 젊은층 사이에서 다이소는 재미와 의미를 공유하는 놀이공간으로 여겨진다. 얼마전 배우 한소희씨가 생일파티 때 착용한 핑크색 보석이 박힌 목걸이와 귀걸이가 대표적이다. 어린이들을 위해 기획한 상품이 젊은 여성들 생일파티 필수품이 됐다. 물론 이 제품도 가격은 1,000원이다. 2016년엔 경력단절 여성의 고용을 창출한 기여로 금탑산업훈장을 받았다. "직영점 점장 99%, 매장직원 95%가 여성이다. 이 가운데 30~50대 경력단절 여성비율이 93%(2022년 기준)다. 사회에선 이들을 '경단녀'라고 하지만, 내눈엔 그들이 귀중한 육아경험과 살림센스가 있는 '살림의 귀재들'로 보였다. 생활용품을 잘 알고 아이디어가 많을뿐 아니라, 몸에 배어 있는 관리습관이 우리 업무와 잘 맞는다.

거래처에 전액 현금결제하는 기업으로도 유명하다. "저렴한 가격 때문에 다이소가 취급하는 상품 대부분이 중국산이라 생각하지만, 실은 국내협력업체 제품이 전체매출에 70%를 차지한다. 거래하는 국내 제조업체만 900개가 넘는다. 중소업체와 상생을 모색하는 게 우리의 책임 중 하나라고 생각한다. 낮은 구매단가를 보장받는 대신 100% 현금결제, 대량주문, 장기간거래 등 신용에 기반을 둔 거래를 한다. 박회장은 흔히 한국에서 사업하려면 필수라고 여겨지는 두 가지, '골프'와 '술접대'를 안 한다더라. 다이소에선 매달 600개의 신상품이 나온다. 출장을 일주일 가면 5일은 밤낮없이 상담에 매달리고, 이틀은 시장조사에 나선다. 값싼 매장부터 최고급 매장까지 다니면서 뭐가 다른지 항상 공부한다. 그러다 보면 '한국도 이런 물품이 필요할 텐데' 싶은 게 있다. 원예용품이 대표적인데 7년 동안은 소비자들이 움직이지 않더라. 그런데 코로나를 맞아 식물기르는 수요가 크게 늘면서 반응이 폭발했다. 부부동반으로 개인여행을 가도 나는 관광지구경 대신 쇼핑을 간다. 고급레스토랑 가서 밥먹을 때도 그릇부터 뒤집어 본다. 어디제품인지 보려고 한다.

박회장은 자신을 흙수저도 아닌 '무수저'라고 자신의 저서 책 '천원을 경영하라'에 썼을 정도로 지독하게 가난하였다. 6.25 전쟁 중 9·28 서울수복 때 북한군이 후퇴하며 아버지를 북한으로 끌고 가려고 했는데 아버지가 완강하게 저항하자 회사뒤문에 세워놓고 총살을 했다는 것이다.' 그래서 '가족보다 먼저 죽지말자'라는 철학을 안고 살았다. 1988년, 마흔다섯 살의 박정부는 실직자가 됐다. 아내와 초등생 두 딸을 둔 가장. 한양대 산업공학과 졸업후 최연소 생산관리자로 16년간 몸바쳐 일했지만, 말로만 듣던 '파업'이 그가 관리하던 현장에서도 터졌다. 노조가 결성되고 투쟁의 소리가 높아지면서 모든 책임의 화살이 그에게로 날아들었다. 퇴사 후 국내 대기업을 대상으로 일본연수를 기획하는 사업이 첫 시작이었다. 이를 통해 일본사회를 알아갔다. 당시 일본은 경제적으로 전성기를 구가하던 때 그러나 비싼 인건비 때문에 제조공장이 없어 대부분의 생활소품은 중국이나 동남아에서 수입하고 있었다. 가격이 합리적이면서도 질 좋은 국내상품을 일본에 팔면 어떨까 싶었다. 그 결심의 열매가 1997년 서울 강동구 천호동에 문을 연 다이소 1호점이다. 그로부터 30년이 채 안 된 지난해, 다이소는 3조 원의 매출을 달성했다. "균일가는 우리의 사명이다. 인플레이션으로 1,000원의 가치가 떨어진다고 해도 상품가격을 올리지 않고 그 가치에 맞는 상품을 계속 개발하는 것이 우리의 책무다. 다이소가 국내 소비자 물가를 0.1%라도 낮출 수 있다면 정말 좋겠다."(출처 : 조선일보, 2022년 12월 10일)

◆ 전문가형 부자

전문가형 부자는 자수성가형의 보수성과 신흥형의 전문성 그리고 상속형의 품위와 합리성을 추구한다. 돈관리에 있어서는 철저하고 투자성향은 안정성장형이다. 전문가형 부자는 전형적인 자수성가형을 특징을 가지면서도 전문적인 지식을 가진 소위 '사(士)'를 가지고 있는 사람들이다. 의사, 변호사, 회계사, 세무사, 변리사, 컨설턴트 등이 주된 부류이다. 과거에는 주로 가난한 집에서 공부 잘하는 수재들이 이 직업을 많이 선택했으나 요즘은 부자집에서 나오는 확률이 높다. 나이로는 30~40대로 거주지는 지역마다 다소 차이는 있지만, 서울에서는 강남구, 지방에서는 대구 수성구, 부산 해운대구, 대전 노은구, 광주 남구 등에 거주하는 것으로 나타난다. 이런 분류에 해당되는 사람은 주변에 많다. 서울대 치과동기 4명이 모여 개업한 예치과, 한국부동산경제연구소 정광영 소장, 웅진식품 조운호 사장 등이 여기에 해당된다.

❶ 라이프 스타일

신흥형 부자와 자수성가형과 상속형 부자의 특징을 고루 갖추고 있다. 그들은 단순히 돈만 있다고 어울리지 않는다. 아무리 돈이 많아도 이러한 조건들이 충족되지 않을 때에는 유유상종하지 않는다. 나름의 계급의식도 있고 품위와 합리성을 중요시 한다.

자수성가형 부자와의 한 가지 차이점은 소비와 절약이 비교적 균형을 이룬다는 점이다. 꼭 써야 할 때는 과감하게 그러나 아낄 때는 자린고비처럼 행동한다. 안전을 생각해 자녀들에게 값비싼 외제차를 사주기도 하고 눈에 크게 띄지않은 신발, 지갑, 시계 등의 명품을 즐겨 사용한다.

❷ 돈관리

냉혹할 만큼 이중적인 면을 가지고 있다. 때로는 신흥형 부자처럼 과감하게 투자하는 면도 있지만 때로는 너무나 보수적으로 돈을 관리한다. 그래서 알부자가 많다. 전문적인 지식과 기술이 생명이다. 그래서인지 그들은 섬세하고 꼼꼼하고 주관이 뚜렷하다. 이 점은 성공한 사람들의 공통적인 특징이기도 하다. 인간관계에 대해서도 정확한 것을 원하고 그것을 통해 신뢰를 쌓아 오늘에 이른 것이다.

❸ 균형있는 투자를 한다

그런 그들도 필요하다고 생각하는 경우에는 아낌없이 돈을 쓴다. 그러나 투자시에는 돌다리도 두드려보고 건너듯이 투자한다. 계란을 한 바구니에 담지않는 지혜도 돋보인다.

❹ 전문가형 부자사례 : 한국 부동산경제연구소 정광영 소장

건설사 직원, 1985년 1회 공인중개사, 토지투자자 전문가, 재테크강사를 거쳐 100억 원대 자산가로 성장한 토지투자 전문가인 한국 부동산경제연구소 정광영 소장은 재테크 강사로 더 알려진 사람이다. 지난 1999년에는 20분 한차례의 강연료로 2,500만 원을 받은 적이 있을 정도다. 요즘도 재테크강연으로만 월 2,000만 원 이상의 수입을 올리고 있다. 땅을 알아야겠다는 이유로 1986년부터 매년 5월 1일부터 열흘간 4,000킬로를 다녔다. 이렇게 7년 동안을 공부한 결과는 자신감과 전국의 땅이 눈에 들어오기 시작했다. 직원 100여 명으로 '대우종합개발'을 열었다. 하루에 서류가방 하나씩의 현금이 들어왔으나 1988년 부동산투기억제책(8.10조치)이 나오면서 수익을 얻을 수 없었을 뿐 아니라 있는 돈까지 모두 잃고 3억 6,000만 원이나 되는 빚까지 떠안았으며 그 다음은 컨설팅으로 전환했다.

정 소장은 1985년 투자를 시작한 후 지금까지 60여 곳의 땅을 사고팔아 취득세와 등록세도 10억 원 가까이 냈다. 많이 사고 적게판다는 것이 정 소장의 기본투자원칙이다. 그 동안 토지를 꾸준히 사 모은 그는 최소 약 1백억 원 이상의 자산을 소유하고 있는 땅부자이다. 세금과 은행이자는 매달 들어오는 강연료로 해결하고 있으며 시련도 많았다. 그는 수업료로만 50억 원 가량 날린것 같다고 말했다. 하지만 비싼 수업료를 내고 배운 교훈 덕분에 '실전' 재테크의 고수가 될 수 있었다고 한다.

정 소장은 지난 1980년 건설회사에서 사회생활의 첫발을 내디뎠다. 당시는 집을 잘 지으면 약 15%의 이익을 남길 수 있었다. 하지만 집을 지은 후 석달만에 그 집값이 2배나 넘게 뛰는 것을 목격했다. 그래서 1985년 과감하게 공인중개사로 변신하였고 정 소장은 '중개업'이라는 말대신 '부동산컨설팅'을 내세웠다. 서울 이화여대 앞에서 1년 동안 약 250개 점포의 주인을 바꿀 정도로 부동산중개에서도 수완을 발휘했다. 정 소장이 추천하는 부동산성공투자법은 첫째, 역발상적인 접근법이다. 남들이 팔때사고, 파는 것이 부동산증식전략인 것이다. 둘째, 중개업자를 잘 골라라. 투자시 도움을 주는 신뢰성 있는 중개업자는 부동산투자시 필수이다. 셋째, 고속철도(KTX)의 개통과 주 5일제로 전국이 일일생활권이 되었다. (출처 : 한국경제신문, 2004년 8월 9일)

③ 한국 부자들의 특징

그동안 만난 수많은 부자를 통해 그들만이 가지고 있는 차별화된 특징이 존재하는 것을 발견하였다. 부자의 유형에 따라 다소 차이는 있지만 많은 부분이 공통적인 특징을 나타내고 있다. 이러한 부자 특징은 성공한 사람의 특징과도 유사한 점이 많다.

◆ 부자는 전문가를 100% 신뢰하지 않는다

부자는 은행원이나 증권사 직원과 가깝게 지낸다. 그러나 그들을 100% 신뢰하지는 않는다. 그들에게서 정확하고 좋은 정보를 많이 얻어 항상 감사한 마음을 가지고 있지만, 판단을 할 때는 그들에게 의존하지 않고 자신이 최종적으로 결정한다. 왜냐하면 그들은 부자가 아니기 때문이다. 오히려 투자전문가는 자신들이기 때문이다. 지식과 정보가 부를 좌우하는 결정적인 매개체라면 박사학위 소지자들은 모두 부자가 되어야 한다. 그리고 증권사 직원과 은행직원 또한 모두 부자가 되어있어야 한다. 그러나 현실은 그렇지 않다. 부자는 부자가 되는 데 어떤 사람보다 전문가이다.

◆ 부자는 아침형 인간이다

성공한 기업가나 부자들은 아침에 일찍 일어난다. 그것은 남보다 삶에 대한 목표가 뚜렷하고 계획성 있는 하루를 보내기 위해서이다. 부자들에게 '왜 아침에 그리 일찍 일어납니까?'라는 질문을 하면, '아침이 기다려 진다. 그리고 일이 기다려 진다'고 말한다. 그래서 생활이 건전해지고 저녁에 일찍 잠자리에 든다. 그러니 건강할 수밖에 없다. 현대그룹 고(故) 정주영 회장은 아침이 기다려져 새벽 3시경 자리에 일어나 하루를 준비하는 생활을 평생해왔다. 당신도 부자가 되고 싶으면 오늘부터 일찍 잠자리에 들어라.

◆ 부자는 오래 산다

　미국 격주간지 포브스의(2002년 8월 30일)에서 "부자들, 왜 오래 사나?"라는 제목으로 기사를 게재하고 장수하기 위해서는 돈과 권력이 필요하다고 밝혔다. 즉, 부와 명예를 더 많이 가지고 있을수록 수명도 함께 길어진다는 연구결과가 속속 나오고 있기 때문이다. 그래서 돈이나 권력은 너무 많아도 불행에 가깝다는 선조들의 말씀을 더 이상 믿기 어려울것 같다.

　매일경제신문 2002년 9월 20일에서는 '화이트홀 연구'라 불리는 영국 공무원들의 건강보고서에 따르면 하급공무원에 비해 상급공무원이 훨씬 오래 산다. 최하위 공무원의 사망률이 최상위 공무원보다 무려 3배나 높다. 즉, 돈을 더 많이 벌고 더 높은 직위에 오른 사람들의 평균 수명이 그렇지 못한 사람에 비해 길다는 것이다. 돈이 많으면 보다 나은 주거환경과 의료혜택을 누릴 수 있는 것은 당연하다. 때문에 이 조사에서는 수명과 경제적 조건이 연관이 있다는 전제로 실시하여 이를 제외한 사망원인을 조사한 결과 '스트레스'가 주 원인인 것으로 밝혀졌다. 즉, 돈이 많고 지위가 높은 집단일수록 스트레스가 없어 오래 살 수 있다는 이야기이다. 또한 절대적인 부와 명예의 크기보다는 주변 사람에 비해 다방면으로 우월하다는 확신을 가질 수 있느냐의 여부가 수명을 좌우하는 것으로 조사되었다.

　가장 최근의 "부자가 오래 산다"…돈과 수명의 상관관계 연구는 2016년 4월 11일 의학계 최고 권위의 미국의학협회지(Journal of American Medical Association)에 게재된 논문은 이러한 우리의 믿음과는 사뭇 다른 결과를 보여주고 있다. 스탠포드대학, 매사추세츠공과대학(MIT), 하바드대학 교수들이 공동으로 참여한 이 논문은 2001년부터 2014년 사이의 미국의 세금과 사망 자료를 토대로 소득과 기대수명과의 연관성을 조사했는데 '부자들이 오래 살고 가난한 사람들의 수명이 짧다'는 매우 흥미로운 결과를 얻었다. 이 논문에 따르면, 소득이 많을수록 인간의 기대수명은 지속적으로 늘어났는데 예를 들면 연간소득이 1억 원인 사람은 5,000만 원인 사람보다 오래 살고 또 소득이 2억 원인 사람은 1억 원인 사람보다 수명이 길었다. 결과적으로 미국 소득상위 1%의 부자들이 하위 1%의 가난한 사람들보다 무려 15년이나 오래 사는 것으로 나타났다.[17]

---

17) "부자가 오래 산다"…돈과 수명의 상관관계, 머니투데이, 2016년 4월 17일

◆ 부자의 아내는 투자파트너 겸 조언자이다

저자의 외삼촌인 김사장은 전형적인 자수성가형 부자이다. 자산을 불리고 지켜온 공로를 숙모에게 돌린다. 부자들은 자금운용과 각종 투자 시 부인과 상담하는 경우가 빈번하다. 부자들은 오래전부터 아내를 인생의 동반자 뿐만 아니라 투자의 파트너로 인정해 왔다. 은행에 근무해서 자연스럽게 부자의 아내들을 자주 접하게 된다. 부자들은 사업이나 업무관계로 좀처럼 시간을 낼 수가 없어 그들의 아내가 은행을 방문해서 각종 은행거래와 투자를 결정한다. 돈을 불리고 지키는 데는 여자가 남자보다 더욱 냉철하고 안정적인 판단을 내리는 경우가 많다. 인생의 동반자인 아내를 무시하는 사람은 대개 끝이 나쁘다. 부자가 되기 위해서는 대화를 통해 아내와 자연스럽게 상의와 조언을 받을 필요가 있다. 이로 인하여 아내의 투자지식과 판단력도 높일 수 있다. 위험을 피할 수 있는 제어장치로 배우자와 같은 사람이 어디 있겠는가? 저자도 아내와 투자와 관련하여 타당성 있는 판단을 내리기 위해 오랫동안 이야기를 나눈다. 그러다 보니 아내도 전문가 수준의 적절한 조언에 때때로 놀라는 경우가 점차 많아지고 있다. 이제 부자로 가는 길을 반려자인 아내와 함께 가는 지혜가 필요하다.

◆ 부자의 얼굴에는 '부자라인'이 있다

부자들을 만나보면 그들이 외모에 남다르게 신경을 쓴다는 사살을 알았다. 저자가 만난 부자들은 특히 나이가 많은 부자들은 흰머리를 보여주지 않기 위해 염색을 한다. 염색을 하면 불편하고 번거로운데 왜 염색을 하느냐고 물으면 '나를 위해서가 아니고 다른 사람을 위해서'라고 말한다. 또한 염색을 하면 자신감도 생기고 대인관계도 좋아진다고 한다. 특히, 그들의 얼굴을 찬찬히 뜯어보면 표정이 매우 밝다. 그리고 자신감 있어 보인다. 그만큼 잘 웃는다는 이야기이다. 15초간 웃을 경우 수명이 이틀 연장된다고 한다. 아이들은 하루에 400~600번 정도 웃지만 어른이 되고 하루에 10번 이내로 웃는다고 한다. 웃음요법 치료사들은 사람이 한 번 웃을 때의 운동효과는 에어로빅 5분의 운동량과 같다고 주장한다. 그래서 부자들은 일반성인들보다 훨씬 많이 웃는다. 그래서 부자라인'이라는 것이 있다. 첫째 얼굴에서 돈을 흘리지 않도록 보관하는 인중라인이 있고, 둘째, 법령이라는 라인이 있으며, 셋째, 미소를 항상 머금고 소위 입주위의 웃음라인이다. 긍정적인 사고가 얼굴에 나타나는 것이다. 결론적으로 웃으면 부자되고 웃음이 있으면 건강하여 오래 산다는 것이다.

◆ 부자는 오래된 가구나 가전제품을 가지고 있다

부자들의 집을 가보면 가지고 있는 자산에 비해 오래된 가구가 많다. 그것은 절약을 하는 이유도 있지만 그보다는 관리를 잘하기 때문이다. 고장나면 고치면 되고 부서지면 수선하면 된다는 것이다. 현대그룹 고(故) 정주영 회장도 큰 거부임에도 구두는 22년 동안을 신었고 손목시계는 2만 원짜리였다. 경주 최 부자집 며느리들은 시집온 후 3년 동안 무명옷을 입으라는 가훈처럼 부자는 스타일이 변하였다고 가구나 가전제품을 새로 구입하지 않는다. 목포에서 조선업 공장을 운영하고 있는 100억대 자산가인 김사장(68세)은 아주 오랜된 보온통에 뜨거운 물을 가지고 다니는 것을 저자가 '회장님! 보온통이 오래되어서 새것으로 바꾸지 않으세요 물어보자?' '아직도 쓸만한데 뭐 하려고 구입해' 하면서 웃으면서 화답한다. 가지고 있는 자산을 보면 새로 구입해도 충분할 것인데도 불구하고 사용하는 것을 보면 혀를 내두를 정도이다.

◆ 부자의 옷차림은 수수하다

돈많은 부자들이 주로 거래하는 금융기관 PB센터(고객자산가 전담지점)에서 부자들을 보면 옷은 오히려 수수하지만 드러나지 않는 명품을 선호한다. 그리고 자신에 대해 떠벌리지 않는 편이다. PB(프라이빗뱅커)들이 주로 말하는 부자고객들의 특성이다. 이들은 명품을 많이 소유하고 있지만 지나치게 화려하지 않고 나서기보다는 묵묵한 태도를 보이는 경우가 많다.

◆ 부자는 자녀교육에 투자하는 성향이 높다

한국의 교육열은 세계에서도 으뜸이다. 그 중에서도 부자들의 자식교육에 대한 열정은 실로 대단하다. 그리고 교육에 상당한 비용을 지불해야지만 결과 또한 높게 나오는 것이 현실이다. 개천에 용은 더 이상 나오지 않는 것이 대한민국 현실이다. 이는 부자가정에서 부자가 나올 가능성이 높다는 이야기이다. 2021년 11월 25일 한국조세재정연구원이 발간한 '조세재정 브리프–대학입학 성과에 나타난 교육기회 불평등과 대입전형에 대한 연구'에서 주병기 서울대 교수 등 연구진은 대졸자 직업이동 경로조사(GOMS)의 대학진학 성과 자료를 이용해 2000~2011년 고등학교를 졸업한 12개 집단의 '지니 기회불평등도'(GOI)와 '개천용 기회불평등도'(RRI)를 분석했다. 이는 가구의 소득수준이 낮으면 명문대에 진학하지 못할 확률이 최소 70%에 이른다는 연구결과가 나왔다. 개인의 노력에도 불구하고 부모의 교육수준과 수입 등이 대학입학을 좌우하는 불평등이 존재한다는 의미다. 개천에서 용이 난다는 '개천용 신화'가 사라졌다는 뜻이다.[18] 이는 과거처럼 가난한 가정에서 공부잘하는 학생이 많이 나온다는 말을 무색하게 만들며 이제 성공하기 위해서는 자녀교육에 많은 투자가 있어야 하고 그래서 부자부모가 필요한 것이다.

◆ 부자는 붉은색을 좋아한다

중국인들은 대체로 붉은색을 좋아한다. 국기도 붉은색, 옷도 붉은색을 좋아한다. 붉은색과 녹색은 부를 증가시키고 녹색·붉은색·노란색은 명성을 높이며, 붉은색과 흰색은 부부 간의 화합을 도모하고 노란색·흰색·검정색은 자녀에게 이로우며 검정색과 흰색·회색은 귀인(貴人)을 불러오고 검정색은 진로를 열어준다는 식으로 색을 활용하고 있다. 그래서 부자가 되기 위해 의도적으로 붉은색 옷을 입고 붉은색을 항상 가까이 한다. 이런 행동들은 결코 과학적이지 않다. 그러나 부자들은 붉은색을 선호한다. 정열과 힘을 갈망하고 희망을 담은 붉은색을 자신의 신념과 일치시켜 더욱 신념을 공고히 하기 때문에 부자들이 붉은색을 선호하다.

◆ 부자는 가성비 높은 쇼핑을 좋아한다

롯데백화점은 2005년 2월 25일 오픈한 명품관 에비뉴엘의 주말(25~27일)과 30일 현재까지 평일 내점한 고객수와 매출을 산출해 본 결과에 따르면 명품관은 주말보다는 오히려 평일에 장사가 잘 되는 기현상이 나타났다. 부자들은 사람들이 북적거리는 주말보다는 조용한 평일에 방해받지 않고 쇼핑하려는 경향이 있다. 부자들은 비교적 비싼 물품을 구입한다. 가능한 노출을 꺼리는 심리적 특성을 반영한 것이기도 하다. 그리고 한가할 때의 쇼핑이 충분한 설명과 대우를 받을 수 있다는 장점도 있다. 그래서 평일 쇼핑을 선호한다.

---

18) 개천에서 용 난다? 이제는 옛말… 흙수저, 명문대 못 갈 확률 최소 70%, 세계일보, 2021년 11월 26일

◆ 부자는 남향을 선호한다

서울 강남구 타워팰리스의 가격이 같은 평수라도 방향에 따라 최고 6~7억 원의 차이가 나는 것으로 나타났다. 타워팰리스 121평형의 가격은 서향이 90억 원을 호가하고 있는데 반해 남향은 100억 원 선이다. 같은 평형이지만 방향에 따른 가격차가 최고 10억 원에 달하는 셈이다. 서향의 경우 작년 여름 강한 햇빛 때문에 주민들이 많이 더워했던 것이 호가 하락의 가장 큰 원인이다. 특히, 주상복합 아파트이기 때문에 방향에 따른 가격차이가 더 크게 벌어지는 것은 아닐까 본다. 그래서 부자들은 가능한 남향을 선호하는 경향이 짙다.

◆ 큰 부자는 추울 때 태어났다

국내외의 큰 부자들의 대다수가 공교롭게도 겨울에 태어난 것으로 나타났다. 대주주 지분 분석업체인 미디어 에퀴터블에 따르면 우리나라 부자 10명 중 4명은 양력기준 겨울에 태어난 것으로 조사되었다. 현재 삼성그룹 고(故) 이건희 회장이 1월에 태어난 것을 비롯하여 100대 부호 가운데 약 40%가 겨울에 출생했다. 롯데그룹 신동빈 부회장과 롯데 알미늄 신동주 이사도 각각 2월과 1월에 태어났고 LG그룹 고(故) 구본무 회장도 2월생, 1

부자의 배터리

웃고 사는 비결
1. 매일 아침 거울을 보면서 자신이 가장 즐거울 때 웃는 표정을 연습한다.
2. 손뼉 마주치며 웃는 박장대소 웃음으로 웃는다.
3. 소탐대실 즉 작은 것에 대한 욕심을 버릴 수 있어야 한다.
4. 거실과 방을 밝고 환하게 꾸민다
5. 우습거나 즐겁고 행복한 장면을 연상한다
6. 코메디 프로그램이나 웃기는 영화나 드라마, 비디오, 유머책, 유모어 사이트 등을 자주 본다.
7. 웃음을 전염시켜라. 다른 사람과 함께 하면 웃음이 부메랑처럼 자신에게 다신 돌아 온다.
8. 긍정적이고 적극적으로 살아가라
9. 나보다 행복한 사람은 세상에 없다. 항상 나보다 못한 사람과 비교한다.

월생인 태평양 서경배 사장까지 포함하면 10대 부호 중 절반이 겨울에 출생했다. 또한 이들을 포함해 한국의 100대 부자 중 40명이 겨울에 생일을 맞는다. 겨울철에 태어난 창업주의 비중은 입춘보다 더 높은 것으로 나타났다. 100대 부자 중 자수성가한 부자는 모두 29명이며 이중에서 60%인 17명이 겨울에 태어났다. 이런 현상은 외국에서도 마찬가지이다. 미국의 경제전문 주간지인 포천이 최근 선정한 자수성가형 젊은부자 40명 중 10명(25%)이 12월말과 1월말에 태어났다. 골프황제 타이거 우즈와 인터넷서점 아마존의 창업자 겸 최고경영자인 제프 베조스 등 10명의 생일은 12월 23일~1월 20일에 집중되어 있다.(매일경제신문, 2002년 10월 15일자 참조)

   그런데 왜 겨울에 태어난 사람이 부자가 많을까? 이는 겨울에 태어난 사람들이 가지고 있는 성격특징이라고 본다. 창업을 하거나 큰 사업에 배팅하기 위해서는 적합한 성격 '외향성'이 필요하다. 최근 몇몇 연구는 출생계절에 따라 성격수치가 다른 것을 확인하였다. 특히, 북유럽 사람 중 가을이나 겨울에 태어난 사람은 청년시절에 새로운 것을 추구하거나 획기적인 것을 추구하는 수치가 봄과 여름에 태어난 사람들보다 높게 나타났다. 새로운 것과 획기적인 것을 추구하는 것과 비슷한 것은 '외향성'에 속하는 특징이다.[19] 또 다른 연구결과을 보면 미국 하버드 인류학과 다니엘 리버만박사 연구팀의 연구결과에 따르면 세계 1만 1,321명의 남자 아이와 1만 802명 여자 아이를 연령대별로 조사하여 연구결과을 미국 의학저널 '정신분열연구'에 논문으로 발표하였는데 겨울에 태어난 7세 아이는 여름이나 가을에 태어난 아이들보다 평균적으로 몸무게가 210g 더 나가고 키가 0.19cm가 더 크며 지적능력 테스트에서도 높은 점수를 받은 것으로 나타났다.

---

19) 성격의 탄생, 데니어네틀 지음 김상우 옮김, 와이즈북, 2009년

+ 생각해 보기 +

1. 당신이 알고 있는 한국 부자의 특성은 무엇입니까?

돈의 5가지 속성

반드시 있어야 할 존재, 돈, 돈에 대한 계획은 재테크계획이 아니라 삶, 그 자체에 대한 계획이다. 인생에서 돈의 의미는 아무리 강조해도 지나치지 않는다. 그렇다면 돈이란 무엇일까? 사전적인 의미로 돈은 상품교환의 매개물로서 가치의 척도, 지급의 방편, 재화축적의 목적물로 삼기 위하여 금속이나 종이로 만들어져 사회에 유통되는 물건이다. 화폐·전폐(錢幣)·전화(錢貨)로 정의하고 있으며, 영어로는 money, cash, currency, coin, funds로 표현한다.

우리는 흔히 '돈이 인생의 전부이냐' 혹은 '사람나고 돈났지 돈나고 사람났나'라고 한다. 물론 이 말도 전혀 부정할 수는 없다. 그러나 돈없이는 한시도 살 수 없는 것이 현실이다. 그래서 어버이날 가장 받고싶은 선물로 '현금'이 연속 1위 자리를 차지하고 있는 것만 보아도, 돈의 중요성은 쉽게 알 수 있다. 노후생활비 중 의료비가 40% 이상을 차지하고 있고 평생 의료비의 50% 이상이 노후에 집중되어 있는 것만 보아도 돈의 중요성은 노후에 더욱 절실히 느껴진다.

최근 신용불량자가 400만 명을 육박하고 있다. 이태백(이십대 태반이 백수), 삼팔선(38세 퇴출), 사오정(45세 정년), 오륙도(56세까지 회사에 남으면 도둑)라는 말이 회자되고 있다. 게다가 무역수지 적자누적 영향으로 낮은 경제성장률이 지속되고 있어 이제 더 이상 안정적인 직장은 없다. 최근 청년층 실업자 및 실업률이 다시 증가추세를 나타내고 있다. 한국경제가 이륙하기 시작한 1960년대 이래 놀랍고 인상적인 숫자다. 8월 경제활동 인구 2,902만명 중 실업자는 61만 5천명에 그쳤다. 경기호황 시절에도 월 70만~80만명을 넘었던 실업자가 궤멸적으로 감소했다. 지금의 측정기준에 의한 월간 실업률 통계가 구축되기 시작한 1999년 6월 이후 가장 낮다. 그 이전 최저치(2.6%)는 2013년 11월과 2021년 8월·11월로, 경제활동 활황기인 여름·가을이었다.[1] 앞으로가 문제이다. 청년 5명 중 1명 사실상 실업상태 4년간 대졸자 223만명 쏟아져 고학력 일자리 126만개 '절반그쳐' 전국경제인연합회는 국민이 느끼는 경제적 어려움을 수치화한 경제고통 지수를 활용해 세대별 체감 경제고통 지수로 산출한 결과 올해 상반기 기준 청년층(15~29세)의 지수가 25.1로, 전 연령대 중 가장 높았다고 14일 밝혔다.

다음으로 60대가 16.1로 청년층의 뒤를 이었고, 30대(14.4), 50대(13.3), 40대(12.5) 순이었다. 세대별 체감경제고통 지수는 연령대별 체감실업률과 물가상승률을 합한 수치다. 미국 브루킹스 연구소의 경제학자인 아서 오쿤이 착안했다. 올해 들어 부쩍 높아진 물가

---

1) 실업률 2.1%라는 '퍼즐', 한겨레, 2022년 9월 27일

가 청년체감경제고통 지수를 끌어 올렸다.[2] 이러한 시대에 나와 가정을 지켜줄 수 있는 것은 '돈'이다. 물론, 인생에서 돈보다 중요한 것으로 건강과 행복을 꼽기도 한다. 그러나 건강도 행복도 돈이 없으면 지키기 어렵다. 그러한 이유로 돈에 대한 계획이 곧 인생의 계획이요, 삶의 계획이 되는 것이다.

① 돈에 대한 생각을 바꿔라

돈은 인생에 있어 중요한 것이다. 또한 돈은 삶에 있어 최고의 배려이다. 한 시각장애인이 등불을 들고 밤길을 가고 있는데 지나가는 나그네가 그 모습을 보고 그에게 물었다. "앞도 보이지 않는데 등불을 왜 가지고 다닙니까?" 그러자, 시각장애인이 대답했다. "나를 위해서가 아니고 남을 위해서 입니다." 이 일화처럼 나 자신보다는 내 가족을 위해 돈이 필요한 경우가 더 많다. 몸이 아플때는 남의 도움을 받아야 한다. 가족에게 경제적, 정신적 피해를 줄 경우 좋은 추억마저 모조리 잃어버리는 일도 비일비재하다. 최근 자녀를 두고도 노후에 홀로 쓸쓸히 사는 노인들이 늘고 있다. 만약, 돈이 충분히 있다면 자녀들은 서로 자신이 부모를 부양하겠다고 나설지도 모른다. 그래서 돈은 가족 간의 사랑과 형제 간의 우애를 측정하는 바로미터가 될 수 있다. 사랑과 우애에서 돈이 절대적인 필요 충분조건은 아니지만 행복하기 위한 필요 조건인 것만은 분명하다.

저자가 만난 대부분의 부자들은 '돈이 많이 있기에 행복한 것이 아니라 부자이기 때문에 행복하다'고 말한다. 어려운 시대를 살고 있는 우리들이 기억할 만한 말이다. 돈은 당신의 인생을 좀 더 행복한 세상으로 들어가는 문을 활짝 열어줄 행복의 문을 여는 열쇠이다. 사물을 보는 입장, 태도에 따라 다르게 보인다. 보통 사람이 부자가 못 되는 가장 큰 이유는 돈에 대한 이중적인 태도때문이다. 돈은 절실히 필요하지만 그것을 터부시하는 것이 일반적인 태도인 것이다. 부자는 돈이 인생의 전부는 아니지만 인생에 있어 돈은 매우 중요하다고 말한다. 그래서 돈을 벌기 위해 공부하고 일하고 축적한 부를 지키기 위해 노력한다. 그러나 가난한 사람들은 '돈이 인생의 전부는 아니다' 또는 '돈에 너무 얽매이지 말라'고 하며 겉으로는 돈에 대해 초연한 사람처럼 행동한다. 실제로 돈이 절실히 필

---

2) "엄마아빠 미안해"…취업난 청년들 '체감고통지수' 이 정도일 줄이야, 매일경제신문, 2022년 11월 14일

돈에 대한 당신의 인식은?

❶ 돈이 인생의 전부는 아니지만, 인생에 있어 꼭 필요하다.

❷ 돈은 인생의 전부는 아니다. 돈에 너무 얽매이면 안 된다.

❶을 선택했다면, 당신은 부자가 되기 위한 올바른 금전관을 가지고 있다. 그러나 만약 당신이 ❷를 선택했다면, 당신은 대부분의 가난한 사람들이 가지고 있는 금전관에서 벗어나지 못했음을 인식해야 한다.

요한 것은 그들인데도 말이다. 이런 이중적인 태도는 목표에 대한 집중력을 떨어뜨린다. 이것은 부자가 되는 길에서 우리를 더욱 멀어지게 만든다.

돈은 일종의 힘이고 자유이다. 독일의 유명한 금융컨설턴트인 보도 섀퍼는 "돈이 있어야 나이를 먹고서도 자유를 얻을 수 있다"고 말한다. 그러나 돈보다 더 힘이 센 것은 돈에 관한 지식이다. 돈은 있을 때도 있고 없을 때도 있지만 돈에 대한 지식이 있으면 그것을 통제할 수 있고 부를 모을 수 있기 때문이다. 이것은 단순한 재테크지식과는 다르다. 여기에는 돈에 대한 명확한 철학과 지식이 있어야 한다. 그러나 대부분의 사람들은 돈이 중요하기는 하지만 너무 밝히면 무식한 사람, 천박한 사람이라고 오인받는 사회적 인식 탓에 돈에 대한 이중적 태도를 지니게 되었다.[3] 돈은 공기나 물처럼 인간에게 꼭 필요한 존재이다. 평소에는 그 중요성을 의식하지 못하다가, 목이 바짝바짝 마를 때 비로소 물의 소중한 것을 느끼는 것처럼, 돈도 우리에게는 그런 존재인 것이다.

② 돈에서 자유롭게 사는 3단계

돈의 속박에서 벗어나 자유로워지는 과정은, 세 단계로 나눌 수 있다. 요컨대, 경제적 자립단계, 경제적 안정단계, 그리고 경제적 자유단계이다.

---

3) 보도 섀퍼의 돈, 보도새퍼퍼 지음, 이병서 옮김, 북플러스, 2003년 4월 15일

첫째, **경제적 자립단계**는 대개 20대에 해당하는 시기이다. 이 시기는 재산형성기로 학교를 졸업하고 사회생활을 시작하여 돈을 벌기 시작한다. 결혼자금과 전세자금의 마련, 취업 후 경제적으로 홀로 서기가 이루어지는 때이다. 많은 부자들이 이 시기를 돈벌기와 함께 부자가 되기 위한 기초 다지기와 자기계발의 시기로 활용했다. 그래서 직장인은 자신의 몸값을 올리기에 주력하였고 사업가는 사업의 기반을 굳히는 데 힘을 쏟았다. 만약 당신이 20대에 해당한다면 무엇보다 돈과 부자에 대한 생각을 정리하고 계획하며 먼길을 떠나기 위한 여행 보따리를 하나씩 마련해야 한다.

둘째, **경제적 안정단계**이다. 30~40대에 해당하는 시기이다. 요즘 영끌이나 빚투로 사회의 쓴맛과 단맛을 겪고 조직의 룰도 익힐 때로 자산증식과 안정적 투자시기이기도 한다. 자녀교육과 노후준비 그리고 주택 넓히기에 분주할 때이다. 20대의 젊음과 충만하던 패기도 사라지고 어느덧 꿈조차 잃어버릴지도 모른다. 그저 하루하루를 살아가는 일개미로 전락해 있을지도 모른다. 하지만 이 시기에 당신의 노후가 결정된다고 해도 과언이 아니다. 만약 당신이 30~40대에 해당된다면 현재의 생활을 점검하고 다시 가슴속 깊은 곳에서 잊혀진 꿈을 꺼낼 때이다. 그리고 다음 단계인 경제적 자유시기를 맞이하기 위해 자신의 일에서 전문가로 인정받을 수 있도록 힘써야 한다. 한국의 알부자들 중 약 80%가 이 시기에 자신의 부자기반을 마련하였다고 말할 정도로 부자와 가난의 가르는 분수령이 되는 민감한 시기이다. 인생은 짧다고 하지만 장거리 마라톤처럼 계속된다는 사실을 기억하고 행복한 노후를 보내기 위해 건강도 챙기면서 경제적 안정을 꾀해야 한다.

셋째, **경제적 자유단계**이다. 50대 이후의 시기로 재산증식과 재산유지와 관리 그리고 재산상속과 증여 또는 기부가 행해진다. 자녀의 교육, 결혼, 퇴직을 준비하는 인생의 제2막이 시작되는 시기이기도 하다. 또한 사회봉사와 노후생활 즐기기가 본격적으로 시작된다. 후반생을 어떻게 살 것인가에 대한 준비기간이다. 20~30년 이상을 하는 일 없이 백수로 지낼 것인가? 아니면 돈의 속박에서 벗어나 자유롭게 살면서 행복을 누릴 것인가를 결정하는 시기이다. 만약 당신이 50~60대에 해당한다면 퇴직 이후의 노후를 계획하고 대비해야 한다. 자녀에게 노후자금을 몽땅 내놓거나 건강을 해치는 무모한 행동은 삼가야 한다. 자신의 전문가적 감각과 안목을 꽃피우는 시기가 되어야 한다. 자신이 가지고 있는 경험과 경륜을 후진양성에 활용하고 사회의 지도층으로 활동할 필요가 있다. 또한 가정의 화목과 자신의 건강을 유지하기 위해 꾸준한 노력도 필요하다.

③ 신 오불출은?

최근 들어 신 오불출이라는 말을 자주 듣는다. 자신의 전 재산을 자녀에게 맡기고 용돈을 타서 쓰며 소일거리로 하루하루를 보내는 사람을 일컫는 말이다. 바람직한 후반생을 보내기 위해 몇 가지 유형을 살펴보며 노후준비의 중요성을 다시금 되새겨보고자 한다.

◆ 전 재산을 아들의 사업에 쏟아 붓고, 경제적 압박에 자살한 김씨 이야기

교장으로 재직하다 정년 퇴직한 김씨(68세)에게 어느 날 장남이 사업자금이 필요하다며 퇴직금과 노후자금을 빌려달라는 부탁을 받았다. 며느리까지 가세해 마침내 그는 자신의 전 재산 5억 원을 내놓았다. 아들이 매달 이자로 일정액의 용돈을 내놓겠다는 제안을 받아들인 후의 결정이었다. 그러나 아들은 첫 1개월은 이자만을 지불했을 뿐 이후에는 원금은커녕 이자도 지불하지 않았다. 돈을 내놓으라는 그를 아들과 며느리는 마치 빚쟁이를 대하듯이 멸시까지 했다. 엎친 데 덮쳐 보증으로 살던 집까지 날려버리자 그는 자살로 한 많은 말년을 마감했다. 퇴직금은 당신의 노후자금임을 잊지말자. 생명처럼 소중히 하자. 이것마저 없다면 자식에게 손을 벌리는 불운한 노후를 보낼 가능성이 매우 높다.

부자아빠되기

사회보험이란 무엇인가?

국가가 보험제도를 활용, 법에 의하여 강제성을 띠고 시행하는 보험제도의 총칭이다. 한국에서는 산업재해보험과 국민건강보험을 실시하고 있으며, 국민연금제도는 1988년 1월부터 고용보험은 1995년 7월부터 시행되었다.

4대 사회보험으로 국민연금, 국민건강보험, 산재보험, 고용보험이 있다.

연금제도는 퇴직 후 주로 노후생활 자금으로 받는 3중 사회보장제도이다.

국민연금은 공적자금이다. 그러나 최저 노후생활보장에 불과하다.

기업연금은 퇴직금이다. 기본적인 노후생활보장이다.

개인연금으로 저축한 자금이다. 풍요로운 노후생활보장이다.

◆ 뒤늦은 노후에 악착같이 돈을 아끼는 사람

대부분의 노인들은 몸이 아파도 병원에 가지 않고 먹을 것도 줄여 오히려 부작용이 커져 문제가 일어나는 경우도 심심치 않게 발생한다. 심지어 자녀나 손자, 배우자 등 자신의 가족에게도 무조건 아끼는 사람이 있다. 그러나 소비는 절제와 계획성 있는 합리적인 것이어야 한다. 쓸때는 쓰고 기부할 때는 기부하라는 것이다. 그래서 노년의 행복한 부자들은 항상 자산을 3분법에 의해 저축과 투자 그리고 소비와 기부의 균형을 유지하면서 생활한다.

◆ 노후에 외부활동을 하지 않은 사람

정년 전에는 활발하게 사회생활을 하던 사람이 퇴직 후 활동을 멈추고 집에서 빈둥거리면 그것은 가족뿐 아니라 자신에게도 손해이다. 현재 일을 하고 있는 노인 중 일의 내용을 범주화하여 살펴보면 경비·수위·청소 관련한 일이 25.7%로 가장 많으며, 농림·어업 20.6%, 운송·건설 관련 18.7%, 가사·조리·음식 관련 업무 13.8%, 공공·환경 관련 업무 10.0% 등의 순이다. 종사상 지위는 자영업자가 33.4%로 가장 많은 비중을 차지하였으며 임시근로자 21.2%, 상용근로자 18.4%, 일용근로자 15.2% 등의 순이다.[4] 인생의 제2막을 위해 자신만의 일을 만들 필요가 있다. 저자가 만난 부자들은 나이나 환경에 상관없이 지금도 현역에서 열정적으로 일하고 있다. 미래산업 전 사장인 정문술 씨는 한국과학기술원에 무려 300억 원을 기부할 만큼 많은 자산을 가진 부자지만 그가 사업을 시작한 나이가 60대였다. 혹시 지금 직장에서 나이가 많아 퇴물취급을 받는 사람, 활동적인 사회생활을 하다가 일을 접고 집에 칩거하는 사람, 사업에 실패하여 인생의 낙오자로 좌절한 사람에게 '인생은 포기하기에는 너무나 길다'라는 말을 전하고 싶다.

◆ 노후에 큰 집을 가지고 몸부림 치는 사람

자녀가 모두 결혼하고 노후부부만 넓은 집에 남아 많은 유지비와 외로움에 시달리며 사는 사람들이 많다. 부자들을 만나보면 의외로 큰 아파트보다는 작은 아파트에 살고 있

---

4) 2020년도 노인실태조사, 보건사회연구원, 2020년 11월

는 경우가 많다. 일반적으로 적당한 거주면적은 보통 1인당 8평이다. 그래서 4인 가족기준으로 볼 때 32평 정도가 적당하다. 그래서 30대는 30평, 40대는 40평형, 50대는 50평형을 추천하고 있다. 그러나 60대는 60평이 아니다. 자녀의 출가 등으로 가족수가 줄어들어 부부만 남는 경우가 많기 때문이다. 따라서 넓은 평수보다는 청소하기도 좋고 유지비도 적게 드는 평수에 사는 부자들이 많다.

◆ **노후에 취미생활없이 보내는 사람**

노후에 취미를 가지지 않으면 인생을 즐기는 맛도 또 취미를 통해 가질 수 있는 사람들과의 교류도 누릴 수 없다. 따라서 노후에 취미생활없이 보내는 사람은 상대적으로 빨리 늙고 쉽게 병에 걸려 지루한 인생을 보낼 수밖에 없다. 50억대 자산가 신 사장(72세)은 지금도 매일 헬스장에 가서 젊은 사람들과 운동을 하면서 건강을 유지한다. 게다가 동우회를 만들어 오토바이 전국일주를 다니면서 끊임없이 자기변신에 노력한다. 자신이 좋아하는 일 그리고 자신이 잘 할 수 있는 일을 찾아 후반인생을 리모델링할 필요가 있다. 지금 시간과 생활에 쫓겨 취미 만들기에 실패한 30~50세대들은 지금도 늦지 않았다. 자신이 즐길 수 있는 취미를 만들어 아름다운 노후를 맞이하도록 한다.

> **부자의 배터리**
>
> 돈으로 살 수 없는 것도 있다.
> 집을 살 수 있으나 가정을 살 수 없다.
> 침대를 살 수 있으나 잠을 살 수 없다.
> 시계를 살 수 있으나 시간을 살 수 없다.
> 책을 살 수 있으나 지식을 살 수 없다.
> 지위를 살 수 있으나 존경을 살 수 없다.
> 약을 살 수 있으나 건강을 살 수 없다.
> 피를 살 수 있으나 생명을 살 수 없다.
> 섹스를 살 수 있으나 사랑을 살 수 없다.

④ 돈의 속성 1. 돈에 대한 명확한 목표를 가진 사람에게 돈이 따른다

나는 돈이 잘 따르지 않는다고 입에 달고 다닌 사람들을 주변에서 많이 보았다. 그런 사람들에게 얼마 정도 있어야 충분한 돈이 있다고 생각하는지 또는 많은 사람들은 대부분 돈을 많이 가지고 있다면 좋다고 생각하지만, 구체적으로 얼마를 어떻게 언제까지 벌 것인가에 대한 목표가 부족하다. 또한 대개 돈없이 한탄하고 불평한다. 그리고 당신에게 1억 원만 있다면 얼마나 좋을까? 라는 식의 말을 자주한다. 그러나 1억 원이 있으면 구체적인 운영계획에 대하여 질문하면 대부분 아직은 구체적인 계획은 없다 또는 일부는 은행에 예금하고 돈좀 마음껏 써보자고 한다. 돈이 없어 아무것도 할 수 없다라고 하면 당신은 영원히 가난한 사람이 될 것이다. 최근 KB금융지주 경영연구소(2021년 11월 15일) 2021 한국 부자보고서에 의하면 부자들이 부를 늘리는 데 활용하는 가장 큰 동력은 '목표금액'이다. 그들은 스스로 생각한 목표금액을 달성하기 위해 더 열심히 자산을 운용하고 투자한다. 부자들이 생각하는 목표금액은 평균 111억 원으로 보유자산의 1.7배에 달하는 규모다. 한국 부자가 생각하는 부자의 최소 총 자산은 '100억 원', 최소 연소득은 '3억 원'이다. 부자들은 즉시 현금화할 수 있는 유동성자산 확보를 중요하게 생각한다. 한국 부자가 생각하는 부자의 최소 부동산자산은 '50억 원', 최소 금융자산은 '30억 원'이다. 한국 부자가 생각하는 부자의 최소 기타 자산은 '5억 원', 이상적인 부동산자산 비율은 51.1%다. 부자를 부자답게 만드는 자산외 요소 1순위는 '가족관계', 부자가 원하는 부자상은 '돈보다 중요한 가치가 있는 부자'이다.

요즘 경기가 좋지 않아 퇴직위험에 노출된 사람들이 사업을 통한 부를 획득하려는 노력이 보이고 종합부동산세 실시와 1가구 2주택 양도소득세 중과세로 인한 아파트가격 하락으로 상대적으로 규제가 적은 땅투자로 관심이 바뀌고 있는 추세이다. 요즘 현금자산 10억이라는 화두가 세간의 화제가 되고 있다. 그러나 천편 일률적인 금액보다는 자기실정에 맞는 적합한 돈이 필요하다. 그리고 단지 열심히 모은 것에 대해서만 말하고 있다. 목표를 정하기 위해서는 어쩌면 자기성찰로부터 시작되지 않는가 생각되어 진다.

지금은 고인된 경영학계의 구루(guru)라는 피터 드럭커는 생전의 96세라는 나이도 무색하게 건강하고 활동적인 전문가이다. 그가 20대 때 독일에서 기자로 일하던 시절의 일이다. 당시 그가 일하던 신문사의 편집국장은 일년에 두 번씩 기자들과 토론회를 열었다.

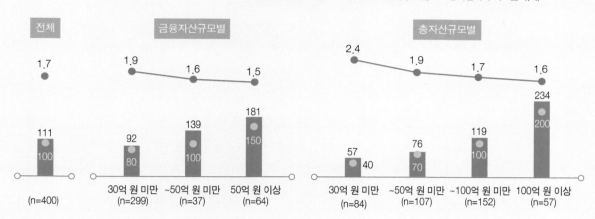

자산형성 목표금액 규모

(단위 : 억 원, 억 원, 배)

● 목표금액 평균(억 원) ● 목표금액 중간값(억 원) ● 총자산대비 목표금액(배)

전체

1.7

111
100

(n=400)

금융자산규모별

1.9   1.6   1.5

92
80

139
100

181
150

30억 원 미만
(n=299)

~50억 원 미만
(n=37)

50억 원 이상
(n=64)

총자산규모별

2.4   1.9   1.7   1.6

57
40

76
70

119
100

234
200

30억 원 미만
(n=84)

~50억 원 미만
(n=107)

~100억 원 미만
(n=152)

100억 원 이상
(n=57)

주) 총 자산대비 목표금액은 평균으로 산출

출처 : 2021 한국 부자보고서, KB 금융지주 경영연구소, 2021년 11월 15일

그 토론회에서 하는 일이란 "우리가 잘한 일에 대해 토론하고, 우리가 잘 할려고 노력한 일에 토론하고, 우리가 잘 할려고 노력하지 않은 분야도 검토하고, 우리가 잘못했거나 실패한 일에 날카롭게 비판하는 것이다." 그리고 앞으로 "우리가 집중해야 할 일은 무엇인가? 우리가 개선해야 할 것은 무엇인가? 우리들 각자가 배워야 할 것은 무엇인가를 논의하는 것이다."

기자들은 이 토론을 토대로 다음 6개월간 할 새로운 업무계획과 학습계획을 편집국장에게 제출했다고 한다. 모든 목표는 자기성찰로부터 시작된다는 메시지를 보내고 있다. 많은 사람들이 돈의 힘과 효력에 대해서는 선호하지만 돈에 대한 목표를 정하기 위해 자신만의 성찰을 가져보았는가 감히 질문하고 싶다. 자기자신을 도마위에 올려놓고 잘하는 것에 대한 용기와 지혜가 필요하다. 우리는 다른 사람들에게는 한없이 인색하고 냉정한 비판을 잘 하면서도 자신에게는 너무나 관대해주는 경향이 높다. 이제 자기자신을 보다 냉철한 눈으로 볼 때가 왔다는 것이다.

⑤ 돈의 속성 2. 돈은 혼자 움직이지 않고 함께 움직인다

어떤 돈은 서로 어울리기 좋아하는 돈도 있지만 어떤 돈은 평생 숨어있는 돈도 있다. 그래서 작은 돈이나 큰돈은 혼자 움직이지 않고 함께 뭉쳐서 움직이는 속성을 가지고 있다. 마치 자석이 움직일 때 따라가는 철조각처럼 돈도 이 자력과 같은 작용을 한다는 것이다. 큰돈은 작은 돈에 작은 돈은 큰돈에 서로 영향을 미치는데 큰돈일수록 그 영향력이 더 크다. 그래서 투자나 부자가 되기 위해서 종자돈이 중요하고 저축은 종자돈을 만드는 데 꼭 필요하다고 부자들이 이구동성으로 이야기 하는 것이 우연은 아닐 것 같다. 현금자산 10억 원을 만드는데 300만 원 월급을 받는 사람이 급여의 100%를 저축하면 27년이 걸리는 금액이다. 이런 식으로 돈을 모으는 사람은 그리 많지 않다. 돈의 속성을 이해하면 이야기는 다르다.

저자가 만난 부자들은 돈을 벌기 위해 아둥바둥 살지 않았다. 10억 원을 만들기 위해 1억 원이 필요하고 1억 원을 만들기 위해 1천만 원이 필요하다. 부를 축적하기 위해 밑천이 되는 돈이 '종자돈'이다. 종자돈이 마련되어야 투자를 통해 소득을 얻을 수 있다. 한국 부자가 생각하는 종자돈은 평균 8억 원이며 총 자산이 많을수록 금액이 늘어나는 경향을 보였다.[5]

총 자산 50억 원 미만 부자는 종자돈의 최소 규모로 평균 5억 9천만 원을 생각했고, 총 자산 50~100억 원 미만 부자는 평균 8억 5천만 원, 총 자산 100억 원 이상 부자는 평균 14억 1천만 원은 되어야 한다고 응답했다. 부자들이 최소 종자돈을 모은 시기는 평균 42세로 나타났고 종자돈 규모가 작을수록 종자돈을 모은 시기가 빨랐다. 최소 종자돈을 '5억 원 미만'으로 생각한 부자는 39세에 종자돈을 모았고 '5~10억 원 미만'으로 생각한 부자는 42세, '10억 원 이상'으로 생각하는 부자는 44세로 나타났다.

부자들이 종자돈을 마련한 방법은 '주식'이 가장 많았고, 이어 '거주용 주택', '거주용 외 아파트', '거주용 외 재건축아파트', '상가' 순이었다. 총 자산규모에 따라 종자돈 마련 방법에서 차이를 보였는데, 총 자산 50억 원 미만 부자는 주식보다 거주용 주택을 활용한 경우가 가장 많았고, '예적금'으로 종자돈을 마련한 경우도 4위를 차지했다. 반면 총 자산이 많을수록 종자돈 마련방법의 하나로 상가를 활용했는데 총 자산 50~100억 원

---

5) 2022 한국 부자보고서, KB 금융지주 경영연구소, 2022년 12월 4일

미만 부자는 상가를 5위, 100억 원 이상 부자는 4위로 꼽았다.[6] 돈은 1,2,3 처럼 정수로 늘어나는 것이 아니라 1,3,5 처럼 배수로 늘어나는 '복리의 효과'로 증가하는 투자의 속성을 이해하면 누구나 부자가 될 수 있다.

복리효과와 관련해 떠오르는 것 중 하나는 72의 법칙이다. 72의 법칙은 '72'를 예금금리로 나눴을 때(예를 들면 72/1%=72) 원금이 두 배가 되는 시간을 계산해 복리효과를 표현한다. 이 식에 예금금리, 즉 수익률 1%를 넣으면 원금이 두 배 되는 시간은 72년이 소요된다는 점을 알 수 있다. 우리 삶에서 가장 영향을 미친 2가지 발견은 '복리와 비누이다.' 비누가 발명된 후 개인위생이 크게 개선되어 인간수명이 비약적으로 늘어났으며 복리가 발명된 후 부의 이동이 그 전보다 속도와 규모가 빠르게 발생하였다. 조지워싱턴 대학의 연구에 따르면 미국인의 3/1 만이 복리의 개념을 이해하고 있다. 알베르트 아인슈타인은 복리야말로 인간이 발명한 가장 위대한 업적이고 세계 8대 불가사의라고 말했다.[7]

지방도시에서 건설업을 운영하는 김대표(55세)는 이제 100억대 자산가로 지역사회에서는 알려진 자산가이고, 그런 그도 과거의 자신의 실패 속에서의 이야기를 자주한다. 돈이 어느 정도 여유 있는 다른 사람에 비하여 자본이 적어 늘 사업이 힘들다고 여기고 큰사업이나 큰돈만을 고집하고 작은 기회나 작은 돈은 그리 중요하지 않게 생각한 것이 사실이었다. 소위 한방 대박같은 '희망고문'으로 많은 시간을 보내다가 어느덧 자신을 뒤돌아보니 그 당시에는 그가 무시했던 큰사업과 큰투자기회가 아니었는데 시간이 지나고 나서보니 큰기업과 큰수익으로 커가는 것을 보고 10여 년 전부터 생각을 바꿔 작은 돈과 작은 기회에 관심을 갖다가 이동식 화장실 제조업체에 우연히 투자하여 최근에 차량용 캠핑카 사업으로 진화하여 매년 3억대 순수익을 올려 기업의 규모가 커지고 매출이 늘어 자산이 기하급수적으로 늘어가는 것을 경험하였다.

최근 코로나 19 이후 트렌드가 '혼자살고, 오래 살고. 너(키오스크: 무인계산기 로봇이 사람 대체) 없이 사는 시대'의 가속화로 차박(차에서 숙박)트렌드가 뜨고 있어 기업의 사업전망은 더 좋아지고 있다. 2021년 한국 1인 가구는 사상 최초로 7백만 가구를 돌파하며 전체가구에서 가장 큰비중을 차지, 향후 40% 수준까지 증가 예상되고 전체 1인 가구 중 20대가 가장 큰 비중을 차지, 1인 가구 중 소득상위 10%의 연평균 증가율은 2인 이상 가구보다 높게 나타난다.[8] 이러한 트렌드는 김 대표의 자산이 증가가 예상되는 대목이다.

6) 2021 한국 부자보고서, KB 금융지주 경영연구소, 2021년 11월 15일
7) 돈의 속성, 김승호, 스노우폭스북스, 2021년 4월 21일
8) 2022 한국 1인 가구 보고서, KB 금융지주 경영연구소, 2022년 10월 4일

⑥ 돈의 속성 3. 돈을 벌어야 하는 이유가 돈이 힘이 세다

부자가 되지 못하는 이유는 여러 가지가 있지만 여기서 중요한 세 가지만 이야기하고 자 한다.

첫째, 부자로 사는 것보다 가난하게 사는 게 쉽기때문이다. 한국에서 부자로 살기 위해 서는 잠들어 있는 '부자본능'을 깨워야 한다. 그러나 부자가 되겠다는 생각만으로 부자가 될 수 없듯이 노력없이 '부자본능'을 깨울 수 없다. 그래서 많은 사람들은 편안한 방식을 택하게 되고 따라서 가난한 삶을 살게 되는 것이다. 그리고 때 늦은 후회를 한다. 돈 벌 기에는 시간과 노력이 필요하다. 따라서 처음부터 철저하게 부자의 방식으로 바꾸는 노 력이 필요하다. 둘째, 부자가 되어야 할 절실한 이유를 찾지 못했다. '기차를 타고 길고 어두운 터널을 통과할 때의 느낌을 기억하는가?' 혹은 '어두운 밤길을 등불없이 홀로 걸 어본 경험은 있는가?' 그렇다면, '눈물젖은 빵을 먹어본 적은 있는가?', '살고 있는 집이 경매로 처분되어 한겨울에 오갈 데 없어 울어본 적은 있는가?', '다니던 직장에서 갑작스 럽게 명예퇴직을 종용할 때 준비되지 않은 노후를 맞이할 때 몸이 아파 병원에 가야 하지 만 병원비가 없어 갈 수조차 없었던 때가 있었는가?', '사업에 실패하여 부도가 났던 경 험은 있었는가?' 주위가 어두울 때, 등불의 소중함을 깨닫듯이, 한국의 부자들은 부자가 돼야만 하는 뼈저린 이유가 있었다. 셋째, 부자만이 누릴 수 있는 행복한 생활을 경험하 지 못했다. 작은 성공을 통해 얻은 성취의 기쁨을 통해 부자의 행복한 생활을 맛본다면 누구나 부자가 되고야 말겠다는 강한 목표의식을 가질 수 있을 것이다.

돈을 벌어 부자가 되겠다는 이유는 각각 다를 수 있다. 돈 때문에 몸서리치도록 쓰라린 아픔을 겪었든지 카드부채를 막지 못해 남모를 고민에 시달렸든지 여하튼 부자가 되기 위해 첫발을 내딛기전에 스스로 부자가 되어야 하는 충분한 이유를 찾아야 한다. 그러지 않고서는 결코 돈은 내게 오지 않는다. 대한민국 부자들은 말한다. 돈은 결코 우연히 생 기는 것이 아니라고 돈을 좇기에 앞서 자신만의 이유와 동기부여가 필요하다는 사실을 명심하자. 자동차를 운전하기 전에 워밍업을 하듯이 부자가 되기 전에 돈에 대한 생각을 정리할 필요가 있다. 즉, 부자가 되기 위한 충분한 이유가 있어야 한다. 그래서 자기성찰 이 필요한 것이다. 자기성찰은 머리가 아닌 가슴으로 하는 작업이다.

그리고 부자는 머리가 좋은 사람이 아니라 가슴이 따뜻한 사람으로서 한국의 부자들은

부자의 씨앗

한국의 부자는 '왜 돈을 벌려고 하는가'에 대한 자기성찰을 어떻게 하였을까?

❶ 몸을 편안하게 소파에 기대고 앉아, 눈을 감는다.
❷ 머리속에 편안한 풍경을 떠올리고 스스로에게 편안하다는 자기암시를 준다.
❸ 돈에 대한 생각을 머리가 아닌 가슴으로 한다.
❹ 스스로에게 '왜 돈을 벌려고 하는가', '나에게 돈은 왜 필요한가', '나는 어떻게 돈을 벌 것인가' 등의 질문을 던진다.

☞ 자기성찰에서 중요한 것은 지나친 욕심을 버리는 것이다. 강을 건넜으면 배는 두고 가는 법, 배를 메고 가는 우를 범하지 말자.
☞ 하루에 한 번, 가장 편안한 시간에 20분 정도 실시한다.

언제 어디서든 자기성찰에 몰두한다. '나는 왜 돈을 벌려고 하는가?', '나에게 돈은 왜 필요한가?', '나는 어떻게 돈을 벌 것인가?', '돈을 벌기 위해서 나는 무엇을 할 것인가.' 이처럼 끊임없이 돈에 대한 화두를 잡고 사고하다보면 정확하고 명확한 이유가 생긴다. 이 밑작업을 소홀히 하여 돈에 대한 생각을 공고히 하지 못하면 부자의 꿈은 사상누각으로 끝나버릴 것이다. 자기성찰의 훈련은 매일 1회 20여 분으로 충분하다. 뉴욕 양키스의 전설적인 투수인 요가 베리는 자신의 성공비결에 대한 답변에서 "그저 지켜만 봤다"고 말했다. 주시하고 있으면 사념이 하나둘씩 떨어져 나가 텅빈상태에 이른다. 그때, '왜 돈을 벌려고 하는가'에 대한 답을 얻을 수 있을 것이다.

⑦ 돈의 속성 4. 통제된 돈이 힘이 강하다

많은 사람들에게 돈문제가 발생하는 이유는 현금흐름을 관리하는 교육이나 학습을 제대로 받아 본 적이 없기 때문이다. 그래서 더 많은 문제를 해결하지 못하여 어려움에 직면하는 것이 다반사이다. 정기적으로 돈의 규모를 키워야 한다. 비정규적인 수입에 비하여 규칙적인 수입의 가장 큰 이점은 미래 예측이 어느 정도 가능해지기 때문에 발생할 수 있는 리스크관리가 된다는 이야기이다.[9] 수입이 일정하다는 것은 수입의 질이 좋다는 것이다. 그리고 비정규적인 수입은 실제 가치보다 커 보이기 때문에 비정규적인 돈에 대한 사람들의 생각을 잘 못되게 하여 과소비나 부적합투자를 하는 일이 자주 발생한다. 대표적으로 수입이 일정하지 않는 직업으로 연애인을 꼽을 수 있는데 수입이 없는 비활동시기나 나이들어 활동이 수입이 없을 때를 대비하여 임대수익이나 투자수익을 통해 안정적인 현금흐름을 만들려고 하는데 최근 연애인들의 재테크 성공담이 심심치 않게 언론에 공개되는 것을 볼 수 있다. 비·김태희 부부는 뛰어난 부동산재테크 실력으로 유명하다.

부동산업계에 따르면 올해 5월에 매각한 이태원동 주택은 32억 원에 이르는 차익을 남겼다. 2016년 53억 원에 해당 주택을 매수해 85억 원에 팔았다. 이번에 매각한 주택은 비·김태희 부부가 직접 살았던 집으로 알려졌다. 부부의 개별부동산 거래실력도 '고수'로 정평이 나있다. 비는 지난해 서울 강남구 청담동 소유빌딩을 495억 원에 매각했다. 지난 2008년 168억 원에 사들인 한 빌딩을 13년 만에 팔아 327억 원의 시세를 거뒀다. 다만 세금 등을 따졌을 때 차익은 일부 줄어든 것으로 보인다. 같은 해 김태희도 역삼동의 빌딩을 203억 원에 팔아 71억 원의 차익을 거뒀다. 배우 이병헌은 단 3년만에 106억 원의 차익을 얻어 큰 화제를 모았다. 이병헌이 지분 100%를 보유한 부동산임대 및 자문법인 '프로젝트 비'는 지난해 7월 영등포구 소재 빌딩을 368억 원에 매각했다. 2018년 3월 해당 빌딩을 260억 원에 사들인 지 3년 4개월여 만이다. 배우 류준열은 올해 초 '빌딩투자'로 주목받은 바 있다. 류준열은 서울 강남구 역삼동에 위치한 지하 2층~지상 7층, 연면적 1013㎡ 건물과 토지를 150억 원에 팔았다. 지난 2020년 꼬마빌딩과 토지를 법인명의로 58억 원에 매입해 신축한 뒤 되팔아 최소 40억 원 이상의 수익을 낸 것으로 전해진다.[10]

⑧ 돈의 속성 5. 시스템으로 버는 돈의 힘이 더 튼튼하다

현금흐름을 보여주는 로버트 기요샤키의 '현금흐름 사분면'[11]은 소득 혹은 수입이 발생되는 다양한 방식들을 보여준다. 봉급생활자는 기업이나 단체에서 소속되어 자기가 노

9) 돈의 속성, 김승호 지음, 스노우폭스북스, 2021년 4월 21일
10) '억소리'나는 차익과 손실… 연예계 부동산 금손·똥손은?, 쿠키뉴스, 2022년 7월 26일
11) 부자 아빠, 가난한 아빠, 로버트 기요샤키.샤론 레호트 지음, 형선호 옮김, 황금가지, 2004년 10월 8일

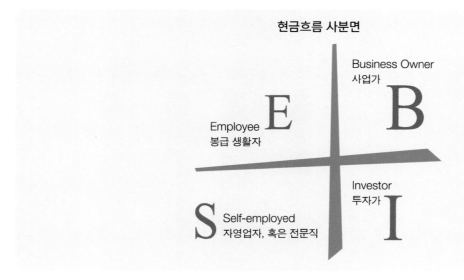

현금흐름 사분면

Employee
봉급 생활자 **E**

Business Owner
사업가 **B**

Self-employed
자영업자, 혹은 전문직 **S**

Investor
투자가 **I**

동을 제공해 준 대가로 급여로 받은 현금흐름이 발생하고 그들은 보수와 처우가 좋고 안정적인 일자리를 찾고 있으며 자영업자나 회계사, 변호사, 의사 등 전문직은 스스로 자신의 지식이나 기술, 사업을 통해 현금흐름이 발생한다. 이들은 나보다 이일을 더 잘하는 사람을 찾을수 없어 그래서 내가 직접 하는 것으로 이 두 분면의 공통적인 특성은 '자기 스스로 일을 해야 한다는 것이다.' 반면에 기업가는 직원이나 타인을 통해 사업체를 운영하면서 현금흐름을 발생하고 이들은 회사를 경영할 전문경영인을 찾는 일에 집중하고 투자가는 종자돈을 통해 투자에서 현금흐름을 발생한다. 이들은 원금과 높은 이자를 어떻게 회수하는 것에 관심이 높아 돈이 돈을 버는 시스템을 갖추어야 부자가 되는 속도가 좀 더 빨라질 수 있다. 같은 사분면 안에서도 부자가 된 사람이 있고 그렇지 않은 사람도 있다. 그러나 부자가 될 확률은 당연히 기업가와 투자가가 더 높다해서 돈을 버는 봉급생활자나 전문 자영업자에서 시스템으로 돈을 버는 사업가나 투자가로 현금흐름을 통제해야 한다.

최근 KB금융지주 경영연구소(2021년 11월 15일) 2021 한국 부자보고서에 의하면 부자들이 현재의 자산을 축적할 수 있었던 가장 큰 원천은 '사업소득'으로 나타났다. 이어 '부동산투자'(21.3%), '상속/증여'(17.8%), '금융투자'(12.3%), '근로소득'(6.8%) 순이었다. 부자의 41.8%가 가장 기여도가 큰 부의 원천으로 사업소득을 꼽은 비율은 전년 대비 4.3%p 늘었다. 반면 6.8%가 꼽은 근로소득은 전년 대비 4.5%p 줄어들며 가장 큰 감소폭을 보였다. 코로나19로 경제상황이 어려워지면서 사업에 의한 소득기여도가 감소할 것으로 예상했으나 의외의 결과였다. 총 자산규모별로 살펴보면, 근로소득 기여도는 50억 원 미만

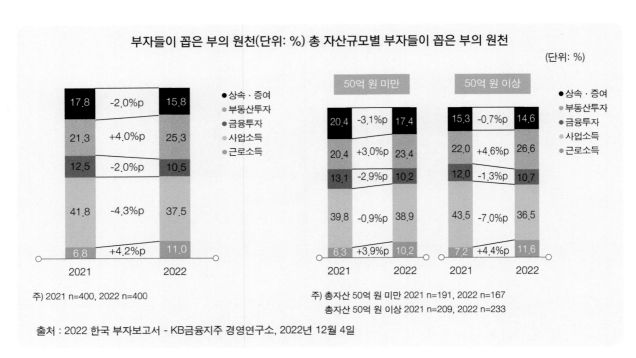

부자들이 꼽은 부의 원천(단위: %) 총 자산규모별 부자들이 꼽은 부의 원천

주) 2021 n=400, 2022 n=400

주) 총자산 50억 원 미만 2021 n=191, 2022 n=167
총자산 50억 원 이상 2021 n=209, 2022 n=233

출처 : 2022 한국 부자보고서 - KB금융지주 경영연구소, 2022년 12월 4일

부자나 50억 원 이상 부자 모두 전년 대비 감소했다. 반면 사업소득 기여도는 총 자산 50억 원 미만 부자는 1.2%p 감소한 데 비해 50억 원 이상 부자는 10.6%p 증가해, 자산이 많을수록 코로나19 영향을 덜 받고 있었다.[12]

---

12) 2021 한국 부자보고서, KB 금융지주 경영연구소, 2021년 11월 15일

1. 당신의 인생에 있어서 가장 소중한 것 세 가지를 적어 보십시오.

2. 돈에 대한 당신의 생각은 무엇입니까?

3. 현금흐름 4분면에서 당신의 돈버는 시스템은 무엇인가요?

$$W = H \times A \times P$$

시장을 이해하는 것은 곧 사람을 이해하는 것이다.

모두가 비슷한 생각을 한다는 것은

아무도 생각하고 있지 않는다는 말이다.

삶을 사는 데는 두 가지 방식이 있다.

기적은 없다고 믿든가 아니면 모든 것이 기적이라고 믿는 삶이다.

···나는 후자를 믿는다.

– 천재물리학자 아인뷰타인

제4장

부자의 성공방식 1 : **H**ABIT

부자는 상식을 뛰어넘는 습관의 결정체이다

좋은 습관이 부의 종자돈이다

성장률 1~2%대 시대에서 저축만 가지고는 미래를 준비하는 부자가 될 수 없다. 자산을 모으고 미래를 준비하기 위해서는 적극적인 투자가 필요하다. 성공한 부자는 세상의 변화를 주도하고 많은 사람들의 생활에 직접적인 영향을 끼친다는 점에서 항상 관심과 동경의 대상이 된다. 그래서 많은 이들이 성공한 부자의 말에 귀를 기울인다. 그러면 위대한 부자, 나아가 위대한 리더는 어떻게 탄생하는가? 어떤 성장과정을 거치고 어떤 어려움을 겪었으며 또 그것을 어떻게 극복했을까? 성공한 부자들이 보여주는 남다른 안목과 강철같은 의지, 불도저 같은 실행력은 어디에서부터 비롯되는 것일까? 그리고 마침내 던져진 결정적 한 수는 무엇이었을까?

이처럼 성공한 부자는 20대에 시작해도 빠르지 않고 60대에 시작해도 늦지 않다. 하지만 돈이 생기면 한다거나 시간적으로 여유가 생기면 시작하겠다는 식으로는 어렵다. 한 번에 대박이 나는 방법도 부자가 되는 가장 쉬운 방법도 없다. 다만 시간에 걸쳐 성공의 방식이 만들어지는 소위 '축적의 시간'이 필요하다. 부자에 대한 생각을 정리하고 긴 호흡으로 투자에 대한 경험과 노하우를 자신만의 자산으로 만들어가는 '성공습관'을 만들어야만 한다.

많은 사람들은 부자들이 가지고 있는 자산에 대해 관심이 많다. 하지만 부자들이 그 자산을 만들기 위해서 무엇을 했는지에 대해서는 그다지 궁금해 하지 않는다. 또 궁금하다고 해서 부자들이 자세하게 알려주지도 않는다. 저자는 예금이 10억 원 이상이면서 월 임대료가 몇 천 또는 몇 억씩 받는 부자들을 만나 인터뷰 하면서 도대체 돈을 어떻게 모으고 어떻게 관리하는지에 대해 여과없이 듣게 되었다. 자연스럽게 부자들이 가지고 있는 장점 중 돈버는 습관과 태도, 행동에 집중하게 되었다. 정기예금 금리가 1%로 떨어져서 모두가 은행은 메리트가 없다며 떠날 때에도 떠나지 않고 굳건하게 지키고 있는 부자들의 속내가 과연 무엇인지 궁금했다. 부자들은 돈도 잘 벌지만, 누구보다 돈을 잘 지키는 사람임에 틀림없다.

습관은 사람이 만들지만 습관은 사람의 운명을 만든다. 부자가 되는 것도 마찬가지다. 늘 해오던 대로 새로운 변화를 거부하고 기존 관행에 얽매여 살아가는 사람들이 주위에 적지 않다. 습관은 처음이 중요하다. 처음에는 실처럼 약하지만 여러 번 되풀이해서 몸에 달라 붙으면 쇠사슬처럼 강해지는 속성이 있다.

좋은 습관을 만들기 위해서는 몇 가지 원칙이 필요하다. 첫째로 좋은 습관을 만들기 위해서는 물리적 시간이 필요하다. 좋은 습관은 하루아침에 만들어지지 않는다. 하나의 습관으로 굳어지기 위해서는 66일간 매일 같은 행동을 반복해야 가능하다는 영국 런던대학교의 습관형성에 관한 실험결과가 있다. 둘째로 좋은 습관을 만들기 위해서는 주변 환경도 어느 정도 갖추어져야 한다. 주변 환경이나 상황이 습관을 만드는 데 양과 질을 결정하기 때문이다. 맹모삼천지교(孟母三遷之敎)는 '맹자의 어머니가 아들의 교육을 위해 세 번 이사를 한 가르침'이라는 뜻이다. '교육(敎育)은 주위환경의 중요하다'라는 뜻의 고사성어이다. 예를 들어 강남 집값이 비싼 이유 중 가장 큰 요소는 교육환경이라는 것을 독자들도 부인할 수 없을 것이다. 셋째로 한 번 만들어진 습관은 한 개인의 운명을 결정짓는 중요한 요소가 된다. 이처럼 습관이 한 사람의 인생을 성공시키기도 파괴하기도 한다는 것을 잊지 마라.

습관을 바꾸면 삶이 바뀐다

2017년 3월 미국의 유명 재정전문가인 톰 콜리(Tom Corley)는 자수성가해서 부를 이룬 177명의 백만장자들을 인터뷰한 『습관을 바꾸면 삶이 바뀐다(Change Your Habits, Change Your Life)』라는 책을 출간해 화제를 모았다. 미국의 경제 및 금융전문 방송채널인 CNBC는 베스트셀러에 오른 이 책을 토대로 성공한 사람들의 9가지 습관을 소개했다. 9가지 습관 가운데 첫째로 '일찍 일어나는 것'을 제시했다. 콜리가 인터뷰 한 백만장자들의 절반 이상은 새벽형 인간이었다. 그들은 보통 업무를 시작하기 3시간 전에 일어나서 하루를 계획하고 운동을 하거나 신문을 읽었다. 콜리는 자신의 저서에서 "5시에 일어나는 것은 당신이 당신의 삶을 컨트롤할 수 있도록 한다. 이는 당신에게 성공에 대한 확신을 줄 것이다"라고 말했다.

많은 부자들을 만나면 공통적으로 성공하기 위해 좋은 습관을 연습했다고 말한다. 대부분의 사람들은 돈이 많아야 부가 결정된다고 하지만 실제로는 좋은 습관이 부를 결정한다고 해도 과언이 아니다. 투자를 하거나 돈을 모으는 데 있어서 자신이 가지고 있는 습관은 곧 부자로 연결되는 행동패턴이기 때문이다.

반복되는 행동이 만드는 기적의 변화, 그것이 바로 '습관의 힘'이다. 그것도 삶을 변화시키고 부를 늘려갈 수 있는 '핵심습관(Keystone habit)'을 바꾸어야만 자신이 원하는 목표를 달성할 수 있다. 그러면 우리는 자신도 모르는 사이에 성공에 한 걸음 더 다가갈 수 있을 것이다. 미국 듀크대학교의 2006년 연구에 따르면, 우리가 매일 행하는 행동의 40%가 의사결정의 결과가 아니라 습관이라고 말할 정도로 습관은 우리의 일상에서 그 강력한 힘을 보여주고 있다. 투자나 돈을 모으는 것도 결국 습관의 결과이다. 습관화를 가로막는 많은 유혹과 악마의 속삭임은 성공의 열쇠가 '습관'에 있다는 부자들의 가르침보다 훨씬 더 귀에 착착 감긴다. 대개 사회학자들은 습관은 일반적으로 21일 정도면 만들어진다고 한다. 그러나 같은 행동을 매일 반복한다면 단 5일이면 족하다고 말한다.

돈보다 희망이 없는 것이 더 가난하다

일반적으로 인간 특성상 상황이 좋아지면 긍정적인 생각과 행동을 하게 되지만 상황이 어렵고 부정적이라면 부정적으로 생각하는 경향이 있다. 그러면 돈버는 일도 그러할까? 결론적으로는 그렇다. 마찬가지로 경제예측도 이러한 경향에서 벗어나지 않는다.

겨울이 가면 봄이 온다는 것은 확실하게 예측할 수 있다. 하지만 인간사에서 미래를 예측한다는 것은 거의 불가능한 일인지도 모른다. 한마디로 신의 영역이라고 할 수 있다. 플라시보 효과(Placebo effect)란 실제로 전혀 효과가 없는 실험처치를 피험자에게 마치 효과가 있는 것처럼 허위로 인식시켰을 때 나타나는 효과를 말한다. 위약효과라고도 하며, 아무 효과가 없는 약을 마치 두통에 뛰어난 효과가 있는 것처럼 환자에게 속여 투약했을 때 실제로 환자의 두통이 낫는 경우를 예로 들 수 있다. 연구자들은 이 위약효과 실험을 통해 피험자들이 실험상황에 노출되었을 때 생길 수 있는 심리적 반응, 특히 피험자의 기대나 피암시성 등의 효과를 분리해 낼 수 있게 된다. 반대현상으로 노시보효과(Nocebo effect)가 있는데, 이것은 본인이 믿지 않으면 약을 먹는다 해도 잘 낫지 않는 현상을 말한다.

부자가 될 가능성에 대하여 스스로에게 물어볼 때 대개의 사람들은 자신이 부자가 되기 어렵다고 생각하는 경우가 대부분이다. 그러나 부자들은 다르다. 자신이 부자가 될 가능성에 대해 확신해왔던 경우가 많았다. 다시 말해 마음먹기에 달려있다는 것이다. 'YES'와 'NO는 우리가 마음먹기에 따라 바뀌게 될 것이다.

버락 오바마 미국 대통령, 미국 최고의 토크쇼 진행자 오프라 윈프리, 현대그룹 창업자 고(故) 정주영 회장, 애플의 CEO 고(故) 스티브 잡스, 컴퓨터백신의 대명사 안철수, 빙상의 여왕 김연아, 골프천재 박인비 등 그들은 모두 평범했지만 비범한 결과를 보여준 사람들이다. 99%의 부정적인 생각을 버리고 1% 희망에 모든 것을 걸었던 사람들이다. "나는 된다. 나는 할 수 있다. 나는 운이 좋다"라고 끊임없이 자신에게 주문을 걸었다. 자신의 뇌안에 숨어 있는 단 1%의 부정적 생각조차도 머무를 공간을 주지않으려는 사람들이기에 성공할 수 있었다. 베스트셀러 『시크릿』이 들려주는 부와 성공의 비밀에서 성공의 조건으로 줄기차게 주장하는 것은 바로 '끌어당김의 법칙'이다. '꿈은 생각대로 이루어진다'는 것이다.

성공한 사람들은 이구동성으로 "스승은 학생이 준비되었을 때 나타난다"고 말한다. 노벨경제학상 수상자인 밀턴 프리드먼(Milton Friedman)은 실증분석으로도 유명하지만 6개월을 넘는 경제예측은 하지 않는다고 말한다. 1년, 3년, 10년 후의 경제를 예측한다는 것은 매우 어렵다는 뜻이다. 그만큼 미래를 예측한다는 것은 어려운 일이다.

공자에게 한 제자가 "점이 정말로 잘 맞습니까?"라고 물었다. 공자는 7할은 맞는다고 답했다. 고금의 점을 치는 데 있어서 공통적인 확률이 70%다. 대개 사주를 봐도 대개 70%는 맞는다. 그래서 운칠기삼(運七技三), 즉 운명이 7할이고 노력이 3할이라고 말한다. 운명은 결국 내가 개척해 나가야 하는 것이다. 7할의 가능성도 노력하면 10할의 성공이 된다.

오늘부터 나 스스로에게 '나는 부자가 될 가능성이 매우 높다'라고 긍정적인 선택이라는 주문을 걸어보라. 우리는 분명 미래를 예측할 수 없다. 하지만 스스로 희망을 선택하려고 결심한다면 7할의 운명을 넘어 부와 성공의 확률이 나에게 열릴 것이다.

긍정의 언어가 돈을 부른다

긍정도 습관이다. 말은 쉽지만 이를 인생에 대입하여 실천한다는 것은 그리 쉬운 일이 아니다. 좋은 점만 이야기 하기에도 부족한 것이 인생이다. 그런데 이를 실천하는 사람들 가운데 부자가 많다. 미국에서 자수성가한 백만장자 1,000명을 조사했더니 한 가지 공통점이 있었다. 백만장자들은 자신들의 장점에 집중했기 때문에 성공한 것이었다. 잘되는 사람은 잘되는 이유를 찾는 반면 안되는 사람은 변명만 찾는다는 이야기가 있다. 결국 긍정론자가 새로운 기회를 여는 사람인 것이다.[1]

윤 회장(71세)은 누가 봐도 호남형 얼굴에 호감이 가는 사람이었다. 물론 부자이기도 했다. 비록 사업초창기에는 가진 것이 그다지 많지 않았지만, 건설업을 통해서 지금의 부를 일구게 되었다. 건설업을 하는 사람이라고 해서 누구나 부자가 되는 것은 아니다. 윤 회장은 무차입경영을 원칙으로 삼고 한번산 부동산은 매입가격 이하로는 팔지않았다. 회사를 운영할 때는 교통은 불편하지만 변두리의 넓은 땅을 매입하여 시간과의 싸움에서 높은 차익을 거두곤 했다. 그래서 거주지나 사업장 주변의 싼땅을 주로 매입하여 오랫동안 가지고 있는 것이 부자가 된 비결이라고 말한다.

윤 회장은 100억대 자산을 가지고 있지만 처음부터 변하지 않은 원칙이 또 하나 더 있다. 그와 만나면서 다른 사람들과 비교해서 가장 다른 부분은 다른 사람에 대해 이야기할 때 상대방의 좋은 점만 말하는 것이다. 자신이 알고있는 지인이나 같이 일하는 직원들에게도 좋은 점만 이야기하는 좋은 습관을 가지고 있었다. 심지어 거래처 사장이나 직원들에게도 낮은 자세로 임하는 모습은 마치 성직자처럼 보이기도 했다.

윤 회장은 긍정도 습관이라고 입버릇처럼 말한다. 어떤 사람은 타인을 대할 때 단점이나 안좋은 부분만 말하는가 하면, 어떤 사람은 타인을 칭찬하고 긍정적인 메시지를 적극적으로 보낸다. 당신이 누구와 함께 하고 싶은지를 묻는다면 당연히 후자라고 대답할 것이다. 돈을 부르는 사람들이 공통적으로 가지고 있는 습관은 긍정이다.

수익률 계산은 습관처럼 몸에 배어야 한다

한달의 절반을 외국에서 생활하는 마 대표(37세)는 무역업과 의류제조업을 겸하고 있다. 그는 일찍이 지방에서 고등학교를 졸업하고 나서 외국에서 대학을 마친 후 탄탄한 어학실력과 사업가 마인드를 가지고 무역업에 뛰어들었다. 중국 현지에 의류생산 업체를 두고 현지의 인터넷 쇼핑몰을 오픈하여 중국시장을 공략하고 있다.

최근에는 중국의 인건비가 상승하여 가격경쟁력이 떨어지자 동남아지역으로 생산공장

1) 이웃집 백만장자, 토머스 J .스탠리/윌리암 D. 댄코 지음, 홍정희 옮김, 한국능률협회출판(주), 2002년 7월 26일

의 이전을 검토해보려고 수시로 다녀오고 있다. 매출은 중국에서 생산한 것보다 적지만 수익은 배가 된다고 한다. 세르반테스가 쓴 『돈키호테』에서 '로마는 하루아침에 이루어지지 않았다'라는 명문장이 있다. 부자도 하루아침에 이루어지지 않는다. 하나하나의 습관들이 오래 쌓여서 어느 시점에 이르러서 보면 자신이 부자가 되어 있는 것이다. 마 대표를 보면 이 명언을 다시 떠올리게 된다.

마 대표가 투자나 사업에 있어서 가장 우선시하는 것은 수익률이다. 중국에서 생산하고 판매량이 많아도 수익률이 낮은 것보다 동남아나 필리핀에서 생산하는 것이 생산량은 적지만 오히려 수익률이 2배이기 때문에 사업결정을 과감히 했다는 것이다. 그가 매달 노후를 위해 적금을 3천만 원 이상 불입하는 것을 보고 다시 한번 공감하게 되었다. 또 아파트를 분양받거나 투자하여 1억 원 이상으로 가격이 상승하면 세금을 부담하고 매각하여 수익률을 얻는다. 그의 수익률에 관한 원칙은 투자기간을 짧게 하고 회전율을 높인다는 것이다. 특히 부동산에 투자한다면 더더욱 수익률을 계산하는 습관을 들여야 한다.

빌 게이츠와 워런 버핏같은 부자들도 본업의 수익률을 높임으로써 부를 이뤄냈다. 빌 게이츠는 재산이 670억 달러에 달한다. 만약 빌 게이츠가 마이크로소프트를 설립하고 하루에 14시간씩 일해 왔다고 가정하여 자산을 일한 시간으로 나눠보면 초당 150달러를 벌었다는 결론이 나온다. 빌 게이츠가 부자가 된 것은 높은 수익률 덕분이라고 할 수 있다. 만약 길바닥에 100달러짜리 지폐가 떨어져있다면 빌 게이츠는 어떻게 행동할까? 돈을 줍는 데에는 1초면 충분하다고 해도 그가 돈을 줍기보다 자신의 업무에 충실할 경우 더 많은 수익을 올릴 수 있다. 물론 사람의 심정으로는 그 100달러를 줍겠지만, 수익률이라는 가정하에서는 본업에 충실하는 것이 정답이다.

안목을 길러야 실행력이 커진다

강 회장(77세)은 이제 쉴만한 나이임에도 불구하고 여전히 현역으로 왕성하게 일하고 있다. 현재 가지고 있는 아파트만 100채에 육박한다. 건설사 소유주가 아닐까라고 생각하겠지만 그가 하는 사업은 임대업이 주 업종이다. 그런 강 회장이 아파트를 소유하는 이유는 바로 임대수익이다. 사람들은 '과연 이런 것이 가능할까?'라며 궁금해 한다. 물론 강 회장도 많은 시행착오와 실패를 경험했다. 투자도 해보았고, 현재 병원도 운영을 하고 있다. 이중에서 그에게 가장 큰 기쁨을 준 것이 바로 아파트 임대업이다. 그가 돈버는 습관으로 이야기한 대목이다.

그가 가지고 있는 아파트는 대형이나 중형보다는 소형아파트 중심이고, 주로 대학교 주변에 있는 아파트를 구입했다. 대학교 주변이 어떤지는 대략 이해할 것이다. 기숙사는 한정된 인원만 들어갈 수 있기 때문에 대부분의 학생들은 대학교 근처에서 거주하는 것이 일반적이다. 그만큼 소형아파트나 원룸수요가 많다는 것이다. 이런 사실을 어떻게 알았을까? 강 회장은 경제신문이나 뉴스를 통해 세상 돌아가는 것을 자신만의 방법으로 해석하고 적용해 본 결과라고 말한다. 즉 트렌드분석을 꾸준히 해 왔던 것이다.

대학교가 신설되거나 이전하게 되면 반드시 상가나 기숙사, 원룸, 자취집이 동반하게 된다. 이를 그냥 흘려버리는 사람들이 대부분이지만 강 회장은 예외였다. 시장의 변화를 주의깊게 살펴보고 근처 공인중개사를 방문하여 자문을 구했다. 또 지역신문과 경제신문을 매일 구독하면서 나름 주요 경제흐름을 학습해 온 결과이기도 하다. 이것이 강 회장이 오늘의 부를 일구게 된 부자습관인 셈이다.

비단 투자뿐만 아니라 세상사 대부분이 변한다. 과거처럼 변화의 속도가 10년 주기로 산업이 변할 때에는 트렌드분석이라는 것의 의미가 덜 하지만 요즘은 산업변화의 속도가 빨라진 게 사실이다. 1880년 창업하여 필름의 대명사로 불려왔던 코닥이 130년 만에 파산했다. 디지털 카메라와 스마트폰의 보급으로 사람들이 더 이상 필름을 사용하지 않게 되었고, 코닥이 이 트렌드 변화를 읽지 못한 결과다.

트렌드분석은 투자의 기본중의 기본이다. 현재와 과거의 역사적 자료와 추세에 근거해 다가올 미래 사회의 변화될 모습을 투사하는 방법이다. 일련의 데이터에 연장선을 긋는 방법으로 추세를 예측할 수 있으며, 수학적·통계적인 방법을 활용하기도 한다. 경제성장, 인구증감, 에너지 소비량, 주가 등 가격변수를 예측하는 데 주로 사용된다. 강 회장은 수많은 시간과 실패를 통해 학습이 내재화된 셈이다. 그래서 그가 부동산투자를 할 때에는 이 트렌드분석을 통해 소형아파트를 이용하는 고객층을 제대로 파악하고 있다. 나아가 그들의 니즈를 명확하게 파악하여 부동산을 구입할 지역과 평형대를 사전에 분석하고 시장에서 요구되는 소형아파트로 결정한 것이다.

황금알을 낳는 거위를 키워라

한국의 자수성가한 부자들이 부자가 되기 위해서 첫 번째로 강조하는 대목이 저축과 절약이다. 여전히 최고의 투자는 저축과 절약이라는 것이며, 이는 곧 성실함을 의미한다.

『2021 한국 부자보고서』에 따르면 2020년 한국 부자의 총 자산은 부동산자산 59.0%와 금융자산 36.6%로 구성되어 있으며, 그외 회원권과 예술품 등 기타 자산이 일부를 차지하고 있다. 부자의 부동산자산 비중은 고가아파트를 위시한 부동산가치 상승의 영향으로 최근 2년 크게 늘었다. 일반가구의 총 자산이 부동산자산 78.2%와 금융자산 17.1%로 구성된 것과 비교하면 부자의 금융자산 비중은 일반가구의 두 배 이상으로 높다. 이는 일반가구의 자산이 대부분 시가 수 억 원 내외의 주택한채와 금융자산으로 구성되기 때문에, 부동산자산 비중이 부자에 비해 높게 형성된 것으로 보인다. 부자의 금융자산 규모별 자산구성비를 살펴본 경우에도 이와 유사한 패턴을 확인할 수 있다. 상대적으로 금융자산 규모가 작은 30억 원 미만 부자의 부동산자산 비중은 64.9%로, 30억 원 이상 부자(51.3%)보다 부동산자산 비중이 대적으로 높게 형성되어 있다. 세부 금융상품별 비중은 총 자산수준에 따라 다소 차이를 보인다. 총 자산이 많을수록 예적금 비중이 감소하는 대신 주식, 펀드 및 채권 등에 대한 투자비중이 증가하는 경향을 보인다. 이러한 경향은 예적금과 같은 안전금융 자산에 일정 금액을 투자한 후, 나머지 여유자금은 투자수익을 높

부자의 자산구성비 추이

(단위 : %)

■ 부동산 자산　● 금융자산

연도	2017	2018	2019	2020	2021
부동산 자산	52.2	53.3	53.7	56.6	59.0
금융자산	44.2	42.3	39.9	38.6	36.6

일 수 있는 금융자산에 투자하는 행태로 이해할 수 있다.

이는 글로벌 자산가들의 투자나 저축과는 다른 양상이다. 물론 글로벌 자산가들과 비슷한 내용도 있다. 바로 절약이다. 한국의 자수성가형 부자들 대부분은 매우 성실하다. 그 근간에는 절약정신이 깔려있기 때문이다. 수익률 10%를 내는 것보다 지출 10% 줄이는 것이 더 어렵다고 한다. 평소에 무심히 지출했던 카드값, 중복된 보험지출, 의미없이 지출되는 비용에 대한 꼼꼼함이 있어야 지출에 대한 절약을 실천할 수 있다.

미국의 백만장자들이 절약과 저축을 통한 자수성가형이 80% 이상이다. 이들의 공통된 특징과 마찬가지로 동서고금에 알려진 부자들의 특징 중 가장 으뜸은 역시 절약 또 절약이다. 수입은 평균 이상이지만 절약과 저축으로 소비를 최대한 줄인다. 1996년 미국에서 베스트셀러가 된 『이웃집 백만장자』는 부자에 대한 선입견을 무너뜨렸다. 일반인들은 백만장자들이 부모에게 한 밑천 물려받았을 것이라고 폄하하기 쉽다. 그런데 저자 토마스 J. 스탠리가 20년 동안 1,000명의 백만장자들을 조사했더니 80%가 자수성가했다고 한다. 심지어 50%는 부모에게 한푼도 물려받지 않았다. 그렇다고 연봉을 수십만 달러 받는 것도 아니다. 평균 연간수입은 131,000달러(약 1억 5000만 원)로 생각만큼 많지도 않다.

그렇다면 이들은 어떻게 백만장자가 됐을까? 저자는 절약, 절약 또 절약이라고 말한다. 백만장자가 되려면 적어도 세 가지 질문에 답할 수 있어야 한다.

- 부모님은 검소했는가?
- 당신은 검소한가?
- 배우자는 당신보다 더 검소한가?

그들은 유명 브랜드의 옷을 입지 않았고 외제차를 타지 않았으며, 20년 이상 같은 집에서 살고 있었다. 하지만 요즈음 미국사회는 절약은커녕 금융선진국이 만들어낸 신용(빌려쓰기)에 몸살을 앓고 있는 듯하다. 미국인들이 신용카드와 장기주택 대출로 내는 이자는 연간 개인소득의 40%다. 1980년대의 27%와 1990년대의 30%에 비해 매우 급증했고, 반면에 저축률은 사상최저로 떨어졌다. 그 결과 2007년 서브프라임 모기지사태(주택대출부도)가 발생하여 미국국민들이 1929년 대공황 이후 처음으로 경제쓰나미(tsunami)를 경험하기도 했다. 요즘 코로나위기 이후 인플레이션으로 그 어려움이 글로벌전체를 덮고 있다.

소비는 지속적 경제발전을 위해 필수적이다. 일본은 절약이 지나쳐 장기불황을 겪는 대표적인 사례이지만 맨주먹으로 세상에 나와 부자가 되려는 사람은 결코 저축을 건너뛸 수 없다. 아무리 이자가 낮아도, 아무리 푼돈이어도 작은 것이 모여 큰돈이 된다는 사실은 자명하다.

『한국의 부자들』에서 저자 한상복은 한국의 자수성가한 부자들의 성공요인도 저축과 절약은 필수덕목임을 강조했다. 경제동화 『열두 살에 부자가 된 키라』에서는 자녀에게 가장 먼저 황금알을 낳은 거위를 죽여서는 안 된다고 가르치라고 강조하고 있다. 황금알(이자)을 낳는 거위(목돈)를 가지려면 저축을 하라는 것이다. 또한 『부자아빠, 가난한 아빠』도 경제적 자유를 얻으려면 돈을 위해 일하지 말고 돈이 나를 위해 일하게 하라고 조언하는데 그 첫걸음으로 저축과 절약을 제안한다.

다른 결과를 얻으려면 다르게 행동하라

김 사장(56세)은 레미콘사업을 주업으로 하여 중소기업을 운영하는 알부자다. 무일푼으로 시작하여 현재 가지고 있는 자산이 수십억이며, 일종의 사업에서 성공한 사람이다. 즉 주식이나 부동산보다는 현재 하고 있는 사업을 통해 부를 일군 경우다. 지금은 새로운 사업장을 추가로 구입하기 위해 전국을 돌아다니고 있다. 현재는 별볼일 없고 장소도 좋지 않은 공장을 인수하려고 수 차례 방문하고 전문가와의 상담을 통해 타당성을 확인하고 있다. 일전에 만나서 인수하려는 공장에 무엇에 마음이 끌려서 신경을 쓰는지 물어본 적이 있다. 이 질문에 한참 웃더니 그는 이유를 알려주었다.

좋은 가격으로 좋은 물건을 팔면 사업의 성공 가능성이 높다는 것은 삼척동자도 다 아는 사실이다. 차량공유 서비스인 우버(Uber)가 대표적인 사례라고 말한다. 우버는 단 두 명이 창업해서 창업 4년 만에 자산 3조 3천억 원, 기업가치 54조 5천억 원이 되었고, 현재 전 세계 37개국 140여개 도시로 진출했다. 기업가치는 현대자동차와 맞먹는다. 연간 500만 대를 판매하고 15만 명의 직원을 둔 현대자동차를 이미 추월한 상태이다. 아무리 작은 사업도 마찬가지다. 과거에 생각했던 것과 달리 '경제생태계'가 달라졌다.

김 사장은 경쟁이 심해지는 요즘 생존하고 발전하기 위해서 남들이 보지 못한 시장을 보고 거기에 투자해야만 의미 있는 성과를 얻을 수 있다고 말한다. 다른 말로 표현하면 블루오션에 투자해야 한다는 것이다. 새로운 시장과 새로운 고객 그리고 새로운 도전은 다른 성과를 보여줄 것이다. 그래서 그는 자기계발에 상당한 노력을 기울인다. 경제흐름을 놓치지 않기 위해 대학원에 진학하여 박사과정을 밟고있고, 또 각종 세미나에 빠지지 않고 매번 참여하는 열정을 보이기도 한다. 그냥 얻어지는 지식은 없다는 것이다.

좋은 프렌드십(friendship)을 만들어라

《포춘》의 "일하기 좋은 100대기업" 선정 주관자 로버트 레버링의 수십 년에 걸친 연구에 의하면 불황 속에서도 꾸준히 성과를 내는 기업의 세 가지 공통점을 찾아볼 수 있다. 경영진에 대한 신뢰, 업무와 회사에 대한 자부심 그리고 동료와 일하는 보람으로 꼽았다. 경영 컨설턴트인 톰 라스(Tom Rath)는 3년간 112개국 451만 명을 조사했는데 조직 내 절친한 친구가 있는 직장인이 조직 내 절친한 친구가 없는 직장인보다 무려 7배나 더 높게 업무에 충실하다는 결론이었다. 또 회사에 대한 만족도도 1.5배 더 높았다. 하물며 개인이 부자가 되는 것도 동일하다. 좋은 인간관계를 맺고 있는 사람이 부자가 될 확률이 더 높다는 것이 일반적이다.

고 회장(61세)은 부동산과 현금자산을 포함하여 100억 대를 육박하는 자산가다. 그가 가지고 있는 자산보다는 어떻게 그런 자산을 가질 수 있었는지 비밀이 궁금했다. 고 회장은 지역사회에서 마당발로 유명하다. 그와 인연이 닿지 않은 사람이 없을 정도다. 최근에 새로운 사업을 시작했는데 개업식에 그 지역인사들 가운데 오지 않는 사람이 거의 없을 정도였다. 지역에 있는 대학원 최고경영자 과정을 수강하면서 인맥을 만들어가다 보니 자연스럽게 이들과의 좋은 관계는 사업정보나 인맥에 긍정적인 영향을 끼친것이다.

이러한 부의 비결은 역사를 거슬러 올라가 300백 년 부자인 경주 최 부자집에서도 엿볼 수 있다. 최 부자집은 1600년대 초 최진립 장군에서부터 시작되어 광복직후 최준까지 이어진다. 만석의 재산을 약 300년, 12대 동안 유지해왔다. 최 부자집이 오랜 세월 동안 꾸준히 부를 유지한 비결은 무엇일까? 그것은 특이한 가훈에서 찾을 수 있다. 가훈으로 '육훈(六訓)'과 '육연(六然)'이 있었는데, 육훈이 집안을 다스리는 가훈이었다면 육연은 자신의 몸을 닦는 가훈이었다. 최 부자집 가문의 육훈실천은 실로 감동적이다. 그 육훈 가운데 고 회장의 경우와 딱맞는 경우가 있다. 바로 과객(過客)을 후하게 대접했다는 것에서 민심을 보살폈음을 알 수 있다. 과객들 사이에서 최 부자집의 인심이 좋기로 소문났었기 때문에 동학이후로 발생한 활빈당의 횡포에도 무사할 수 있었다. "흉년기에 남의 논밭을 매입하지 말라"는 가르침은 이웃의 어려운 상황을 악용하여 부정적으로 재산을 축적하지 말라는 의미였다. 또한 전국의 나그네들이 인심좋은 최 부자 집을 방문하여 전국의 좋은 소식과 나쁜 소식을 전하는 전령사 역할을 톡톡히 했다. 요즘말로 하면 '정보를 공유' 하게 되어 누구보다 전국을 관통하는 정보력을 갖추게 된 셈이다.

고 회장도 최고경영자 과정을 비롯한 다양한 강의를 수료하는 동안 그의 인맥지도는 더 강력해졌고 이를 통해 사업을 확장해갔다. 그는 지금도 주변의 인맥을 통해 사업을 할 때 혼자서 하는 경우는 거의 없다. 리스크분산을 위해서도 그렇고 전문가를 사업에 참여시켜서 지분을 투자하는 방식으로 사업을 해오고 있다. 물론 이는 고 회장이 그동안 맺어온 좋은 인맥관계의 결과이기도 한다.

상품을 팔지말고 정보를 팔아라

지방에서 50억 원 이상 자산가인 박 회장(63세)은 「가로수신문」과 유사한 생활광고업을 해온 1세대 지역광고 업체의 대표다. 지금은 인터넷 광고뿐만 아니라 지역방송사업까지 그 영역을 확대해가고 있다. 그가 처음 이 사업을 시작했을 때는 분위기가 지금과는 사뭇 달랐다. 잡상인 취급을 받았고 광고지를 찌라시('뿌리다'라는 의미의 일본어 '지라시'에서 유래한 말) 정도로 여겼다. 쉽게 말해 신문에 삽지되어 있는 안내전단지 같은 취급을 받았다. 하지만 지금은 어떤가? 주택의 매매나 전세, 상가임대, 심지어 자동차매매까지 총 망라된 지역정보를 받아서 게재하고 있다.

우리는 정보의 가치와 활용이 그 어느때보다 커진 시대에 살고 있다. 상품이라는 유형의 것을 파는 시대에서 가치라는 정보를 파는 시대에 살고 있다. 가성비(價性比)라는 단어는 요즘 중요시 되는 가치 중 하나다. 가격보다는 가치가 중요하고 효용성이 높은 상품이 인기가 있다는 뜻이다. 남들이 상품에 집중하던 시절부터 정보라는 상품의 희소성과 가치를 상품으로 팔아왔고, 지금은 그 효용가치를 확실히 인정받고 있다.

초창기에는 정보에 대한 가격책정이 없었기 때문에 사업이 쉽지 않았다. 박 회장은 미래에는 가치가 어디에 있을지를 고민하던 중 '정보'라는 부의 원천을 찾은 것이다. 네이버나 다음, 구글과 같은 인터넷 검색엔진도 결국 정보를 파는 기업이다. 그 기업가치는 상상을 초월하고 있다. 부동산중개와 광고 그리고 홍보까지 관련되지 않는 일이 없을 정도다. 이러다 보니 박 회장의 사업은 지역사회에서 정보의 제조공장이 된 셈이다. 지역사회의 주류가 되었고 심지어는 시청이나 구청의 각종 정책결정에서도 그의 영향력이 커졌다.

박 회장은 생활정보업을 통해 정보를 관리하고 정보를 파는 노하우를 익혔다. 나아가 부동산개발이나 전망, 사업을 보는 눈과 전문성이 커지면서 자연스럽게 돈의 흐름을 파악하게 되었다. 그가 부자가 되는 것은 당연한 결과다. 사업으로 모아진 돈을 다시 부동산에 투자하여 현재 소유부동산의 가격상승도 상상을 초월한다. 박 회장이 정보에 있어서 우월한 지위를 가지게 되자 새로운 사업을 시작하거나 돈을 투자한 사람들은 그와 친분을 가지려 하고 조언을 부탁하기도 한다. 지역사회에서 영향력을 가질 수밖에 없는 위치인 것이다. 정보라는 상품을 가진 박 회장이 진정한 부자가 아닐까?

신용은 보이지 않는 자산이다

시장에서 살아남아야 기회가 생긴다. 살아남아야 다음을 기약할 수 있기 때문이다. 그러기 위해서는 신용을 잃지말아야 한다. 꼭 부자가 아니어도 세상을 사는 사람들이 중요시 여기는 가치가 바로 신용이다.

김 회장(67세)은 수백억의 자산을 가지고 건설업을 운영하면서 내내 지켜온 원칙이 신용이다. 규모가 작은 기업을 운영할 때나 지금까지도 돈되는 일이라면 마다하지 않고 궂은 일을 하면서 오늘의 부를 일구어왔다. 한때 가지고 있던 자산을 모두 잃어버리는 대사건이 있었다. 아파트분양이 순조롭게 진행되어 이익이 100억 원에 육박할 정도로 성공했다. 그런데 입주민들이 당초 분양할 때의 내용과 다른 점에 대해 불만이 커지면서 오랫동안 쌓아온 기업의 명성마저 흔들리게 되었다. 회사참모들은 입주민들에게 일부 현금보상으로 마무리 짓고 끝내자고 했다. 김 회장 자신도 그렇게 하면 편하고 비용도 절약할 수 있다는 사실을 잘 알고 있다. 다만 그가 평생을 목숨처럼 지켜온 신용이라는 가치를 잃어버릴 지경에 놓였다. 참모들이 제안한 방법이 손쉽기는 하지만 아니라는 생각이 들었다. 김 회장은 당초 약속대로 입주민들에게 해줄 것을 지시하고 자신도 그것을 지켜냈다. 100억 원의 이익을 포기한 대신 입주민들에게 믿음이라는 큰 가치를 얻은 것이다.

이러한 명성이 처음에는 손해라고 생각될 수 있다. 하지만 입주민들 사이에 믿을 만한 기업이라는 평가가 입소문을 타면서 그 뒤에 분양하는 아파트는 100% 분양이라는 선물로 이어졌고, 그 때의 손해를 만회하는 계기가 되었다. 김 회장은 지금도 잘한 일이라고 스스로 평가하고 앞으로도 신용을 목숨처럼 지키는 일에 평생을 걸겠다는 다짐을 하곤 한다.

신용은 보이지 않는 자산이기는 하지만 보이는 자산보다 부를 일구는 데 있어서 무엇보다 중요하다. 그러나 많은 사람들은 부도를 밥먹듯이 내고 약속을 지키지 않으면서 순간순간의 면피식 대처로 부를 일구는 사례가 있다. 하지만 조금만 더 멀리 생각하고 천천히 가다보면 얻는 것이 훨씬 많을 것이라는 김 회장의 말에 공감하지 않을 수 없다.

운이 좋은 사람을 붙잡아라

인생의 90%는 운으로 결정된다. 자수성가형 부자인 정 사장(59세)은 사업을 하거나 투자를 할 때 운이 좋은 사람들과 한다는 큰 원칙을 가지고 있다. 운이 좋다는 것은 단순히 주관적인 판단이 아니다. 그가 오랫동안 사업을 해오면서 성공한 사람들과 관계를 맺어온 것이다. 정 사장은 지금도 모임을 만드는 것을 매우 좋아한다. 밝은 생각과 긍정적인 마인드를 가진 사람들과 늘 교류하려고 노력한다.

그의 자산은 이런 사람들과의 만남을 통해 성장해 왔다. 그래서 몇 번 식사를 하던 중 수첩에 빼곡하게 적힌 모임의 종류와 회원들의 면면을 보니 정말 각 분야에서 성공한 사람들로 회원들이 구성되어 있었다. 정 사장은 사업에 실패한 사람들은 대개 비관적이고 부정적인 경우가 많다고 말한다. 일견 공감이 가는 대목이다. 이러한 부류의 사람들과 만나는 것은 재앙이라는 불꽃의 심화라고 표현한다. 좀 과하다는 생각이 들기도 하지만 그만의 판단기준이기 때문에 존중할 필요가 있을 것이다.

운이 좋은 사람에 대한 정 사장의 생각은 지금 비록 가진 것이 없고 상황은 어렵지만 미래에 대한 희망과 비전을 가진 사람이라면 운이 좋은 사람이라고 규정지었다. 단순히 현재 가지고 있는 자산의 크기만으로 판단하지 않는 것이 정 사장의 판단기준이었다. 이 말을 듣고 저자가 너무 섣부른 판단이라고 한 것을 자책하기도 했다. 정 사장은 당장은 어렵다 해도 꿈을 가지고 있고 이 꿈을 실현시키기 위해서 노력하는 사람을 운이 좋은 사람으로 여기고 적극적으로 관계를 맺어왔던 것이다.

사람에 의해 실패를 겪고 어려움에 처하기도 하지만 사람에 의해 성공하고 돈을 번다는 기본생각에는 변함이 없다. 그래서 정 사장은 다양한 분야의 사람들과 모임을 많이 갖는 편이다. 특이한 것은 모임을 만드는 데 기여하고 주도하지만 본인이 회장을 맡지는 않는다. 그리고 사람들과 다양한 관계를 맺으면서 그 가운데 돈도 모이고 사람도 모인다고 한다. 돈과 사람은 모으고 투자는 분산하라는 정 사장의 말은 새삼 공감이 가는 부문이다.

현명한 부자는 통장관리부터 시작한다

옛말에 교토삼굴(狡兔三窟)이라는 말이 있다. "현명한 토끼는 언제라도 도망갈 수 있도록 미리 3개의 굴을 파놓고 위험에 대비한다"는 의미다. 즉 시간과 장소를 가리지 말고 다양한 유형의 재난에 항시 대비하라는 가르침이 담겨 있다.

이러한 '교토삼굴'의 정신이 남다른 사람이 바로 부자들이다. 저자가 만난 부자들은 평상시 공과금이나 카드결제 용도로 사용하는 통장, 임대료나 월세가 들어오는 통장 그리고 투자용 통장을 구분해서 사용하는 사람들이 많다.

돈을 벌고 쓰는 일만큼 쉬운 일은 없다고들 한다. 그러나 거의 대부분의 사람들이 심각하리만큼 관리를 잘 못하고 있다. 많이 버는 것 같은데 실제로 저축할 돈은 없고, 저축할 만하면 이상하게 지출할 일이 생기고 별로 낭비하지도 않는데 늘 쪼들리는 것 같다. 이런 것들의 상당부분이 약간의 조언과 노력으로 쉽게 고칠 수 있는 잘못된 계좌관리에서 비롯된다고 할 수 있다.

박 회장(64세)은 작지만 빚이 없는 소규모사업을 운영하고 있다. 그렇다고 자산이 적은 것은 아니다. 늘 공부하고 새로운 것을 이해하고자 하고 사업을 점검 또 점검하는 경영방식을 고집한다. 그런 그가 한 가지 변하지 않는 원칙이 있다. 용도별로 통장을 관리하는 것이다. 통장 앞면에 큰 글씨로 용도를 써놓고 계좌별로 관리하는 것이다.

박 회장의 계좌관리 비법을 통해 나의 수입과 지출도 효과적으로 관리해 보자.

◆ 1단계 : 계좌쪼개기

계좌를 크게 '결제계좌'와 '목적계좌' 그리고 '투자계좌'로 나눈다.

- **결제계좌** : 카드결제 및 현금 입출금이 자유로운 은행계좌를 말한다. 급여가 입금되는 통장도 여기에 해당된다. 주의할 점은 마이너스 대출을 받고 있지 않다면 결제계좌에 마이너스 대출기능을 설정하지 않아야 한다는 점이다.
- **목적계좌** : 임대료나 이자소득, 배당소득 등 쓸곳이 정해져 있는 돈을 미리 만드는 계좌다. 큰돈이라면 목돈운용을 해야 하고, 돈이 없다면 적립계좌를 통해 모아야 한다. 이 계좌에 예치된 돈은 실제로는 소비를 위한 돈에 가깝기 때문에 다음의 투자계좌와 혼동해서는 안 된다.
- **투자계좌** : 최소한 단기적으로 써야 할 돈이 아니라 먼 장래를 위해 모아야 할 돈을 적립하는 계좌다. 10년 후 자녀교육자금을 미리 준비하거나 부부의 노후자금, 은퇴자금 등을 준비하기 위한 계좌를 말한다. 부동산을 구입하거나 다른 곳에 투자 또는 자산을 구입하기 위한 적립계좌도 이에 속한다.

◆ 2단계 : 수입과 지출의 관리

모든 수입은 하나의 계좌를 통해 관리한다. 사업상 성격이 다르다면 성격별로 계좌를 만들어 관리한다. 은행의 결제계좌로 입금되면 생활비나 사업비, 보험료, 카드결제를 제외한 모든 돈을 증권사나 은행의 CMA(Cash Management Account)[2]와 같은 잉여자금 계좌로 이체한다. 이곳에 쌓여진 돈이야 말로 의지에 따라 소비될 수도, 투자될 수도 있는 종자돈이다. CMA 상품으로 관리해야 하는 이유는 이 상품이 언제든지 입출금이 가능하면서도 수익률도 거의 정기예금에 버금가기 때문이다.

---

2) CMA(Cash Management Account) :고객이 맡긴 예금을 어음이나 채권에 투자하여 그 수익을 고객에게 돌려주는 실적배당 금융상품.

부자의 계좌관리 비법

1단계 : 계좌쪼개기

계좌를 '결제계좌' '목적계좌' '투자계좌'로 나눈다.

- ● 결제계좌 : 카드결제 및 현금 입출금이 자유로운 은행계좌
- ● 목적계좌 : 임대료나 이자소득, 배당소득 등 쓸 곳이 정해져 있는 돈을 미리 만드는
  계좌
- ● 투자계좌 : 먼 장래를 위해 모아야 할 돈을 적립하는 계좌

2단계 : 수입과 지출의 관리

모든 수입은 하나의 계좌를 통해 관리한다.

3단계 : 쌓이면 투자하라

비상금을 제외한 돈은 수입계좌와 투자계좌로 모두 이동시켜라.

◆ **3단계 : 쌓이면 투자하라**

MMF(Money Market Fund)[3]로 돈이 계속 쌓일 것이다. 갑작스럽게 사용하게 될 수 있는 비상금−사업하는 분들은 좀 더 많은 금액을 책정해야 한다−을 남겨놓고 이를 초과하는 돈은 앞에서 나눈 수입계좌와 투자계좌로 모두 이동시켜야 한다. 이렇게 하면 선 투자 후 지출의 안정적인 자산관리구조가 달성될 것이다.

◆ **효과적인 계좌관리법**

먼저 수입금이 입금된 계좌에서 보험료, 카드결제, 생활비를 남기고 모두 CMA와 같은 잉여자금 계좌로 옮긴다. 결제계좌의 자금이 부족하다면 이는 곧 과소비를 한 것으로 인식해야 한다. 그리고 나서 잉여자금 계좌에 쌓인 돈은 비상금이 될 만큼 남겨두고(대개 3개월 분량의 생활비정도) 이를 넘어 설 경우 미리 정해진 투자전략에 따라 목적계좌와 결제계좌로 자금을 이체한다.

---

3) MMF(Money Market Fund) : 단기금융 상품에 집중투자해 단기 실세금리의 등락이 펀드 수익률에 신속히 반영될 수 있도록 한 초단기 공사채형 상품.

급변하는 산업의 흐름을 읽어라

시중은행에 근무하는 이 팀장(48세)은 지방에서 대학을 졸업하고 은행에 취직해서 흔히 많은 샐러리맨들이 바라는 작은 부자로 성공한 사람이다. 결혼 후 주택은 전세부터 출발했지만 지금은 목동에 40평형 아파트와 상당한 금융자산을 가지고 있다. 은행업무의 특성상 돈을 자주 접했던 그는 동료직원들과 달리 부자들이 어떻게 돈을 벌었는지에 관심이 많았다. 그러다 보니 자연스럽게 부자들과 친하게 지내게 되었다. 부자들은 어떻게 부를 일구어 왔고 투자포인트를 무엇으로 삼았는지도 궁금했다. 그러던 중 부자들이 세부적인 경제를 읽어내는 방법을 알게 되었다. 이 팀장의 말에 따르면 부자들 치고 신문을 가까이하지 않는 사람이 없다고 한다. 한국에서 부자가 되기 위해서는 경제를 읽어야 하는데, 그 중에서 금리, 주가, 부동산, 유가, 환율, 채권 등 여섯 가지 주요 경제변수는 반드시 알아야 한다는 것이다.

최근 몇 년 사이에 일본의 잃어버린 30년의 재앙이 한국에서도 반복될 가능성에 대해 언론의 리포트가 쏟아졌다. 경기가 어렵고 조선업의 불황이 지속되는 시기이기도 하지만 그만큼 내수경제가 어렵다는 것이다. 선진국의 특징 중 하나가 저성장인데, 고성장을 경험한 우리들에게는 이 같은 저성장이 더 크게 느껴지는 시점이기도 하다. 우리나라는 1980년대 연평균 10% 이상씩 성장하면서 7년 만에 두 배씩 경제규모를 키워왔다. 그런데 경제성장률이 2%대로 하락하면서부터 경제규모를 두 배로 키우는 데에는 30년 이상이 소요된다. 최근에는 1%대 성장률을 보이고 있어 본격적인 초저성장시대로 들어가는 것이다.

이처럼 잠재성장률이 급락하게 된 배경에는 저출산율으로 인구증가세의 둔화와 고령인구증가로 인한 노동인구 감소가 가장 크다. 그리고 기업들의 투자의욕 부진에 따른 자본축적저하, 수출의 부가가치 창출력 약화와 교역조건의 악화, 내수부문 취약, 그리고 뚜렷한 신성장산업의 부재 등이 원인으로 꼽는다.

이제 우리들에게는 새로운 성장동력이 필요하다. 부자들은 신성장산업에 대해 배우고 흐름을 읽어야 한다. 돈을 벌기보다는 살아남기 위해서 필요하다. 이제는 내수에 그 해답이 있다. 관광이나 레저 그리고 의료에 있다고 보고 세심하게 살펴야 할 때다.

부자들은 부자가 되기 위해 인생의 절반을 보내고, 부자가 되어 그 돈을 관리하고 키우

부자들이 신문을 읽어내는 20계명

1. 숲을 보고 나무를 보라. 또 신문기사의 큰 제목을 적어본다.
2. 신문에 나온 기사의 행간까지 읽어라. 기사의 이면을 이해해야 한다.
3. 신문기사는 신호이고 손짓이며 바로 미터임을 명심하라.
4. 사회문화와 정치경제 간의 상관관계를 적어보라.
5. 주요 경제변수(주식, 부동산, 채권, 환율, 유가, 금리)를 파악하라.
6. 신문하단의 광고란을 보고 체감경기를 느껴보라.
7. 사건사고를 반드시 챙겨보고 사회의 흐름을 읽는다.
8. 뉴스를 해석하는 습관을 가져라.
9. 다양한 정보수집 채널을 이용하라.
10. 하루 1시간 이상 신문읽기에 투자하라.
11. 금융기관의 신상품과 분양기사를 보라.
12. 사건이 발생하면 유리한 분야와 불리한 분야를 찾아라.
13. 부동산시장의 현황은 강남아파트 기사를 참고하라.
14. 증권시장 추이는 각 증권사 리서치 자료를 살펴보라.
15. 금리현황은 시중은행 기사를 보라.
16. 기업주가는 관련 주가와 연동하여 해석하라.
17. 수출기사는 반도체, 휴대폰 등 5대 품목의 수출추이를 읽으라.
18. 뉴스를 100% 믿지마라.
19. 자기만의 해석능력을 길러라.
20. 계속 변화하는 기사를 주목하라.

기 위해 절반을 보낸다고 한다. 그러한 과정에서 가장 중요한 것은 변화하는 사회에 적응하기 위한 지식이다. 부자들은 이런 지식을 습득하기 위해 남보다 몇 배의 노력을 기울인다. 그런데 대부분의 부자들이 흔한 신문이나 뉴스를 통해 지식을 얻고 있다. 일반인들이 신문이나 뉴스의 기사내용을 보고 사실로만 받아들인다. 하지만 부자들은 그 내용을 해석하고 영향을 분석하는 능력을 가지고 있고, 탁월한 능력을 보이기도 한다.

겸손한 멘티가 부자멘토를 만난다

자주 만나는 부자들을 보면서 이들에게는 과연 누가 있을까? 투자가 어려울 때 가족들과 상의할까? 아니면 누구에게 자문을 구할 것인가? 부자들과 함께 하고 있다보면 부자와 부자가 아닌 사람들의 차이점도 자연스레 알게 된다. 그들은 자기만의 '멘토'를 가지고 있다는 것이 바로 가장 큰 비결이자 특징이다.

부자와 상관없이 역사적으로 유비가 제갈공명을 장자방(張子房)으로 삼았듯 이성계가 정도전을 옆에 두듯 세상을 살아가기 위해서는 도움을 주는 사람이 필요하다. 멘토(Mentor)는 현명하고 신뢰할 수 있는 상담상대, 지도자, 스승, 선생의 의미로 쓰이는 말이다. 멘토라는 단어는 「오디세이아(Odysseia)」에 나오는 오디세우스의 충실한 조언자의 이름에서 유래했다. 오디세우스가 트로이 전쟁에 출정하면서 집안일과 아들 텔레마코스(Telemachus)의 교육을 그의 친구인 멘토에게 맡긴다. 오디세우스가 전쟁에서 돌아오기까지 무려 10여 년 동안 멘토는 왕자의 친구, 선생, 상담자, 때로는 아버지가 되어 그를 잘 돌보아주었다. 이후로 멘토라는 그의 이름은 한 사람의 인생을 지혜와 신뢰로 이끌어주는 지도자라는 의미로 사용되고 있다.

부자들은 자산관리를 하는 데 있어 시도때도없이 멘토를 옆에 두고 묻고 의논한다. 부자일수록 투자나 자산관리에 관심이 많지만 부자가 아닌 사람들은 별로 신경을 쓰지 않는다. 부자가 아닌 사람은 급여가 나오면 통장에서 자동이체되어 펀드로 들어가면 끝이고 그것으로 재테크를 다 했다고 생각한다. 절대적으로 이야기하지만 펀드하나 넣고 자산관리를 한다고 말하는 것은 어불성설이며 이것만으로 부자가 되지 않는다. 부동산 자산이나 금융자산을 움직여야 부자가 될 가능성이 생기는 것이다.

부자들은 돈버는 일을 지독하게 한다. 지독하게 고민하고 따져보고 멘토들에게 자문을 구하지만 결정을 한 후에는 즉각 실행한다. 그런데 부자가 아닌 사람들은 결정을 했음에도 실행하는 데 수 년이 걸린다. 실행에 대한 확신이 부족하여 그냥 방치하는 것이 일반적이다. 부자들은 조금의 돈을 가지고 있다 해도 실행하기 때문에 부자가 된다. 실행하면 분명 성공과 실패 둘 중 하나다. 그러나 실행하지 않으면 성공도 실패도 없다. 도전하지 않으면 기회조차없다는 것이다. 기회는 늘 우리에게 오지만 기다려 주지 않는다.

또한 부자들은 자신에 맞는 멘토를 가지고 있다. 부자가 아닌 사람들은 소문이나 신문과 언론에 의존해서 자신이 시장의 흐름을 판단하려고 한다. 그러면 대한민국 최고의 부자는 부동산현장을 취재하는 기자들이나 언론인들이 되어야 하지 않겠는가? 그런데 현실적으로 그렇지 않다. 그러기 때문에 투자나 부동산에 대해 실전과 이론을 겸비한 멘토를 꼭 찾아야 한다. 주변에 멘토가 많이 있다고 하더라도 자신에게 맞는 멘토는 반드시 찾아야 한다.

기록을 해야 미래의 부(富)가 보인다

돈버는 이야기와 부자들의 성공담을 들으면서 저자도 하나의 습관이 생기게 되었다. 돈을 만지는 은행에서 근무했던 까닭에 자연스럽게 부자와 돈버는 이야기를 자주 접하게 된다. 그러면서 한 가지 깨닫게 된 것은 부자들의 삶과 인간관계, 그리고 그들이 '부자왕국'을 완성해 가는 비밀속에는 바로 '기록'이 있었다는 점이다.

유통업을 하는 정 사장(62세)은 10년 전만 해도 무일푼으로 일용직을 전전했었다. 하지만 지금은 지방도시의 중심상가에 4층 빌딩을 소유한 50억 원대 자산가가 되었다. 햇살이 따사롭게 비치던 어느 가을날 오후에 정 사장을 그의 사무실에서 만났다. 대화도중 그가 창밖풍경에 시선을 돌리며 낮게 탄성을 질렀다. '아! 오늘 하루를 마감하는 시간이구나.' 그는 이어 손때묻고 해어진 노트한권을 서류철 속에서 끄집어내더니 무언가를 적기 시작했다. 노트는 잘 알아볼 수 없는 낙서같은 글씨들로 가득했으며, 간간이 신문광고지가 붙어있거나 한자도 씌어있었다.

'오늘 계획은 비교적 잘 되었음. 인테리어 하는 김 사장 개업식 저녁 7시.

꽃보다는 시계를 선물하는 것이 좋음….'

그가 노트에 적어 넣은 내용이다. 얼마전만 해도 일지를 쓰는 동안에는 옆에도 못 오게 하던 그였다. 이제는 친구처럼 지내면서 신뢰가 쌓였는지 별로 개의치 않는다.

"자네는 하루의 마감을 무엇으로 하는가?"

그가 저자에게 물었다. 당황한 나를 보더니 껄껄 웃으며 말을 이었다.

"나는 반드시 이 일로 하루를 마감하지! 사람은 모름지기 하루를 잘 살아야 한 달을 잘 살고, 한 달을 잘 살아야 일 년을 잘 살 수 있다고 봐. 하루하루를 그렇게 산다면 10년 후 자네의 인생도 변할거야!"

그는 무일푼 신세가 되어 희망도 보이지 않던 10년 전을 회고했다. 그러면서 자신이 부자가 된 것도 따지고 보면 일지를 써서 가능했다고 자신있게 말했다.

저자가 경험한 한국의 성공한 부자들은 비록 형식은 다르지만 투자일지, 사업일지, 재테크일지 등을 쓰고 있었다. 이를 종합해 부자일지라고 부르는데 부자일지는 단순한 메모장이 아닌 삶의 나침반이요 계획표이자 연습장이라고 할 수 있다.

한국의 부자들 대부분은 부자일지를 형식이나 내용에 구애받지 않고 자기상황에 맞춰 많은 시간을 들여 작성해 왔다. 서로 약속한 것도 아닌데 비슷한 형태의 부자일지를 쓰고 있는 셈이다. 부자들은 부자일지에 10년 후의 자신의 모습을 담았고 이를 달성하기 위해 한 달, 1년, 5년을 어떻게 살지 계획한다. 부자일지는 단지 어떤 정보를 기록하고 메모하는 기록장이 아니라 부자가 되기 위해 인생전반을 계획하고 그 계획을 철저히 실천할 수 있게 만드는 실행지침서이다.

지금 당장 작은 실천으로 부자일지를 써보라고 독자들에게 감히 제안을 드린다. 그러면 '부자라는 선물'이 여러분을 기다릴 것이다.

나의 얼굴에 '부자라인'을 만들어라

색깔은 빛의 고통의 산물이다. 아름다운 색깔을 내기에 위해서는 눈에 보이지 않지만 수많은 빛이 자신을 낮추고 새로운 색깔을 만드는 데 희생한 결과가 아닐까? 부자가 되는 것도 유혹을 뿌리치고 성공을 위해 빛을 발하는 것과 같다.

가락동 농수산물시장에서 도매업을 하고 있는 정 사장(44세)은 고생을 모르고 살아온 귀공자같은 밝은 표정과 활기찬 말씨 그리고 좋은 매너를 가졌다. 늘 긍정적인 그의 웃음은 청년시절 가락동 농수산물 시장에서 잔뼈가 굵은 자수성가 부자라는 사실이 믿겨지지 않을 정도로 보기 좋은 모습이다. 많은 사람들은 부자가 되기 위해 종자돈을 만들어 투자에 성공하는 것이 부자가 되는 최선의 방법으로 생각한다. 물론 이 방법도 틀리지는 않지만 부자가 되는 데에는 이것만으로는 충분하지 않다. 정 사장은 지방에서 고등학교를 졸업하고 남들이 좋은 직장과 대학을 선택할 때 일찍부터 시장에서 숙식하면서 장사를 배우고 돈버는 방법을 배웠다. 어린나이에 시장에서 일하다보니 무시당하고 세상에 휘둘리기도 했지만, 한번 그의 수중에 들어온 돈은 나가는 법이 없을 정도로 자린고비

생활을 수년간 해왔다. 그가 이런 생활을 견뎌온 것도 성공할 수 있다는 믿음이 강했기 때문이다.

정 사장은 어렸을 때부터 부모님에게 어렴풋이 들어온 이야기가 있다.

◆ '거지도 동냥을 잘 받기 위해서는 인상이 좋아야 한다.'

성공하기 위해서는 남에게 좋은 인상을 주어야 한다는 이야기를 항상 스스로에게 다짐해왔다. 힘들 때마다 자신을 다독거리는 보약같은 말이었다. 그는 사람들을 만나거나 하는 일이 힘들 때 스스로에게 웃음을 보내는 습관이 있다. 처음에는 쑥스럽고 어려웠지만 시간이 지나자 점차 적응이 되어 갔다. 매사에 활력적이었고 물건을 구입하러 온 고객에게도 밝은 표정으로 인사하면서 뛰어난 친화력을 보였다. 그때 일하던 가게의 사장이 지금의 정 사장에게 심적·금전적인 도움을 해주었고 그로 인해 무일푼이었던 그가 현재 운영하고 있는 가게로 빠르게 자리를 잡을 수 있었다.

정 사장 뿐만 아니라 많은 부자들을 만나보면 그들이 외모에 남다르게 신경을 쓴다는 사실을 알 수 있다. 저자가 만난 부자들 특히 나이가 많은 부자들은 흰머리를 보여주지 않기 위해 다수가 염색을 한다. 염색을 하면 불편하고 번거롭다. 그런데 왜 염색을 하느냐고 물으면 '나를 위해서가 아니라 다른 사람을 위해서'라고 말한다. 게다가 염색을 하면 자신감도 생기고 대인관계도 좋아진다. 특히 그들의 얼굴을 찬찬히 뜯어보면 표정이 매우 밝다. 그리고 자신감도 있어 보인다. 그만큼 잘 웃는다는 이야기다.

15초간 웃을 경우 수명이 이틀 연장된다고 한다. 아이들은 하루에 400~600번 정도 웃지만 어른이 되고 나서는 하루에 10번 이내로 웃는다고 한다. 웃음치료사들은 사람이 한 번 웃을 때의 운동효과는 에어로빅 5분의 운동량과 같다고 주장한다. 웃음을 받는 사람보다 웃는 사람이 더 행복하다는 연구결과도 있다. 그래서 부자들은 일반성인들보다 훨씬 많이 웃는다. 오랜 웃음의 결과로 부자얼굴에는 '나는 부자요'라고 표시하는 '부자라인'이 자연스럽게 생기기 마련이다.

부자라인은 크게 세 가지로 나누어진다.

첫째, 얼굴에서 돈을 흘리지 않도록 보관하는 인중라인이 있다.
둘째, 법령이라는 라인이 있다.
셋째, 미소를 항상 머금은 소위 입주위의 웃음라인이다. 긍정적인 사고가 얼굴에 나타나는 법이다. 결론적으로 웃으면 부자되고 웃음이 있으면 건강하여 오래 산다고 할 수 있다.

많은 부자들을 만나고 그들의 인생을 뒤돌아보면 웃을 일보다는 짜증나는 일이 더 많았다고 한다. 그런데 왜 얼굴에 부자라인이 더 뚜렷하고, 일반사람들보다 더 많이 가지고 있을까? 부자들을 만나면 습관처럼 얼굴을 살폈다. 하지만 부자라고 해서 전부 부자라인이 있는 것은 아니다. 다만 확률적으로 더 많다는 것이다.

그러면 부자라인이 부자가 되는 것에 있어서 정말 중요한 것일까? 부자가 되는 데 결정적인 요인일까? 결론을 말하자면 부자가 되기 위해서 부자라인을 가지고 있어야 한다기보다 부자라인을 가지고 있으면 자연스럽게 부자가 될 가능성이 높아진다. 가락동 농수산물 시장의 알부자 정 사장을 포함한 대한민국 부자들이 가지고 있는 부자표시 또는 부자라인을 분석해 보면 다음과 같다.

첫째, 부자라인은 의도적으로 만들어진 것이 아니다. 자연스럽게 생활 속에서 많은 시간을 두고 형성된다. 일단 한 번 생기면 쉽게 없어지지 않고 오랫동안 유지된다. 그래서 어느 수준에 이르게 되면 삶 전체에 영향을 미친다. 한동안 미국 할리우드 배우들이 일부러 성형수술을 하면서 부자라인을 만들려고 한다는 해외토픽을 들은 적이 있다. 그들도 부자라인의 가치를 알고있다는 것이다. 부자들은 평소에 좋은 습관을 많이 가지고 있으며 늘 성실하다. 즉 그러한 습관과 성실한 노력이 쌓이고 쌓여서 자연스레 부자라인이 만들어지는 것이다.

둘째, 좋은 마음씨를 가져야 한다. 부자라인이 얼굴에 나타나는 결과라면 부자라인을

부자라인을 만드는 7가지 실천 지침

1. 부자가 되었을 때 즐겁고 행복한 장면을 연상해 보라.
2. 부자들의 성공 이야기와 이미지를 습관처럼 자주 접하라.
3. 혼자하기보다 같이 하라. 다른 사람과 함께 하면 기쁨이 두 배가 된다.
4. '나는 반드시 성공한다'라고 자신의 성공에 대해 동의하라.
5. 거울을 보면서 자신이 가장 즐거울 때 웃는 표정을 수시로 연습하라.
6. 박수를 치며 웃는 박장대소 웃음을 생활화하라.
7. 사무실과 집을 밝고 환하게 꾸며라.

만드는 내면의 힘은 바로 좋은 심성(心性)이다. 아무리 겉이 화려하고 화장을 해도 내용물이 좋아야 오래 간다. 실패를 거듭하고 힘들어도 이를 극복하고 당당하게 부자가 될 수 있는 힘은 성공에 대한 믿음이 높았기 때문이다. 한마디로 긍정의 힘이다.

셋째, 부자들은 많이 웃는다. 평균적으로 보통 사람보다 많이 웃는 것이다. '거울은 결코 혼자 웃지 않는다'라는 말도 있지 않은가? 자신이 먼저 웃지 않으면 누구도 나를 보고 먼저 웃지 않는다는 것이다. 웃다보면 웃을 일이 생긴다. 미국 인디애나 주 볼 메모리얼 병원(IU Health Ball Memorial Hospital)은 외래환자들을 조사한 결과, 하루 15초씩 웃으면 수명이 이틀 더 연장되는 것으로 나타났고 암도 물리친다고 발표했다. 이는 사람이 웃을 때 '엔돌핀' 호르몬이 분비되기 때문이다. 20년간 웃음의 의학적 효과를 연구해 온 미국의 리버트박사는 웃음을 터뜨리는 사람에게서 피를 뽑아 분석해 보면 암을 일으키는 종양세포를 공격하는 킬러세포(killer cell)가 많이 생성되어 있음을 알 수 있다고 한다. 부자들이 더 건강하고 오래 사는 데에는 웃음이 충분한 증거가 된다고 볼 수 있는 대목이다.

우리가 잘 모르는 알부자들의 특징

부자들은 소중한 것을 먼저 한다. 부자들을 어떤 선택을 하거나 투자를 할 때 매번 느끼는 감정이 있다. 보통 사람들보다 복잡한 투자를 결정을 할 때 무엇을 선택해야 할 것인지 집중하고 우선순위를 두어 결정하는 것을 종종 볼 수 있다. 시간과 기회를 효율적으로 운영하는 것이다. 많은 경우에 여러 가지 대안을 고민하다가 때를 놓치거나 아니면 기회마저 잃어 결국 처음에 생각한 대로 되지 않는 경우가 있다. 독자들도 이러한 경험이 있을 것이다. 자신의 입장에서 일의 우선 순위를 정하여 급하면서 중요한 일에 가장 먼저 손을 대고 급하진 않더라도 중요한 것에 많은 시간을 할애하는 지혜가 필요하다. 앞장에서도 소개하였지만 다시 한번 새겨보는 알부자들의 특징이다.

부자는 전문가를 100% 신뢰하지 않는다. 부자들은 대개 은행원이나 증권사 직원들과 가깝게 지낸다. 그러나 그들을 100% 신뢰하지 않는다. 그들에게서 정확하고 좋은 정보를 얻긴하지만 최종판단은 항상 자신들의 몫이다. 왜냐하면 그들은 부자가 아니기 때문이다.

성공한 기업가나 부자들은 아침에 일찍 일어난다. 남보다 삶에 대한 목표를 뚜렷이 하고 계획성 있는 하루를 보내기 위해서다. 부자들에게 '왜 아침에 일찍 일어나는가'라고 물으면 '아침이 기다려진다. 그리고 일이 기다려진다'라고 대답한다. 그래서 생활이 건전해지고 저녁에 일찍 잠자리에 든다. 자연스레 건강해질 수밖에 없다. 무엇보다 하루를 두 배로 활용할 수 있는 시간의 여유를 가질 수 있게 된다.

「화이트홀 연구(Whitehall Study)」라 불리는 영국 공무원들의 건강보고서에 따르면 하급 공무원에 비해 상급 공무원들이 훨씬 오래 산다고 한다. 하위공무원들의 사망률이 상위 공무원들보다 3배나 높다. 즉 돈을 많이 벌고 더 높은 지위에 오른 사람들의 평균수명이 그렇지 못한 사람들에 비해 길다는 것이다. 돈이 많으면 보다 나은 주거환경과 의료혜택을 누릴 수 있다는 것은 당연하다. 때문에 이 조사에서 수명과 경제적 조건이 연관되어 있다는 전제하에 사망원인을 조사한 결과, 스트레스가 주원인인 것으로 밝혀졌다. 다시 말해 돈이 많고 지위가 높은 집단일수록 스트레스가 없어서 오래 살 수 있다는 이야기다. 또 절대적인 부와 명예의 크기보다 주변 사람에 비해 다방면으로 우월하다는 확신을 가질 수 있느냐의 여부가 수명을 좌우하는 것으로 나타났다.

또한 부자들은 반려자를 투자파트너 겸 조언자로서 존중한다. 은행에 근무했던 경험으로 보면 자연스럽게 부자들의 아내도 자주 접하게 된다. 부자들은 사업이나 업무관계로 좀처럼 시간을 낼 수 없을 때 아내가 은행을 내점하여 각종 은행거래와 투자를 결정한다. 돈을 불리고 지키는 데에는 여자가 남자보다 더 냉철하고 안전한 판단을 내리는 경우가 많다. 인생의 동반자인 아내를 무시하는 사람은 대개 끝이 나쁘다.

부자들은 대다수 오래된 가구나 가전제품을 가지고 있다. 절약의 이유도 있지만 그만큼 관리를 잘하기 때문이다. 부자들은 스타일이 변했다고 유행을 좇아가거나 쓸 수 있는 제품을 버리고 최신 가전제품을 구입하지 않는다. 옷차림도 대체로 수수하다. 돈많은 부자들이 주로 거래하는 PB센터에서 부자들을 보면 옷은 수수하면서도 드러나지 않는 명품을 선호한다. 그리고 자신에 대해서도 떠벌리지 않는 편이다. PB들이 주로 말하는 부자고객들의 특성이다. 이들도 명품을 많이 소유하고 있지만 지나치게 화려하지 않고 나서기 보다 묵묵한 태도를 보이는 경우가 많다고 한다.

또한 부자들은 자녀교육에 투자하는 경향이 강하다. 아버지의 직업이 고소득에 화이트칼라 계층인 서울대학교 신입생의 비중이 날로 커지고 있다. 과거처럼 가난한 가정에서 공부 잘하는 학생이 많이 나온다는 '개천이 용난다'는 말이 무색해지고 있다. 물론 이런 현상이 긍정적이라는 것은 아니다. 다만 바꿔말하면 이제 성공하기 위해서는 자식교육에 많은 투자가 있어야 하기 때문에 부자 아빠가 필요한 것이라고 말할 수 있다.

부자들의 상징은 붉은색이다. 부자가 되기 위해 의도적으로 붉은색 옷을 입으며 붉은색을 항상 가까이 한다. 물론 이런 행동들이 결코 과학적이지 않다. 그럼에도 불구하고 부자들이 붉은색을 선호하는 이유는 붉은색이 정열과 힘을 갈망하고, 희망을 담은 붉은색을 자신의 신념과 일치시켜 더욱 신념을 공고히 하기 때문이다.

부자들은 주말보다 평일쇼핑을 좋아한다. 또 비교적 비싼물품을 구입한다. 여기에는 가능한 한 노출을 꺼리는 측면도 있지만, 한가할 때의 쇼핑이 충분한 설명과 대우를 받을 수 있다는 장점도 있다. 또 주택은 남향을 선호한다. 서울 도곡동 타워팰리스의 가격대가 같은 평수라도 방향에 따라 6~7억 원의 차이가 났다. 물론 가장 비싼 것은 남향이다.

끝으로 앞에서 언급한 것처럼 부자들은 부자일지를 쓴다. 형식과 방법에는 차이가 있지만 그들만의 기록과 정리방법을 가지고 있다.

한국의 부자들은 부자일지를 쓴다

저자의 외삼촌은 특별한 기술이나 배움이 없었지만, 시골에서 도시로 나와 갖은 어려움을 겪으면서 자수성가한 부자다. 언젠가 외삼촌의 가게에서 함께 대화를 나눌 때였다. 외삼촌은 4~5년 묵은 장부를 보면서 4~5년 전의 수입/지출과 지금의 수입/지출을 비교하면서 사업의 방향을 고민한다는 이야기를 했다. 외삼촌이 보여준 장부는 단순한 장부가 아니었다. 그 안에는 거래처 사장의 성향, 중요한 약속, 마진과 예상수입 등 다양한 정보가 기록되어 있었다. 외삼촌은 매년 이것을 다시 정리하고 수정해서 자기의 목표를 기억하도록 했다. 즉 일지를 통해 자신의 성(城)을 공고히 구축했던 것이다.

비단 저자의 외삼촌뿐만 아니라 성공한 많은 부자들이 자신만의 방법으로 부자일지를 기록한다. 어느 50대 자산가는 알아보기 힘든 글씨로 깨알같이 적힌 빛바랜 초등학교 노트를 평생 보관하고 있었는데, 홍수피해로 집이 침수되더라도 부자일지만은 버리지 않는다고 말하기도 했다. 지방에서 소규모 운수업체를 운영하는 최 사장(60세)은 남보다 한 시간 더 열심히 일하고, 한 시간 덜 자고, 한 시간 빨리 일어나는 '1.1.1'을 매일 변함없이 실천하고 있다. 특별한 정규교육을 받지 못하고 겉보기에는 아는 것도 별로 많아보이지 않았다. 그런데도 최 사장이 경기흐름과 전망을 한눈에 꿰뚫고 있는 비결이 늘 궁금했다. 하지만 그를 계속해서 지켜보니 의문은 즉시 풀렸다. 최 사장은 다른 부자들과 마찬가지로, 형태와 양식은 다르지만 오랜 세월 동안 매일 실천하고 기록하는 부자일지를 써왔던 것이다.

부자일지는 단순한 메모나 기록이 아니다. 부자일지는 마음속에 품었던 부자목표를 글로 기록하는 작업이다. 즉 부자일지는 '부자의 내비게이션'이다. 서울 강남에서 삼겹살 고기집을 운영해 성공을 일군 석 사장(42세)은 그의 부자일지 첫 페이지에 '50세에 30억 부자가 되어 은퇴하자'라는 문장을 새겼다. 그것은 그로 하여금 목표를 달성할 수 있게 해주는 원동력이 되었다.

부자목표를 정하기 전에 고민해야 할 내용
● 내가 60세까지 벌 수 있는 금액의 총액은 얼마일까?
● 사랑스런 내 자녀들이 대학까지 공부하기 위해 필요한 교육자금은 얼마일까?
● 결혼 적령기에 있는 아이들의 결혼시기와 결혼자금은 얼마일까?
● 앞으로 3~5년 안에 집을 장만하거나 늘리고 싶다.
● 100세까지 살 경우 20년 동안 얼마의 생활자금이 필요한가?
● 현재 다니는 직장을 그만두고 사업을 하고 싶다.
● 노후준비로 임대수입이 있는 상가부동산을 갖고 싶다.
● 작지만 내가 봉사할 수 있는 일을 찾고 싶다.

위와 같은 항목들을 생각할 때 세 가지 규칙을 고려해 보자.

첫째, 부자가 되기 위해 중요한 것이 무엇인지 적어보자. 즉 미션과 비전을 결정해야 한다. 미션이란 본인의 삶에 있어서 사랑과 행복을 추구하는 변하지 않는 진리라고 할 수 있다. 왜 부자가 되어야 하는지, 어떤 부자가 되어야 하는지에 대한 변하지 않는 가치를 정립해야 한다. 또 이 미션을 달성하기 위해 필요한 세부전략으로 비전이 나와야 한다. 비전이란 미션을 이루기 위해 실제로 행동을 통해 달성하기 위한 세부목표다. 비전은 힘을 집중시켜 주고 방향을 제시해 주며, 전력을 다해 앞으로 나아갈 수 있게 도와 준다. 그리고 비전은 미래의 청사진이다. 한 개인이 미래에 대한 명확한 비전을 가지고 있다는 것은 대단한 경쟁력이다.

둘째, 기간별 구체적인 목표를 구분해 보자. 비전을 달성하기 위해 가장 중요한 부자목표를 단기, 중기, 장기로 표시해 본다. 그리고 일 년씩 자산변동에 대해 구체적인 항목을 이용하여 미리 예측해보면서 개인적인 중요도에 따라 1~10까지 순위를 매겨본다. 각각의 항목을 채울 때 고려해야 할 사항은 각 자산목표들의 순위가 고정된 게 아니라는 점이다. 자신의 라이프스타일이나 은퇴, 창업, 직업전환 등 중요한 사건이 발생하거나 인생의 전환점에 부딪칠 때마다 변할 수 있다는 점이다.

셋째, 자신의 인생주기에 따라 부자목표를 정하자. 그리고 자신의 인생의 주요 사건과 연계된 목표를 찾아내어 구체적으로 적어보자. 일례로 20대 사회초년생은 결혼자금과 전세자금 등이 필요할 것이다. 결혼한 30대는 주택구입비와 자녀출산비용, 교육자금 등이 필요하다. 중요한 것은 이때부터 자신의 노후에 필요한 자금이 20% 이상 준비되어야 한다. 40대는 전체지출이 제일 많은 시기이며, 노후준비 또한 60~70% 이상되어야 한다. 본격적인 노후에 들어가기 직전인 50대에는 노후자금이 100% 준비되어야 한다. 60대는 은퇴와 함께 사회봉사도 하고 여행과 운동 등을 즐기면서 노후생활이 시작되는 시점이다. 80대는 마지막 20년을 100세 시대에 맞추어야 한다.

부자일지를 작성해 얻는 효과들을 정리해 보면 크게 세 가지 지수로 나눌 수 있다. 능력지수, 지식지수, 부자지수가 바로 그것이다. 부자일지는 이 세 가지 지수를 키우는 학습의 장(場)이자 실천가이드다. 능력지수는 실천력을 말한다. 아무리 많이 알거나 정보를 가지고 있어도 이를 현실화시키지 못하면 소용없다. 지식지수는 세상을 보는 능력이다. 부자일지를 쓰며 신문을 읽고 지식을 얻는 일들이 여기에 해당된다. 처음에는 닥치는 대로 적어보고 해석해 보는 시도가 중요하다. 이런 과정을 어느 정도 거치면서 자기만의 지식이 쌓이기 시작한다. 이 지식은 당신을 전문가로 만들어줄 것이다. 마지막은 부자지수다. 이는 부자가 되기 위해 필요한 진정한 능력이다. 원래부터 부자지수가 높은 사람은 없다. 부자일지를 쓰다보면 자신도 모르게 몸과 마음에 부자의 자질이 쌓인다. 실천과 지식만으로는 충분하지 않다. 위기가 닥쳤을 때 이를 이겨내고 극복하는 정신력이 중요하다.

부자일지를 습관화하기 위해서는 매일 규칙적으로 작성해야 한다. 규칙적으로 쓰는 것은 부자의 뇌를 정기적으로 자극한다. 또한 자신의 관심사를 확인하고 하루를 주요 주제별로 정리한다. 이를 통해 일의 처리순서를 나름대로 정한다. 인터넷, 신문, 잡지, 책내용 등 자료를 매일정리한다. 부자일지에 붙일 수 있도록 복사하거나 잘라서 스크랩한다. 습관이 반복되면 곧 자신의 것이 된다. 습관이 당신을 부자로 만들 것이다.

부자일지 쓰면 얻는 7가지 장점

◆ 부자로 나아가는 습관을 얻는다

부자일지를 쓰면 위험부담이 큰 투자를 해야 할 때, 실패위험을 현저히 떨어뜨리는데도 도움을 얻는다. "연습은 실전처럼, 실전은 연습처럼"이라는 말이 있다. 그렇게 되려면 지속적으로 부자일지를 쓰는 습관과 훈련이 필요하다. 이런 연습과 훈련이 곧 시스템사고를 하도록 자신을 변화시켜 준다. 무의식적으로 생각하고 실천할 수 있도록 만들어주는 것이다. 그러기 위해서는 시스템사고가 자연스럽게 실제 행동으로 이어져야 하는데, 이는 다름 아닌 '습관화'를 통해 이룰 수 있다. 부자일지는 습관화에 매우 유용한 도구다.

◆ 문제해결 수단인 시스템적인 사고를 하게 된다

시스템적 사고는 부자들이 공통적으로 가지고 있는 능력이다. 부자들은 정보와 수치를 더 객관화하여 잘 이해하고 해석하는 편이다. 이로 인해 발생할 수 있는 오류를 최소화하고, 이는 돈을 모으는 데 본격적으로 활용된다. 일반인들은 안정적인 저축으로 돈을 모으는 방법을 선호한다. 투자할 때도 일시적인 감정에 치우쳐 평상심을 잃어버리는 경우가 비일비재하다. 부동산가격이나 주가가 조금 오르거나 내리기만 해도 바로 처분하는 행동을 취한다.

반면 부자는 높은 수익이 기대되면 다소 위험하더라도 투자를 강행한다. 사전에 기대수익률을 정해 그 범위 내에서 가격이 오르고 내리는 정도는 충분히 견딘다. 부자와 일반인이 이처럼 다른 행동을 하는 이유는 사고체계가 다르기 때문이다. 부자는 자신이 정한 목표를 달성하지 못하면 여전히 가난하다고 생각한다. 반면 일반사람은 이 정도면 충분하다고 생각한다. 부자는 돈문제에서 자유로울 때 비로소 부자라고 인식한다. 특히 40~50대에 돈에서 자유로운 자산구조를 만들려고 애쓴다. 부자들이 임대업을 많이 하는 이유는 매월 일정 수익의 발생이 보장되기 때문이다.

◆ '부자의 뇌'를 갖게 된다

부자일지를 쓰면 그만큼 손을 많이 사용하게 된다. 대뇌과학자들은 '손을 제2의 뇌' 혹은 '밖에 나와 있는 뇌'라고 말한다. "태어난 순간부터 뇌를 사용하라. 그렇지 않으면 잃게 된다"는 말도 있다. 뇌는 쓰면 쓸수록 좋아지고 기능이 향상된다는 말이 있다. 인간의 뇌는 두 개의 뇌로 나뉘어 있다. 지각증력, 학습능력, 언어능력, 계산능력 등의 지적활동을 담당하는 이성뇌 '전두엽'과 기쁨, 슬픔, 분노 등의 감정적 활동을 담당하는 감성뇌 '변연계'가 그것이다.

부자들이 더욱 부자가 되고 셈에 정통한 것을 보면 일반사람과 달리 나이가 많이 들어도 지속적으로 전두엽과 변연계를 활용하기 때문이다. 부자일지도 이러한 산물로 봐도 무방하다. 많은 사람들이 일지와 가계부, 다이어리를 쓰고 있지만 부자일지와는 그 활용방법과 기능에서 많은 차이가 난다. 부자일지를 쓰면 뇌의 활동이 왕성해져 결국 부자의 길로 접어들 수 있다. 습관적으로 반복되어 관념으로 굳어진 모든 의식상태는 뇌에 깊은 인상을 남겨 사람의 행동과 삶에도 많은 영향을 미친다.

◆ 나무보다 숲을 보는 안목이 생긴다

자수성가형 부자들과 일반인들에게 똑같은 신문을 제한시간 동안 읽게 한 후 인식의 차이를 측정하는 실험을 했다. 서로 전혀 관계없는 기사를 무작위로 주고 실험자들에게 읽게 하는 방식으로 진행되었다. 동일한 내용을 보게 한 뒤에 부자와 일반사람 모두에게 이야기하도록 하였는데 그 결과가 자못 흥미로웠다.

부자들은 신문전체의 내용을 헤드라인 부분을 중심으로 정확하게 기억했다. 즉 부자는 아파트가격 폭등기사, 지하철파업 장기화기사 등을 우리나라 경기와 사회가 불안정하는 관점으로 묶어서 이야기했다. 반면 일반인들은 사실 자체만 기억할뿐 전체적인 흐름으로 파악하지 못했다. 실험결과만을 놓고 보자면 부자는 나무를 보고 숲을 읽었고 일반인들은 나무만 볼뿐 숲을 보지 못하는 경향이 나타났다.

◆ 부자마인드를 만드는 중요한 도구로 활용할 수 있다

부자들은 돈을 쓸 때도 훨씬 다양하고 합리적으로 생각한다. 돈에 대한 관점이 다르기 때문이다. 재래시장에 가서 물건을 구입할 때 이모조모 따져보며 백 원이라도 깎으려고 흥정하는 사람이 정작 명품이나 고급차를 구입할 때는 몇 백만, 몇 천만 원을 선뜻내며 사는 경우가 얼마나 많은가? 그러나 부자들은 정작 재래시장에서는 꼼꼼함을 보이지 않지만 투자할 때나 가격이 높은 물건을 구입할 때는 요모조모 알아보고 가격흥정도 더 집요하게 한다.

부자들은 정말로 따져야 할 때가 언제인지를 정확히 판단한다. 그동안 쌓인 부자 마인드가 많은 시간을 거쳐 형성되었기 때문이다. 부자들은 쓸데없이 돈을 허비하거나 투자하지 않는다. 그래서 부자일지를 쓰는 것은 부자가 되기 위한 마인드 형성에 매우 중요하다.

◆ 자제력이 향상된다

속옷제조업을 하는 박 사장(52세). 산전수전 다 겪어본 그는 말 그대로 베테랑부자다. 지금이야 남부럽지 않은 생활을 하지만 과거에는 끼니조차 걱정하던 어려운 시절이 있었다. 그래서 그 시절을 생각하며 지금도 한 가지 꼭 실천하는 일이 있다. "번 것보다 덜 쓰자"이다. 그런 실천이야말로 오늘의 그를 있게 해준 숨은 원동력이다.

박 사장은 이런 실천을 어떻게 계속 유지하고 관리할 수 있었을까? 답변은 의외로 간단명료했다. 바로 부자일지를 쓰는 것에 있었다. "부자일지를 쓰면서 자신과 약속했던 것들을 잘 이행하는지를 매일 점검하다 보니 의미없고 과도한 소비를 줄이는 자제력이 자연스레 키워지더구먼"

◆ 생각지도 못한 아이디어를 얻는다

부자일지를 쓰면 생각지도 못한 선물을 얻게 된다. 예전에는 생각도 못했던 아이디어가 떠오르는 경험을 할 것이다. 이런 아이디어들을 잘 활용할수록 부자로 가는 길이 더욱 가까워진다. '부자는 이미 만들어진 길을 가지 않는다. 부자가 가면 그것이 곧 길이 된다.'라는 말이 있다. 다른 사람들이 갔던 길은 이미 새로운 길이 아니다. 하지만 새로운 길이라야 돈을 벌 수 있는 기회도 더욱 많다.

지방의대의 이 교수(55세)는 교수생활에만 만족했다면 지금의 재산을 모을 수 없었을 것이다. 젊은시절 몸이 워낙 약했던 그는 자신의 경험을 바탕으로 건강보조 식품이라는

부자일지 쓰기의 7가지 유익
● 부자로 나아가는 습관을 얻는다.
● 문제해결 수단인 시스템 사고를 하게 된다.
● '부자의 뇌'를 갖게 된다.
● 나무보다 숲을 보는 안목이 생긴다.
● 부자 마인드를 만드는 중요한 도구로 활용할 수 있다.
● 자제력이 향상된다.
● 생각지도 못한 아이디어를 얻는다.

아이디어를 생각해냈고 그것을 현실화해 직접 생산함으로써 상당한 자산을 축적할 수 있었다. 그는 직접 선진국의 기업경영과 경제상황의 변화와 흐름을 연구했다. 가까운 일본을 수시로 오가면서 관련 자료를 수집했고 제품연구활동을 반복했다. 그리고 그 결과 한국상황에 건강보조식품을 만들어 냈다. 떠오르는 아이디어를 메모하는 것도 중요하지만 습관처럼 일지를 쓰는 것이 무엇보다 중요하다.

부자일지 작성 사례

성공과 부자의 격언	
낡은 지도만 따라가면 신대륙을 볼 수 없다 콜롬보스	

12월 달력	1월 달력

오늘 신문 주요 이슈			7가지 힘	
구 분	**내 용**		**구 분**	**내 용**
TOP STORY	북한 미사일 사건으로 4자 회담 추진 미국 기준금리자 0.25포인트 상승예정 가계부채가 1800조를 육박 재건축아파트 규제가 점점 심해		부자의 마인드	부자인 김사장과 점심식사로 최근 김사장 관심사 듣기
경제환경	실업률과 부도율이 증가 창업률이 떨어지고 취업하기가 어려움		스스로를 이끌어	부자일지를 통해 매일매일 부자습관을 가지는 것
주 식	미국 나스닥 2.3포인트 하락 삼성전자 내년 실적 증대		돈을 소중하게	하루의 담배 값과 무심히 먹는 커피 값을 절약 서점에서 관련 책 구입
부동산	개정된 부동산 세법 파악 관심있는 경매물건 대법원에서 확인		제테크 노하우	여유돈 투자를 위해 토지와 아파트 시세를 인터넷으로 수시 확인 부자를 멘토로 정하여 정기적 미팅
금 리	한국 기준금리가 0.5포인트로 상승이 예상 주택자금대출 금리인상과 대출액 감축 예정			
환 율	원화절상으로 환율이 1400원대 이하로 떨어짐 수출업체 비상으로 주가 하락 예상		현명한 빚	소비성 자산을 구입하는데 비용 지출보다는 투자용 자산 증가에 필요한 부채 증가
유 가	두바유의 가격이 급속도로 상승 70달러 거래		소비를 잡아라	큰 돈을 아끼는 것도 중요하지만 생활 속에 아낄 수 관리비 등에서 지혜를 찾음
채 권	최근 채권 수익률 증가 추세 주가 하락으로 상대적으로 증가		행복한 부자	소년 가장 돕기 50만 원 기부와 김치 담아 선물

오늘 해야 할 일			일일 수입과 지출내역 (단위 : 원)				
주요 내용	**우선순위**	**중요성**	**수입**		**지출**		**증감 증감**
			내용	금액	내용	금액	
경제신문 정독하기	1	1	전세금	50000000	사무실비용	300000	
부자일지 쓰기	1	2	정기예금이자	1500000	대출이자	400000	
아내생일 선물	2	3	빌려준 받음	2000000	생활비	1000000	51800000
아들에게 전화하기	2	4			불우이웃돕기	500000	51300000
거래처 방문 김사장과 점심식사	3	5					
부동산 구입관계로 공인중개사 사무실 방문	4	6					

오늘 하루 정리	
잘한점	경제신문 정독한 후 오늘 경제 중요사항 파악 내 스스로 자신에게 자랑스러움을 느끼는 것 건강하게 잘 자라준 자녀들에게 감사함을 느낀 것
개선점	부자일지 쓰는데 매일매일 쓰지 못한 점 예상보다 지출이 10만 원이 더 많음 예전보다 더 많이 시가늘 내일 해야 할 일에 대한 고민

1. 부자의 성공습관 세 가지를 적어보십시오.

2. 부자가 되는데 습관이 왜 중요한가에 대하여 당신의 생각은 무엇입니까?

3. 부자의 성공습관 중에서 당신에게 필요한 습관은 무엇인가요?

제5장

부자의 성공방식 2 : **A**TTITUDE

부자는 긍정적인 태도를 통해 만들어진다

- 긍정의 힘이 시장을 이기게 한다
- 10% Rule 부자십(**부자 ship**)을 키워라
- 부자를 학습하라
- 성공뒤에는 위대한 실패가 있다
- 생각을 바꾸면 돈이 보인다
- 낡은 지도로는 신대륙을 볼 수 없다
- 실패와 성공의 경험이 축적되어야 부자가 된다
- 사람을 만날 때 손익을 따지지마라
- 곰처럼 천천히, 여우처럼 영악하게
- 그래도 사람이 자산이다
- 부자는 '쉼'에 투자한다
- 부자는 인맥관리에 시간과 돈, 정성을 들인다
- 시간과 공간을 지배하는 사람이 부자가 된다
- 신용은 목숨같이 지켜라

긍정의 힘이 시장을 이기게 한다

고대 이스라엘 다윗왕이 전쟁승리에 고취되었을 때 자만심을 자제하고 절망에 빠졌을 때 용기를 주는 글귀를 솔로몬 왕자에게 부탁했다. 이에 솔로몬은 다음과 같은 글귀를 일러주었다.

> **이 또한 지나 가리라(Soon it shall also come to pass).**

저자는 항상 희망을 선택한다. 사람을 만날 때에도 책에서도 부자들이나 가난한 사람들을 만날 때에도 혹 상을 당했거나 몸이 아픈 사람들을 만날 때에도 언제나 희망을 이야기 한다. 왜냐하면 사람들은 아프거나 힘들면 쉬기도 하고 약도 먹고 그런 상황을 극복하기 위해 노력한다. 즉 긍정적인 활동이 자연스럽게 이루어진다. 자신의 경험을 통해 생각해 보면 충분히 이해가 될 것이다.

우리는 왜 행복보다 불행을 더 쉽게 느낄까? 사람마다 인생에 대한 기대치가 달라서 모두가 함께 행복을 느끼기는 어렵다. 또 왜 사람들은 불안, 두려움, 불행에 쉽게 공감할까? 생존위협을 당하면 누구나 부정적인 감정을 느낄 수 있다.

금융위기로 인해 금방이라도 세상이 끝날 것만 같고, 부동산 폭락론으로 공포와 불안감이 번지고 있다. 그렇다고 해서 마냥 낙관할 수도 없지만 반대로 일어나지 않은 일에 대해 증거없는 불안도 느낄 필요가 없다. 필요 이상의 과장된 기사, 전문가들의 코멘트가 사회불안을 조장시키고 있어서 마음 둘곳없는 세상이 되어가고 있다. 누구도 해결책을 줄 수 없다. 다만 이런 상황을 극복하기 위해서 필요한 세 가지가 있다.

첫째, 자기자신을 신뢰하는 것이다. 즉 자기애(自己愛)가 필요하다. 현재 상황을 인정하고 수용해야 한다. 영화 「굿 윌 헌팅」에서 대학청소부 청년이 난생처음 자신을 이해해 주는 어른을 만나면서 수학천재인 자신을 깨닫게 되는 과정을 보여준다. 한때 마약에 손을 대기도 했던 미국의 버락 오바마 전 대통령은 어머니와 외조부모의 전폭적인 지지와 응원덕분에 오늘이 있었다고 말하기도 했다. 잘아는 사람으로 부터의 믿음과 수용처럼 자신을 믿게 하는 방법은 없다. 불안한 상황을 안심시킬 수 있는 사람은 바로 자신이다. 자신에 대한 믿음과 낙관주의가 필요하다. 그래서 자기 자신을 위로하려면 감정을 적절히 다스려야 하고, 스스로가 위태롭다고 느껴질 때 '난 날 사랑해, 난 날 믿어'라고 의도적으로 주문을 걸어보는 것이다. 낙관의 힘이 실패와 위기를 극복하게 만든다. 세상이 망할 것이라고 믿는 사람들에게 불행은 깊을 수밖에 없다. 자신을 믿고 실패를 견딜 수 있는 힘을 키우면 세상이 희망과 즐거움을 가득차게 될 것이다.

둘째, 군중심리에 휩쓸릴 필요가 없다. 사람들에게 위기상황이 닥쳤을 때 어떻게 하는지를 모 방송사에 연기실험을 했다. 네 사람이 방에 있는데 연기가 들어올 때 어쩔 줄 모르고 있다가 한 사람이 밖으로 뛰어나가자 나머지 사람들도 그를 뒤따른다. 식당에서 기부함에 돈이 넣어져 있는 것이 보이면 다른 사람도 따라서 기부를 한다. 건널목 앞에서 한 사람이 하늘을 보고 있을 때 지나가던 사람들이 관심을 보이지 않다가 세 명이 모여서 하늘을 보고 있으면 지나가던 사람들이 동시에 하늘을 보고 무슨 일이 일어났는지 궁금해서 웅성거리게 된다. 사람들은 분명한 판단이 서지 않을 때 주변 사람들과 상황에 영향을 받게 된다. 즉 사람들은 군중행동(herd behavior)을 추구하는 동물이며 제한적인 합리성(bounded rationality)을 가진 동물이다. 우리가 두려워할 것은 두려움 그 자체뿐이라는 대공황시절 프랭클린 루스벨트의 말이 새삼 떠오른다.

셋째, 낙관주의자들의 코멘트에 주목하자. 세계적인 투자귀재인 워런 버핏이 금융위기와 경기침체기였던 2008년 「뉴욕타임즈」 기고문에서 한 말이 역동적인 한국시장 상황에서는 가장 맞는 말일 것이다.

> 신문에서는 온갖 부정적이고 나쁜 소식만 나오고 모든 사람이 공포에 사로 잡혀있는 지금이 장기투자자에게 더할 나위없는 투자적기이다. (중략) 다른 투자자들이 탐욕을 부릴 때는 두려워하고 그들이 두려워할 때는 탐욕을 부려라.

세계 최고의 부자이면서 대표적인 낙관론자인 워런 버핏은 미국의 금융위기가 최고조로 달해있던 2008년 10월 중순에 모든 투자자들이 기피하는 금융회사 투자를 포함해 수백억 원에 달하는 돈을 주식을 사들이는 데 사용했다. 그 후 한 달이 지나지 않은 시점에서 미국 주식시장은 워런 버핏이 이번에도 틀리지 않았음을 증명하는 사인들을 전 세계에 내보냈다. 이후 전 세계가 금리인하와 경기부양책들이 동시다발로 나오는 등 시장회복을 위해 노력하고 부실기업과 금융기관 정리를 통해 금융위기를 극복하는 모습들을 보여줬다. 2023년과 2024년에 워런 버핏이 어떤 선택을 할 것인지 궁금해 진다.

플라스틱이 고체에서 액체로 바뀌는 시점을 보통 변곡점이라고 말한다. 일정한 온도가 되어야 비로소 플라스틱으로 변한다는 것이다. 그 예로 미국의 금광촌에서 금을 캐기위해 산을 계속해서 수백미터나 어렵게 뚫고 들어갔으나 아무리 파도 금은 나오지 않아 금을 캐는 사람들이 그 산을 헐값에 팔고 떠나버렸다. 그후 산을 산 사람은 적어도 금광석이 얼마쯤은 있을 것이라고 믿는 낙관론자였다. 그가 불과 몇 미터 정도 더 파고 들어가자 금광석이 한꺼번에 쏟아져 나왔다. 매수자는 헐값에 매수하여 최소한의 수고로 막대한 수익을 남긴 것이다. 이런 교훈들을 잘 생각해보면 요즘 한국의 주식시장과 부동산시장에서 침체에서 벗어나 상승의 해법을 찾을 수 있을 것이다.

문제는 각종 통계나 예측보다는 신뢰이다. 작금의 경제위기로 비관론자들의 날선 예측에 힘이 실려있다. 하지만 미래는 항상 긍정적으로 생각하고 위기를 극복한 낙관론자들의 승리였다는 역사적 교훈을 되새겨보자. 낙관의 힘을 통해 우리가 배울 수 있는 교훈은 간단명료하다. 바로 시장을 보는 비관적인 시각을 배격하고 위기와 기회는 항상 동반한다는 낙관론의 힘을 믿는 것이다. '대한민국에서 안 되는 게 어디있어? 내게 안 되는 게 있어?' 이런 마음을 갖는다면 절반은 이미 성공한 것이다.

> 기다리자 마라. 일을 하기에 적합한 때가 따로 있는 것은 아니다.
>
> - 나폴레온 힐

10% Rule 부자십(부자 ship)을 키워라

내가 왜 부자가 되고 싶은가? 어느 방향으로 나아갈 것인가? 그리고 부자가 되기 위해 무엇을 신념으로 삼을 것인가에 대하여 확실하게 정리해야 할 것이다. 이것을 다른 말로 하면 부자의 리더십이라고 말할 수 있다. 부자의 가치를 중심으로 부자가 되려는 노력을 해야 한다는 것이다. 이는 많은 부자들을 만나면 자연스럽게 느끼는 지혜임을 깨닫게 될 것이다.

부자가 되기 위해서는 최소한 내가 왜 부자가 되고 싶은지에 대한 자기와의 대화가 필요하다. 즉 미션에 대하여 충분히 고민해야 한다. 미션이 정리되면 다음에는 방향성, 즉 비전 존재 여부가 매우 중요하다. 그리고 비전을 이루기 위해서는 '부자의 꿈'이라는 핵심가치가 전제되어야 한다. 이는 속도에 해당된다.

부자가 되기 위해서는 재테크를 시스템화해서 일상에서 부의 선순환구조를 정착시키면 된다. 정보를 바탕으로 돈이 되는 곳을 찾아 옮겨다니기보다 생활 속에서 자연스럽게 부가 만들어지는 자동화시스템을 구축해야 한다는 얘기다. 일단 이런 재테크시스템이 생활로 정착되면 이 시스템은 마치 에스컬레이터처럼 당신을 자동으로 부자의 문에 이르게 해준다.

꾸준한 재테크습관을 위한 황금법칙으로 '10% Rule'이라는 게 있다. 최소한 수입의 10%를 투자하는 법칙이다. 해가 지나 자신의 수입이 늘어날수록 투자금액도 따라 늘어나는 방식이다. 만일 당신이 26세에 취업한 이후 소득 중 10%만 꾸준히 투자한다고 가정해 보자. 예컨대 20대에는 월 253,000원, 30대 초반에는 조금 늘려 월 282,000원, 30대 후반에는 월 292,000원을 꾸준히 수익률 11%의 적립식 펀드(11%는 적립식 투자를 전제했을 경우 지난 25년간 주식시장의 연평균 수익률이다) 등에 투자한다고 치자. 이 경우 당신이 퇴직하는 56세에는 당신의 금융자산 잔고가 7억 7600만 원으로 불어나 있게 된다. 이것은 우리나라 평균 직장인의 현재 소득을 기준으로 할 때 그렇다는 얘기다. 미래의 소득수준이 경제성장률 만큼만 늘어나도 실제 손에 쥐는 액수는 더욱 커진다. 이제 대한민국의 일반인이라면 일상에서 10% Rule만 지켜도 누구나 부자가 될 수 있다는 사실을 믿고 일상에서 이를 실천해야 한다. 부자시스템의 10% Rule은 핵심가치, 즉 바로 부자의 꿈을 실현시키는 것을 도와주는 마술이다.

부자를 학습하라

유대인은 전 세계인구의 0.2%에 불과하지만 노벨경제학상 수상자의 42%, 전 세계 억만장자의 30%를 차지하고 있다. 그 비결은 무엇일까? 그것은 바로 대를 이은 부에 대한 학습에 있다.

1990년대 후반 갑작스러운 IMF사태는 정부나 기업, 개인에게 부의 중요성과 증식 못지않게 부를 삶의 목적에 맞게 효율적으로 관리하는 데 관심을 갖게 만들었다. 이는 환경변화의 큰 계기가 되었다. 더욱이 한국 사회의 고령화가 세계에서도 유례를 찾아볼 수 없을 정도로 빠르게 진행되고 있다. 평균수명과 고령연령 증가는 노인인구의 증가를 수반하고 있다. 이는 직장생활 내지는 사업활동기에 벌어 돈을 퇴직 후나 사업을 하지 않은 시기에 소비하는 기간이 점점 더 길어진다는 의미로 해석할 수 있다. 즉 노령화 사회가 급속히 진전되고 조기은퇴가 일반화되면서 기존에 벌어둔 부를 퇴직 이후에 소비해야 된다는 이야기다. 그러나 과연 준비를 잘하고 있는지 노인시절에 사용해야 할 충분한 돈이 준비되었는지, 그것은 부자를 제외하고는 그 어느 누구도 자신있게 말할 수 없을 것이다.

캄캄한 밤에 길을 잃어 당황해 본적이 있는가? 돈문제로 삶의 이유마저 부정해 본적이 있는가? 현재 하는 일을 남보다 더 열심히 한 것 같으나 어제에 비해 오늘이 크게 변한 것이 없는가? 당신이 지금하는 일에 지쳤거나 충분한 돈을 벌지 못하였다면 이제는 돈을 버는 공식을 바꿀 때가 되었다. 돈이 움직이는 방식과 부자의 특성에 대하여 많은 것을 배울때가 되었다.

어린시절 우리 부모님들이 했던 말을 우리들 역시 아이들에게 하고 있다는 생각이 든다. 공부 열심히 해서 훌륭한 사람이 되어라. 공부만 열심히 하면 미래가 보장되는가? 훌륭한 사람이 되면 부자가 되는가? 이는 더 이상 좋은 학교, 좋은 성적이 성공을 보장해주지 않는다는 사실을 우리들은 잘 알고 있다.

변호사, 회계사, 의사, 고위공무원 등 공부를 잘한 사람들이 반드시 부자가 되는 것도 아니다. 그리고 돈을 만지는 일을 직업으로 하는 은행원, 증권사 직원, 부동산업자 등도 마찬가지로 모두 부자는 아니다. 많은 시행착오와 어려움을 겪었으며 직업상 돈과 관계되는 일을 직간접적으로 경험하고 있다. 학벌과 사회적 지위 그리고 인격이 높은 사람들이 돈문제로 어려움을 겪고 자신이 그동안 애써 가꿔온 현재의 위치를 돈 때문에 포기하고 눈물을 흘리는 모습을 보게 된다. 그럴 때마다 그 동안 학교에서 배운 것은 직업을 유지하기 위해서는 필요했지만 부자가 되기 위해서는 그다지 필요하지 않음을 뒤늦게 인식하게 된다. 조직도 예외없이 마찬가지다. 국내외 은행과 기업들이 파산되고 최고의 기업들이 흔들리는 모습을 보면서 조직의 부(富)의 원천이 무엇이고 적절한 부의 관리의 중요성이 새삼 떠오르게 된다.

부자가 되기 위해서는 부자의 특성, 그리고 금융 IQ가 절대적이다. 하지만 우리나라에서는 학교교육 어디를 찾아보아도 실제적으로 교육하는 것을 볼 수 없다. 고작 아주 원론적이고 이론적이며 이해하기 힘든 경제학을 가르치고 있다. 그러나 이를 현실적으로 적용하거나 실천하기에는 너무나 비현실적이다.

그래서 늦게나마 2000년 초부터 부자들에 대한 공부를 시작했다. "부자들은 누구인가?" "부자들이 중요하게 생각하는 것은 무엇인가?" "부자들은 돈관리를 어떻게 하나?" 등 지금까지 우리 사회에서 한번도 연구된 적이 없던 주제를 놓고 고민하게 되었다. 부자들에 대한 체계적인 접근으로 부자들의 특성을 연구하게 되었고 부자가 되기 위해서는 나름대로 방식이 있다는 것을 발견했다. 아울러 부자가 되기 위해서는 금융 IQ의 향상이 필요하다고 나름대로 결론을 갖게 되었다. 또한 '인간 모두는 왜 부자가 되고싶을까?'에 대해서도 많은 고민을 하고 자문도 구했다. 부(富)를 영어로 'Wealth'라고 표현하는데 그것은 '또 다른 자유'를 의미한다. 그렇다. 선택의 자유, 시간의 자유, 신분의 자유 그리고 정신적 자유의 범위를 넓힐 수 있기 때문이라는 데에서 그 해답을 찾아볼 수 있다. 조금은 진부하게 들릴지 모르지만 "부자는 태어나는 것이 아니라 만들어진다(made, not born)"라는 말은 부자도 결국 노력에 의해 가능하다는 이야기다. 이 말은 우리 현실에서 더욱 교육의 중요성을 내포하고 있다.

오늘부터 가정에서부터 부를 학습하고 실천하고 그리고 체질화해야 한다. 사실 부자들은 대부분 가정에서부터 학습이 이루어졌기 때문이다.

성공 뒤에는 위대한 실패가 있다

패배가 찾아왔을 때 가장 쉽게 취할 수 있는 태도는 '포기'다. 그것이 바로 대다수의 사람들이 평범한 사람으로 남는 이유이다.(나폴레온 힐) 누구든 계단을 밟지 않고 정상으로 가는 사람은 없다. 성공도 부자가 되는 것도 마찬가지다. 지방의 중견 건설회사를 운영하는 김 사장(55세)은 100억 원 이상의 상당한 돈을 가진 자산가다. 그런 그도 40대에 한창 잘 나가다가 하던 사업이 부도로 완전히 거덜 난 경험을 가지고 있다. 그때는 죽기보다 힘들었다. 가진 돈도 없었을 뿐만 아니라 가장 힘든 것은 희망이 보이지 않는 몇 년을 보내야 했다는 사실이다. 하지만 그는 포기하지 않고 다시 건설업에 도전하여 지금은 군단위 지방 소도시에서의 아파트 분양사업으로 상당한 재력을 가진 부자가 된 경우다. 그런 김 사장의 오늘이 있기까지 사업실패가 성공의 발판이 되었다고 한다. 좀 더 세밀한 원가계산과 분양전망, 인력관리, 보수적인 자금관리 등은 실패를 통해 얻게 된 소중한 경영노하우였다. 실패는 성공의 어머니라는 말처럼 성공을 예감하는 실패를 통해 한 단계 업그

레이드 하는 시간이었다고 한다.

일본 소프트뱅크 손 마사요시(そんまさよし) 회장은 우리에게는 손정의로 익숙한 불세출의 기업인이다. 알리바바의 뉴욕증시 입성으로 세계가 요동칠 때였다. 뉴욕증시에서 처음 거래된 IT기업 알리바바의 주가는 공모가인 68달러보다 36% 가량 오르면서 시가총액은 2,169억 2,000만 달러를 기록했다. 예상된 대박이었다. 알리바바의 시가총액은 미국 증시에 상장된 IT기업 가운데 애플, 구글, 마이크로소프트 다음으로 네 번째로 큰 기업이 되었다. 창업주 마윈(馬雲) 회장은 단숨에 중국 1위의 부호가 되었다. 알리바바의 '매직'에 감탄하고 있던 세계는 한 인물을 주목했다. 물론 영어교사로 출발해 자신의 아파트에서 기적을 써 내려간 마윈회장도 화제의 중심이었지만 2004년 당시 마윈회장과 단 6분의 면담을 마치고 2,000만 달러를 알리바바에 투자해 14년 만에 2,500배가 넘는 수익률을 거둔 강심장 손정의에게 감탄하고 있었다.

하지만 승승장구하던 그에게도 시련이 찾아왔다. 2001년부터 세계 IT사업의 불경기가 시작되면서 소프트뱅크와 손정의는 추락하기 시작했다. 일본 소프트뱅크 그룹은 2001년 약 9,000억 원의 평가손실을 기록하면서 흔들렸으며 야심차게 설립했던 나스닥재팬(Nasdaqs Japan)도 2002년 말 문을 닫았다. 심지어 2003년에는 소프트뱅크의 주가가 94% 폭락하면서 손정의는 《포브스》지가 선정한 "역사상 가장 많은 재산을 잃은 부호"에 이름을 올리기도 했다.

실패나 실수는 창조의 원천이다. 이를 다독이는 주옥같은 고사성어가 선조들의 지혜를 엿볼 수 있다.

> 늦게 피는 꽃은 있어도 피지 않는 꽃은 없다.
> 한 번도 실패를 해보지 않는 사람은 한 번도 새로운 것을 시도한 적이 없는 사람이다.
> - 아인슈타인

중국의 보이차도 매운맛을 내는 생차를 몇 번씩 우려내야 비로소 깊은맛이 난다. 모든 식물은 꽃이 져야 열매를 맺을 수 있다. 장미는 날이 추울수록 더 진한 향기를 내뿜는다. 어시장에서 막잡은 생선을 차디찬 바닥에 내려 놓자마자 퍼덕거린다. 살기 위해서 바닥을 쳐야 힘이 생긴다. 바이올린 울림통의 재료로는 전나무가 많이 쓰인다. 그런데 전나무는 환경이 어려우면 유난히 화려하고 풍성한 꽃을 피운다. 이런 고난을 겪은 뒤 나무의 속이 더욱 단단해지는 것이다. 생명을 위협하는 처절한 환경에서 좌절하지 않고 온 힘으로 꽃을 피우는 존재이기에 사람들에게 깊은 울림을 전할 수 있는 것이다. 진주는 귀한 보석이다. 왜냐하면 아픔을 참고견딘 어느 조개의 오랜 인내 속에서 만들어진 보석이기 때문이다. 보석과 숯의 생성과정은 비슷하고 성분 또한 동일하게 탄소로 이루어져 있다. 하지만 숯은 속이 비어있고 아주 짧은 기간에 제조된 반면 보석은 엄청난 고열과 압력 속에서 오랜 세월을 견뎌야 비로소 그 빛을 발한다.

성공한 인생에서 감동을 보여주는 사람치고 고난을 겪지 않은 사람은 단 한 사람도 없다. 사람 역시 고난을 겪어야 내면이 단단해진다. 그런 사람만이 세상에 깊은울림을 줄 수 있다. 위대한 성인치고 평안하고 순탄한 삶을 산 사람이 단 한 명이라도 있는가? 맹자의 "고자장(告子章)"에서는 다음과 같이 이야기하고 있다.

죽기살기로 해도 좋은 결과가 나오지 않을 수 있다. 그래도 절망해서는 안 된다. 열심히 해봤자 뻔한 결과라는 식으로 미리 포기하거나 좌절할 필요가 없다. 세상을 사는 것이나 돈을 벌거나 일을 하는 것에서 중요한 것은 실패를 바라보는 태도이지 도전에 대한 실수나 실패 그 자체가 아니다. 실패는 성공하기 아직 이른 때라고 생각하면 된다. '실패하면 다시 도전하면 되고, 오늘 안 되면 내일 다시 하면 된다'라는 좀 더 편안한 마음을 가지는 것이 좋다.

마치 어시장에서 살기 위해 퍼덕거리는 생선처럼 내 인생에서 바닥을 쳐야만 사는 것이다. 불굴의 정신은 바로 거기에서 생겨난다. 잔잔한 파도는 노련한 사공을 만들지 못한다.

오늘 자신이 생각하는 것보다 세상살이가 잘 되지 않는다고 좌절할 필요도 없다. 성공하지 못했다고, 돈이 없다고 낙담할 필요도 없다. 지금 성공하지 못했다는 것은 돈이 없다는 것은 내일의 성공을 예감하기 때문이다. 부자의 역경지수야 말로 최고의 자산이다.

생각을 바꾸면 돈이 보인다

최고로 완벽한 골퍼는 어떤 모습일까? 미국 골프전문채널 ESPN에서 9가지 항목에 대해 남녀 최고의 골퍼를 선정했다. 최고의 파워는 평균 315야드를 드라이브 샷를 날리는 부바 왓슨(Bubba Watson), 정확도는 짐 퓨릭(Jim Furyk), 승부욕은 비제이 싱(Vijay Singh), 경기집중력은 카밀로 비예가스(Camilo Villegas Restrepo)로 선정되었다. 그러나 뜻밖에도 골프 황제 우즈(Tiger Woods)는 보이지 않았다. 우즈는 딱 한항목 정신력에서 1위를 했다. 그것은 골프에서 정신력이 매우 중요하다는 것을 보여주는 대목이다. 부자도 마찬가지다. 부자가 되기 위해서는 돈도 중요하지만 생각에서 부자가 결정된다고 확언할 수 있다.

젊은 부자들은 공통적으로 처음에는 수천만 원의 종자돈으로 시작했다. 반드시 돈이 많아야만 부자가 되는 것은 아니다. 중요한 것은 생각에 있다. 부자의 기준이 단 몇 년 만에 10억 원에서 30억 원으로 급상승한 것은 2018년 가을 부동산 폭등과 주식 등 자산 가격이 크게 올라 소득증가가 이루어진 것이 주요 원인이다. 요즘은 평당 1억 원 분양가 아파트 기사가 신문보도에 나오는 것도 과거보다 풍부해진 유동성 덕분에 돈을 쥔 사람들이 주식과 부동산에서 수익을 올리면서 부자의 기준도 올라갔다. 과거에는 5억 원 정도의 자산을 가지고 있더라도 부자로 여기는 시기도 있었다. 하지만 최근 서울의 아파트 매매 평균가격이 6억 원을 육박하면서 그만큼 돈의 가치가 떨어졌기 때문에 부자의 기준도 바뀌고 있다. 또 부자의 기준에 대한 인식의 가이드라인이 향상되고 있으며, 때문에 30억 원이라는 기준은 언제든지 올라갈 수 있다.

부자가 아닌 사람들의 입장에서 생각하면 부럽기도 하지만 한편으로는 생각만 해도 허전할 수 있다. 남들보다 더 열심히 모으고 살았다고 자부하지만 결과가 아닐 때 배신감마저 가지게 된다는 것이다. 나도 부모를 잘 만났으면 지금보다 더 좋은 상황이었겠지! 부자가 아닌 사람들을 만날 때 자주 듣는 이야기다. 과연 부모를 잘 만나야 부자가 되는 것일까?

최근 젊은 부자이야기가 시중에서 회자될 때 이에 대해 반론을 재기한 사람이 있다. 소규모 제조업을 운영하고 있는 30억 원대 자산가 박 사장(41세)은 부모로부터 별다른 자산을 물려받지 않았다. 자본이 없어서 처음에는 어려웠지만 사업을 시작한 지 10년이 지난 지금 안정적인 수입을 가진 젊은 부자가 되었다. 박 사장은 자수성가형인 과거 부자와는 달리 틈새시장을 찾아 아이디어와 정보를 가지고 부자가 된 젊은 부자다. 20대 후반에 학습프로그램을 개발하여 운영하다가 입소문을 타고 그 인기가 더해지자 대형교육전문 업체에게 프로그램을 팔고 현재 소규모 중소기업을 운영 중이다. 흥미로운 사실은 그 역시 많은 젊은 부자들처럼 현재 수십억을 소유한 자산가이지만 "자신의 부를 이루는 데에는 수천만 원의 종자돈으로 출발했다"고 말한다. 다시 말해 젊은 부자들처럼 저축을 통해 수천만 원을 모으고 이를 종자돈으로 삼아 뛰어난 투자처를 물색했다는 공통점을 가지고 있다.

박 사장은 재테크면에서 기존 부자들보다 적극적이고 치밀하다는 평가를 받는다. 특정 자산에 국한된 기존 부자들과 달리 부동산과 주식, 예금, 사업확장 등 다양한 장르를 오가면서 투자를 하고 있다. 젊은 부자들은 투자에 대한 정보가 빠르며 실물시장에 대한 상황을 정확히 판단하고 과감하게 투자하는 편이다. 그래서 어느 정도의 위험을 감수하더라도 투자하는 속성이 강하고 부동산투자에도 매우 적극적인 모습을 띠고 있다. 돈이 될 만한 지역을 수 차례 발품을 팔면서 돌아본 후 투자한다. 부자가 된다는 것은 돈의 크기가 아니라 생각의 크기가 결정한다는 것을 입증하는 셈이다. 마인드만 바꾼다면 돈이 보인다는 그의 지론은 많은 사람들이 두려워하는 지금을 가장 투자적기로 생각하고 있고 부자마인드가 돈을 끌어당기는 원동력임을 믿고 있다.

낡은 지도로는 신대륙을 볼 수 없다

스타벅스는 2020년 9월말 기준 전 세계 70여 나라에서 약 3만 3천개 매장을 운영중이고 한국 스타벅스 매장은 2020년말 1,503개인데 매장이 15,328개가 있는 1위 나라는 미국이고 4,704개 2위는 중국, 1,603개 3위는 캐나다 4위는 일본이었는데 2020년 한국이 추월해 일본 스타벅스는 5위로 밀렸다. 그러면 스타벅스는 왜 유독 한국에서 잘 되는 것일까? 한국 스타벅스의 성공배경에는 지도를 활용해서 매장입지를 선정하는 특별한 조직인 '점포개발팀'이 있다는 것이다. 점포개발팀이 가장 먼저 한 일은 스타벅스 국토개발계획 지도를 제작하는 일이었다. 마치 "낡은 지도로는 신대륙을 볼 수 없다" 콜럼버스가 신대륙을 개척할 때 했던 말이 회자되는 순간이다.[1]. 부자로 산다는 것이 그저 운좋게 되는 일이 아니라

1) 부와 권력의 비밀 지도력, 김이재 지음, 쌤앤파커스, 2021년 9월 16일

는 것을 모두가 잘 알고 있다. 높은 급여를 받고 사업을 해서 돈은 많이 벌었지만 여전히 부자가 되지 못했다면 현재 자신에게 부자시스템이 제대로 작동하지 않는다는 반증이다. 그렇다면 과감하게 지금의 시스템을 버리고 새로운 시스템을 가져야만 한다. 수시로 자신을 리모델링 해야 한다.

연일주가는 하락과 고점을 갱신하고 세상은 변화하고 있다. 요즘 대한민국은 '인구절벽' '은퇴절벽' '소득절벽'의 소위 3절벽 시대에 살고 있다. 전체 인구 중 고령인구의 비율이 7% 이상인 '고령화 사회'로 진입한 후 14% 이상인 '고령사회'로 들어서는 기간을 살펴보자. 프랑스가 115년 걸린 것을 비롯해 영국(92년) 독일과 이탈리아(80년) 미국(72년) 등 모두 반세기 이상의 시간이 소요됐다. 반면 2000년에 고령화 사회로 진입한 한국은 2018년에 고령사회로 진입하였다.

이로 인해 은퇴가 빨라졌다. 즉 '은퇴절벽'이 본격적으로 시작되었다. 한국경영자총협회의 조사에 따르면 2014년 대한민국 평균 퇴직연령은 52.5세다. 법률로 정한 정년(60세)보다 7년 이상 빠르다. 사오정(45세 넘으면 정리해고 대상)이란 말이 나온지도 오래되었다. 은퇴가 '소득절벽'으로 이어져 은퇴자금부족이 발생할 수밖에 없는 상황에 내몰리게 되었다. 퇴직 후 30년 동안 생활비는 어떻게 준비할까? 2020년 기준 노후준비 '3종 세트'라 불리는 국민연금(국가), 퇴직연금(기업), 개인연금(개인)을 모두 갖춘 베이비부머는 10% 전후에 불과하다. 그 비율도 해가 갈수록 떨어지고 있다.

통계청에서 발표한 우리나라 자영업자의 수는 2021년 현재 652만 명이다. OECD 국가 평균의 두 배가 넘는다고 한다. 명예퇴직이나 청년세대 실업으로 그 수가 증가하고 있는데, 창업 23% 정도가 요식업이다. 하루에 3천 개 점포가 창업하지만 하루에 2천 개가 폐업하는 실정이다. 현대경제연구원의 조사에 따르면 국내 창업기업 10곳 중 6곳이 3년 안에 문을 닫는다고 한다. 수시로 가게간판이 바뀌는 것은 우리들에게 익숙한 모습이 된 지 오래다. 손쉽게 프랜차이즈 아이템으로 창업을 하고 준비되지 않고 단기간에 시작했다가 접는 경우가 다반사다. 치킨집이나 식당으로 대표되는 자영업시장이 은퇴자들의 무덤이 된 지 오래지만 그러나 여전히 이곳은 사람들로 붐빈다. 이 시장이 어렵다는 것을 몰라서가 아니다. 선택의 여지가 없기 때문이다. 적신호가 켜진 지도 오래되었다. 하지만 경험해 본적없는 새로운 분야에 온 가족이 뛰어들어 그 영역에서 이미 뿌리를 내린 기존 업체들과 경쟁해 자기발판을 확보한다는 건 쉬운 일이 아니다.

백 사장(60세)은 가진 것 없이 건축업을 시작하여 지금은 부동산과 현금자산에서 상당한 부를 일궈낸 전형적인 자수성가형 부자다. 성공한 사람들의 특징 중 하나이기도 하다.

그는 매주 금요일 자신의 사무실에서 일주일 간의 일들을 잘 정리하고 조직화해 놓는다. 월요일에 산뜻한 기분으로 바로 일을 시작할 수 있도록 하기 위해서다. 정리가 안 된 채로 시간을 보내지는 않는다. 그리고 월말에는 한 달이 잘 정리되었는지 돌아보는 시간을 갖는다. 자신의 정한 목표를 향해 제대로 가고 있는지 상시 점검하는 것이다. 그가 과거 무일푼일 때 함께 했던 사장이 특별하게 영리하거나 뛰어나지는 않았다. 그런데도 부자가 되어 있는 것을 보면서 과연 어떤 특별함이 부자로 만들었는지 살펴보면서 백 사장 자신도 변화와 혁신을 통해 담금질한다고 말한다.

독자들도 현재 자신이 부자라고 해서 과신할 필요가 없고 부자가 아니라도 해서 낙심할 필요도 없다. 기회는 누구에게 평등하다. 다만 이 기회를 기회로 만들 수 있도록 자신을 객관적으로 보고 늘 깨어있어야 한다. 새로운 지도를 통해 자신이 꿈꿔온 부자의 세계로 한 걸음씩 다가가야 한다.

실패와 성공의 경험이 축적되어야 부자가 된다

『축적의 시간』은 서울공대 26명의 석학들이 던지는 한국산업의 미래를 위한 제언을 담은 책이다. 각 분야 전문가들과 집중적인 인터뷰를 통해 오늘날 한국의 산업전체가 당면하고 있는 공통적인 문제의 원인을 균형있게 파악하고 처방 또한 특정한 영역의 문제해결을 넘어서 산업전반의 경쟁력을 높일 수 있는 국가적 차원의 키워드를 제시하고자 했다.[2]

이 책에서 많은 전문가들이 공통으로 지적하는 현상은 창의적이고 근본적으로 새로운 개념을 제시할 수 있는 역량, 즉 '개념설계' 역량이 부족하다는 점이다. 이는 오랜 기간의 시행착오를 전제로 도전과 실패를 거듭하면서 축적하지 않고서는 얻을 수 없는 창조적 역량이다. 이에 '축적'이라는 키워드를 가장 중요한 개념으로 제시하고, 이러한 공통 키워드추출의 결과를 중심으로 우리 사회전체가 얻을 수 있는 유용한 통찰을 정리했다. 또한 유사한 산업분야별로 개별 인터뷰의 내용을 자세히 소개했다.

성공한 사람들이나 부자들도 마찬가지다. 삼성그룹 고(故) 이건희 회장과 이재용 회장

---

2) 축적의 시간, 이정동 지음, 지식노마드, 2015년 9월 25일

의 경우에는 이미 성공한 시스템과 부를 물려받으면 된다. 하지만 그렇지 않은 많은 평범한 사람들은 자신이 스스로 성공시스템을 만들어 나가야 하는 운명을 가지고 있다. 그렇다고 우울해 할 필요는 없다. 대한민국 99%의 사람과 운명이 같기 때문이다. 요즘 공무원 시험을 준비하는 사람들을 지칭해 공시족이라고 한다. 현재 공시족은 40만 명에 육박하고 있다는 신문기사가 자주 오르내리고 있다. 상대적으로 안정적인 직업으로 보기 때문에 많은 젊은이들이 여기에 매달리고 있는 것이다. 과연 우리가 생각하는 것처럼 공무원이라는 직업이 안정적이고 계속 그럴 것인지에 대한 질문에 자신있게 말할 수 있는 사람이 얼마나 될까? 여기서 말하는 공무원은 교사까지 포함한다. 1980년대에는 가장 유망한 직장과 안정적인 직업으로 은행원을 꼽기도 했다. 신랑감과 신부감 1순위가 은행원이던 시절이었다. 하지만 지금은 상대적으로 공무원에 비해 덜 안정적이라고 여긴다.

그러나 지금 2017년에 와서는 성공과 부를 이룬 사람이 과연 공무원인가에 대한 질문에 고민하지 않을 수 없다. 요즘 가장 핫한 방준혁 의장은 흙수저 또는 무수저에서 시작해서 넷마블의 가치를 13조 원대로 키우고 상장까지시키자 방준혁 매직이라고 일컫기도 한다. 현재 상장한 게임기업 중 시총 1위는 엔씨소프트다. 엔씨소프트가 시총 6조 원 중반대인 것을 봤을 때 2배에 달하는 규모다. 넷마블의 상장으로 최대주주인 방준혁 의장은 돈방석에 앉게 되었다. 30.59%를 보유하고 있는 방 의장은 예상보유 주식가치가 3조 원에 달할 전망이다. 시가총액 최대 13조 원이 될 넷마블을 키운 방준혁 의장에게 관심이 쏠렸다. 관련 업계에서는 넷마블의 성장배경에는 방준혁 의장의 리더십이 큰 빛을 발했다는 분석이다. 방 의장은 자수성가형 오너다. 어려운 가정형편탓에 고등학교도 중퇴했다. 하지만 게임사업에 대한 열정하나로 시총 13조 원에 달하는 넷마블을 만들었다. 방 의장은 어렸을 때 돈을 벌기 위해 학업을 포기하고 중소기업에 취직했다. 그후 가난에서 벗어나고 싶어서 사업을 시작했다. 두 번의 창업실패를 겪은 후 2000년 캐주얼게임과 웹보드 장르의 게임으로 넷마블을 설립했다. 넷마블은 설립 4년 만에 CJ 그룹에 인수되었고, 그는 2006년에 건강상의 이유로 은퇴하기도 했다. 방 의장이 떠난 넷마블은 실패의 아이콘이 되고 말았다. 나오는 게임마다 실패를 맛본 것이다. 그 영향으로 회사도 기울어졌고 여기에 회사의 주 매출원이던 '서든어택'의 서비스권도 넥슨에 넘겨주면서 힘든시기를 겪어야 했다. 넷마블이 고전하고 있던 2011년에 방 의장은 CJ에 팔았던 지분을 다시 인수해 복귀하고 체질 개선에 나섰다. 복귀하자마자 모바일게임 라인업에 주력하면서 회사를 변화시켰다. 넷마블이 현재는 모바일 강자로 꼽히지만 처음부터 순탄한 길을 간 것은 아니었다. 심지어 접속자 수백 명밖에 안 되는 게임도 있었다. 이러한 문제를 겪은 이후 계속 게임개발에 집중했고, '몬스터 길들이기'를 시작으로 '모두의 마블' '세븐 나이츠' '레이븐' 등 연속해서 히트작을 내놨고, 현재 최고의 인기를 얻고있는 '리니지2 레볼루션'까지 탄생시켰다.

가장 안정적인 일이 가장 위험한 일이 될 수 있다. '역설의 반격'이 시작된 것이다. 성공한 부자들의 사례를 이야기하지 않아도 우리는 잘 알고 있다. 대한민국이 위험을 감수하고 중동건설이나 반도체와 자동차산업에 도전했던 노력으로 3만 달러 국민소득을 얻게 되었다고 해도 과언이 아니다. 문제는 앞으로다. 실패와 성공이라는 생채기를 온몸에 남기면서 성공하기 위해서는 '부자가 되기 위한 축적의 시간'이 반드시 필요하다. 지금 좀 안 된다고 낙심하지 말고 성공했다고 우쭐하지 말고 실패와 성공이라는 경험을 축적하는 시간은 투자라고 생각하고 나아가야 할 것이다.

사람을 만날 때 손익을 따지지 마라

많은 사람들은 부자들이 이해관계를 잘 따지는 사람으로 알고 있다. 맞는 이야기다. 그런데 매사에 그렇지는 않다. 부자들은 대부분 사업을 하는 경우가 많다. 그러다 보니 자연스럽게 사업상 이해관계가 발생할 수밖에 없다. 저자가 본 부자들의 면면을 보면 많은 경우 사람과 만남을 꼭 손익으로만 따지지 않는다. 좀 더 정확하게 말하자면 좋은 사람을 만나려고 하지 손익은 절대적인 기준이 아니다.

손익을 따지다보면 주변에 좋은 사람이 남지않는다는 걸 오랫동안 경험으로 체득해왔기 때문이다. 결국 함께 가도 좋을 사람과 그렇지 않은 사람으로 구분한다. 자신의 인생관이나 철학과 맞는 사람과의 관계를 유지하려는 경향이 높다. 당장의 손익에 따라 인간관계에 일희일비하여 손해 본 경험이 있는 부자들은 사람을 만날 때 계산법을 적용하지 않는다는 것이다.

장 사장(47세)은 젊어서 큰 성공을 일구고 승승장구한 사업가다. 주변에서는 장 사장이 머리회전이 영리한 사람이었다. 자신의 머리를 신뢰하던 그도 초심과 다르게 사람과의 만남을 계산하는 습관이 몸에 배다보니 주변에는 그런 사람만 모이게 되었다. 큰 사업을 계획하다가 자금이 어려워져서 부도에 직면하자 믿었던 참모들마저 썰물처럼 빠져나갔다. 당시 장 사장은 사업이 어려운 것보다 믿었던 사람들이 자신을 배신하고 떠날 때 마음의 고생이 컸다고 한다. 그 후로 자신과 소통을 하면서 끝까지 함께할 사람을 챙기려는 노력이 큰 변화 중의 하나였다. 그 때의 경험을 통해 지금은 사업을 할 때나 의사결정을 할 때에도 손익을 셈하지 않으려고 한다.

부자들은 누군가와 인간관계를 맺을 때 자주 인용하는 말이 있다. "타고 온 배를 버리지 말자." 손익으로 맺어진 인연은 자신이 자산을 잃거나 어려움에 처할 때 야박할 정도로 되돌아 간다는 것을 잘 알기 때문이다. 손익을 따지지 않고 자신과 함께 한 사람들은 자산의 부의 변화와 상관없이 관계를 유지하고 함께 할 수 있다. 결론적으로 그런 관계야말로 변하지 않는 관계가 된다.

곰처럼 천천히, 여우처럼 영악하게

주식이나 부동산투자 때 부자와 그렇지 않은 사람은 확연하게 대응방법이나 태도가 다르다는 것을 많이 느끼게 된다. 부자가 아닌 사람들은 대부분 너무 빠른 이익실현이나 영악하지 못한 결정으로 손실을 보거나 이익을 보지 못하는 것을 종종 목격한다. 투자를 하기 위해서는 여우처럼 영악하게 따져보고 생각도 해보지만 매매시에는 곰처럼 먹이를 기다리듯이 천천히 진행하는 것도 필요하다.

부자와 일반사람들은 노후준비를 마무리하는 시기와 노후자금의 목표설정 방법이 다르다. 일반사람들은 50대 중반이나 60대에 노후준비를 마치려고 하지만 부자들은 40대에 노후준비를 마무리한다. 부자들의 공통점은 한시라도 빨리 노후준비를 마치려는 경향이 있다. 또한 일반 사람들이 '내 노후를 위해서는 10억 정도 필요할 거야'라는 거시적인 계획을 세울 때 부자들은 좀 더 구체적으로 '내 나이 60세 또는 70세에 필요한 자금'을 정한 뒤 그들의 라이프스타일에 맞는 노후자금을 마련하기 위해 끊임없이 배우고 공부한다.

부자나 보통 사람들이나 모두 노후를 위해 투자를 한다. 다만 중요한 것은 '조급함을 버리라'는 것이다. 보통 사람들이 짧은 시간에 많은 수익을 얻으려고 투자할 때 무리수를 두는 경향이 많은데 이런 조급함은 오히려 실패확률을 높일 뿐이다. 부자는 1억 원을 투자해서 1,000만 원을 버는 데 집중하는 반면, 일반 사람들은 1,000만 원을 투자해 1억 원을 벌려고 한다. 이렇게 욕심을 부리다 보면 위험관리가 쉽지 않을 뿐더러 자칫 원금마저도 잃기 십상이다.

국내 일류 의과대학을 졸업하고 강남에서 치과의원을 운영하고 있는 윤 원장(43세)은 빨리 투자해 큰 이익을 얻으려고 했지만 처음의 투자결과는 영 신통치 않았다. 돈은 있었지만 투자방법을 공부할 시간도 부족했던 데다가 남에게 맡기자니 불안해서 자신이 직접 투자를 했기 때문이다. 그 결과로 땀흘려 번돈은 흔적도 없이 사라졌다. 그는 몇번 실패를 거듭하면서 처음부터 다시 시작하자는 마음이 생겼다. 토요일에는 치과의원을 접고 각종 세미나에 참석해 부자들을 만나보았다. 그러면서 경제를 이해할 수 있게 되었고 투자안목도 갖게 되었다. 윤 원장은 요즘 직접 투자보다 주거래 금융기관에 맡기는 방식의 투자를 한다. 하지만 과거와 달리 경제흐름을 스스로 파악하기 때문에 담당자와 협의해가면서 투자방향을 결정한다.

윤 원장은 전문가형 부자인 동시에 투자형 부자다. 과거처럼 의사로서 벌어들이는 수입에 의존하기에는 현실이 만만치 않다. 경쟁도 심할뿐만 아니라 나이가 들수록 일이 점점 고단해져서 평생직업으로 삼는 것이 어려워졌기 때문이다. 그래서 시작한 것이 자산증식을 위한 투자였지만 처음에 과욕을 부리다 큰돈을 잃는 쓴맛을 보고 말았다. 그러다 보니 병원일도 엉망이 됐다. 이런 과정을 통해 그가 깨달은 것은 투자는 운전처럼 일정 기간의 연습이 필요하다는 사실이었다. 이를 실천함으로써 윤 원장은 이제 전문가형·투자형 부자로서 안정적인 투자수익을 내고 있다. 삶의 즐거움이 이전보다 훨씬 커진 것은 물론이다.

우리나라 부자는 대부분 부동산투자로 부를 축적했다. 부동산의 특징은 바로 '기다림'이 필요한 투자수단이라는 점이다. 주식투자도 마찬가지다. 좋은 주식을 싼값에 산뒤 기업가치가 오르기를 기다리면 주가도 당연히 오른다. 부자들은 대개 장기간에 걸친 투자를 통해 안정적인 수익을 확보하려는 공통점이 있다. 보통 사람들도 부자들의 장기투자 마인드를 배우는 것이 필요하다. 간단한 듯 보이지만 그 안에는 기다림과 인내의 시간이 반드시 수반된다. 부자가 되는 데에는 그만큼 시간이 필요하다는 것이다. 그런데 많은 사람들은 이런 점을 간과한다. 너무 짧은 기간에 큰 수익을 단번에 얻고자 지금도 투자와 '전쟁' 중이다. 부자들이 주는 핵심 메시지는 투자를 즐기라는 것이다. 그러다 보면 돈은 자연스럽게 따라오는 선물과 같다. 저자도 이 점을 새삼 강조하고 싶다.

그래도 사람이 자산이다

살다보면 한 번쯤 보증을 서는 일이 생긴다. 그것도 가장 친한 친구나 직장동료에게 해주게 된다. 다만 끝이 좋지 않는 경우가 많다. 결국 사람에게 문제가 발생한 것이다. 미국의 경영컨설턴트 짐 콜린스(Jim Collins)는 그의 책『좋은 기업을 넘어 위대한 기업으로』에서 15년 동안 누적수익률이 상승한 1,400여 개의 초우량기업을 분석한 결과, 출발은 '사람'이었다는 공통점을 찾아냈다. 위대한 기업이 되기 위해서는 하고자 하는 일에 적합한 '사람'을 정하는 것이 그 출발이었다. 투자나 사업을 할 때에도 마찬가지다. 많은 사람들은 방향을 설정하여 추진하는 것이 먼저라고 말하지만 사실 방향을 설정해도 가는 것도 선택하는 것도 결국 사람이다.[3]

건설업을 운영하는 윤 회장(63)은 지금은 성공한 부자다. 그는 사업이나 투자를 시작할 때마다 반드시 세 사람에게 자문을 구한다고 한다. 첫 조언자는 아내다. 자신을 너무나 잘 알고 언제든지 싫은 이야기도 해주기 때문이다. 가장 객관적인 사람일 수도 있다. 두 번째 조언자는 거래하는 금융기관의 지점장이나 담당자다. 자신의 현금흐름이나 자산규모를 비교적 잘 알고 있기 때문에 재무적 판단에 매우 유용하다는 것이다. 세 번째 조언자는 투자처나 거래처 사장 또는 직원이다. 자신의 모르는 투자기업이나 거래처의 속사정을 너무도 잘 알고 있기 때문에 반드시 확인한다는 것이다. 윤 회장이 부모로부터 큰 자산을 물려받은 것도 없으면서 지금의 부를 유지할 수 있었던 데에는 '사람'에게 집중한 것이 가장 큰 성공요인이다.

중국의 한비자는 삼류인생과 일류인생을 비유해서 삼류는 자신의 능력을 쓰고 일류는 타인의 능력을 이끌어낸다고 말한다. '사람'이 성공의 원천임을 강조하는 대목이다. 미국 하버드대학의 데이비드 맥크릴랜드(David C. McClelland) 교수는 우리가 습관적으로 만나는 사람들이 당신의 인생의 성패를 95% 좌우한다고 했다. 좋은 인간관계는 절반의 성공을 예견할 수 있다. 특히 100세 시대를 살고 있는 우리들도 함께 하는 사람과의 관계에서 희로애락이 결정된다. 세계적인 대부호인 미국의 앤드루 카네기 묘비에 "자기보다 나은 사람의 도움을 받을 줄 알았던 사람, 여기 잠들다"라는 글귀가 새겨져 있음을 명심하기 바란다.

---

3) 좋은 기업을 넘어 위대한 기업으로, 짐 콜린스 지음, 이무열 옮김, 김영사. 2002년 6월 30일

경주 최 부자집은 자그마치 12대 300년 동안 만석꾼을 유지했던 집안이다. 최 부자집에는 6훈이라는 가훈이 있다. 그 중의 하나가 "과객을 후하게 대접하라"는 구절이다. 이는 인정을 베풀어 적을 만들지 말라는 뜻이 내포되어 있다. 또 다른 의미로 전국 각지의 주요정보를 사람을 통해서 얻기 때문이다.[4] 성공한 인생을 살기 위해서는 지금 나와 함께하는 사람에게 집중해야 한다. 부자들은 평소에 십원이라도 따지고 아끼지만 사람을 얻기 위해서는 큰돈을 기꺼이 지불하면서까지 사람에게 집중한다. 독자들은 지금같이 하고 있는 사람이 자신과 함께 가는 길에 있어서 장애물인지 디딤돌인지 한 번 점검해 보길 바란다. 부자도 마찬가지다.

부자는 '쉼'에 투자한다

두려움을 용기로 가난을 부로 바꾸는 진정한 힘은 '쉼(休)'에 있다. 오랜 기간 부자들을 곁에서 지켜보니 그들은 부자가 아닌 사람과는 달리 쉼이 있는 시간을 돈으로 산다. '빨리빨리' 문화는 저성장시기에 부자가 되기에는 역부족이기 때문이다.

정 사장(57세)은 상장기업에서 회장의 비서실장을 마지막으로 퇴직한 후 이제는 기업을 2개나 운영하는 성공한 기업인이다. 정 사장은 "투자를 잘했다거나 부동산이 올라 돈을 벌었다는 말보다는 시간을 사는 것이 성공비결이다"라고 말한다. 그는 다른 사업가들과 달리 돈버는 방법이 많이 다르다. 우선 남들이 생각하지 않는 틈새시장을 잘 파악하여 즉시 투자해 성공을 거두었다. 공장폐유를 받아 정제하여 납품하는 것도 사업에 대한 남다른 아이디어에서 출발한 것이다. 어렵게 마련한 쉼의 시간에는 새로운 사업구상에 몰두한다. 그동안 바쁘다는 이유로 소홀했던 부분들을 챙기고 직원들과 소통하는 것에 시간을 보내면서 좀처럼 만나지 못했던 친구나 지인들을 만나거나 사랑하는 가족과 편안한 시간을 보내기도 한다. 정 사장은 명상을 통해 마음의 근력을 키우기도 한다. 명상을 통해 면역력 증가요인인 세로토닌이 증가된다는 사실은 이미 과학적으로도 증명되었다.

세계 1위 부자인 빌 게이츠는 '생각주간(Think Week)'이라는 시간을 만들어 일 년에 한두차례 일주일 동안 일상적인 일에서 벗어나 한 가지 아이디어에 집중한다. 그는 자신의

4) 경주 최 부자집 300년 부의 비밀, 전진문 지음, 황금가지, 2004년 3월 9일

저택 이외에도 일 년에 두 차례씩 별장에 은둔해 마이크로소프트의 미래전략과 아이디어에 대한 연구에 몰두한다. 일주일 남짓한 이 기간엔 마이크로소프트 직원은 물론 가족이 방문하는 것도 거절한 채 홀로 정보기술 업계동향이나 새로운 아이디어들을 담은 보고서들을 읽으면서 이에 관한 생각을 정리한다고 한다.

시간의 필요는 비단 부자가 아니라 해도 이제는 사회적인 합의에 이르렀다. 생각할 시간을 가지자고 하는 사회적 트렌드가 반영되어 2016년에 이어 2022년에도 '멍때리기 대회'가 개최되었다. "현대인의 뇌를 탁트인 한강에서 쉬게 하자"는 콘셉트로 열린 멍 때리기 대회는 지난해 5월에 열린 '2016 한강 멍때리기 대회'에 이은 두 번째 대회로 엄청난 관심과 사회적 반향을 불러일으켰다. 차없는 잠수교를 자유롭게 걸으며 이색적인 문화와 휴식을 즐길 수 있었던 '2022 차 없는 잠수교 뚜벅뚜벅 축제'가 성황리에 마무리 된 가운데 참가자들의 만족도가 상당한 것으로 나타났다. 2022년 11월 20일 서울시에 따르면 축제 기간 중 1057명을 대상으로 실시한 여론조사결과 93.3%가 축제가 만족스럽다(매우만족 25.7%, 대체로 만족 67.6%)고 답했다. 축제방문객 중 95%는 '앞으로도 잠수교 뚜벅뚜벅 축제가 계속 개최되면 좋겠다'는 의견을 보였다. 만족이유는 잠수교 산책로 마련 (57.7%), 거리공연(26.3%), 플리마켓 조성(23.6%) 순으로 나타났다.[5]

이처럼 멍때리기에 열광하는 이유는 뇌에 휴식을 줄 뿐 아니라 평소에는 미처 생각하지 못한 영감이나 문제해결 능력을 주기 때문이다. 인문학 학습열풍이 일어나는 것도 결코 우연은 아닌 것이다. 부자가 된다는 것은 성공한다는 것은 이제 시간이 필요하다는 것은 다시 말해 쉼이 필요하다는 것이 증명한 셈이다.

부자는 인맥관리에 시간과 돈, 정성을 들인다

장사로 미래의 부를 갖기 위해 오늘도 대한민국 7백만 자영업자들의 가장 고민거리는 '좋은 고객을 어떻게 자신의 고객으로 만들것인가'이다. 요즘 기업들에게 있어 가장 주목받고 있는 화두가 CRM(Customer Relationship Management), 즉 '고객관계관리'다. 반면 직장인들의 성공적인 경력관리를 위한 화두는 바로 '인맥만들기(Human Networking)'라고 할

---

5) '52만명 방문' 잠수교 뚜벅뚜벅 축제…95% "계속했으면", 파이낸셜뉴스, 2022년 11월 20일

수 있다.

　주변에 좋은 사람들을 두고 그 인맥을 효율적으로 관리하는 것은 개인의 경력과 실력 향상에 있어서 필수요소다. 하지만 최근까지도 이 인맥(人脈)이라는 것이 개인 주도적이고 구체적인 계획에 의한 것이기 보다는 학연, 지연, 혈연과 같이 자연스럽게 형성된 공동체 중심이었던 게 사실이다. 하지만 현재와 미래에 필요한 인맥은 단순히 '줄을 잘 선다'거나 어떠한 네트워크에 쉽게 편승함으로써 얻을 수 있는 그런 것이 아니다. 이 시대가 요구하는 인맥은 가치관과 공동관심사의 공유를 바탕으로 자신의 실력에 도움을 줄 수 있는 효과적인 '정보망'이어야 한다. 또한 적극적인 경력관리수단으로 실제 활용가능한 네트워크여야 한다.

　4개의 정육점 매장을 가지고 있으면서 상당한 자산을 일군 이 사장(61세)은 한때 어려운 시기도 있었다. 하지만 그에게 오늘날의 성공을 이룬 가장 큰 공은 '인맥'에 있다고 자신있게 말한다. 무일푼으로 정육점 직원으로 취직해서 단순히 급여만 받는 것보다는 앞으로 고기판매 사업을 하고 싶다는 포부가 있었다. 그래서 고기를 납품하는 회사사장부터 직원들과 단순히 거래처를 넘어 인간적으로 매우 친하게 지내고 고기판매 프로세스와 좋은 고기고르는 법 등 전문적인 노하우를 배워나갔다. 직원으로 근무한 지 3년이 지날 즈음 독립해서 가게를 차릴 때 그 인맥의 힘이 작동하기 시작했다. 고기구입을 위한 초기자금이 없자 평소 성실한 그를 눈여겨 보았던 도축업체 사장이 외상으로 물건을 주었다. 그때의 고마움은 지금 자신의 가게에서 일하는 직원들에게도 고스란히 보여주고 있다. 장기 우수직원의 창업을 도와주는 것이 바로 그것이다.

　그는 나름대로 사업을 하거나 사회생활에서 좋은 인맥을 만들기 위해서는 몇 가지 규칙이 있다고 말한다.

　첫 번째, 구체적인 커리어 맵(Career Map)이 있어야 한다. '많은 사람을 알고 있는가?' 하는 것은 그다지 중요하지 않다. 인맥관리에서 중요한 것은 '나에게 필요한 사람이 누구며 얼마나 알고 있는가?' 하는 측면이다. 아무리 사교성이 뛰어나고 사람 사귀는 것을 좋아해도 일생동안 인간이 맺을 수 있는 인간관계란 한계가 있기 마련이다. 따라서 초점없이 많은 사람을 만나려 애쓰는 것보다는 나에게 필요한 바로 그 사람에게 시간과 노력을 투자하는 것이 더 현명한 선택이다. 덧붙여 나에게 필요한 핵심 인맥을 알기 위해서는 자신의 경력관리를 위한 구체적인 커리어 맵이 있어야 한다. 본격적인 인맥관리에 앞서 자기 경력관리의 큰 그림을 그리는 것은 매우 중요하므로 반드시 선행되어야 한다.

좋은 인맥을 만들기 위한 5가지 규칙

1. 구체적인 커리어 맵이 있어야 한다. 나에게 필요한 바로 그 사람에게 시간과 노력을 투자하는 것이 현명한 선택이다.
2. '기브 앤 테이크'가 중요하다. '내가 무엇을 얻을 수 있을까' 하는 잣대로 사람을 평가하지 말고 '저 사람과 내가 무엇을 주고받을 수 있을까'를 고민해야 한다.
3. 나에게 능력이 있어야 인맥도 형성된다. 능력을 끊임없이 갈고 닦아야 한다.
4. 홍보는 습관적이어야 한다. 자신의 비전과 목표를 은근히 자랑스럽게 PR하는 것이 습관화되어 있어야 한다.
5. 인맥활용은 선의로 활용되어야 한다. 인맥은 서로의 신뢰가 밑바탕이 되어야 한다.

두 번째, '기브 앤 테이크'가 중요하다. 인간관계의 기본은 '주고받기'다. 일방적으로 얻을 수 있는 관계는 세상에 존재하지 않는다. 'Give and take'는 인간관계의 기본이다. 따라서 '내가 무엇을 얻을 수 있을까' 하는 잣대로 사람을 평가하지 말고 '저 사람과 내가 무엇을 주고받을 수 있을까'를 늘 고민해야 한다.

한편 당장에는 불필요한 인맥이라 하더라도 이미 쌓아 놓은 인맥이라면 최대한 예의를 갖추는 것이 필요하다. 상대방을 소홀히 대하면 그 또한 '기브 앤 테이크' 법칙에 의해 나에게 언젠가 해가 되어 돌아올 수 있음을 명심해야 한다. 현재 영향력 있고 존경받는 사람만이 꼭 핵심인력인 것은 아니다. 권력과 부는 영생할 수 없다. 자신과 관계된 모든 사람에게 최선을 다해 공평한 배려를 하는 것 역시 기본적인 인맥관리의 핵심이다.

세 번째, 나에게 능력이 있어야 인맥도 형성된다. 상대방이 당신을 좋아하는 이유가 무엇일까? 그들 역시 당신을 그들의 핵심인력으로 염두에 두고 돈독한 관계를 유지해왔는지 모른다. 그러나 잘쌓아 올린 인맥을 한순간에 무너뜨릴 수 있는 것은 당신이 상대방에게 '무가치한 사람'으로 낙인찍힐 때다. 그래서 능력을 끊임없이 갈고 닦아야 한다. 능력은 사람을 낚는 어부가 가져야 할 필수적인 미끼다. 좋은 고기를 낚기 원한다면 살아있는 미끼를 걸어야 하듯 늘 자신의 능력을 새롭게 갈고 닦는 일에 게으르지 말아야 한다.

네 번째, 홍보는 습관적이어야 한다. 사람은 걸어다니는 홍보매체다. 돈을 버는 것도 사업을 하거나 직장에서나 개인적인 자리에서도 늘 자신의 비전과 목표를 은근히 자랑스럽게 PR하는 것이 습관화되어 있어야 한다. 이것은 자신을 과장하라는 것이 아니다. 사람들을 만나는 기회가 있을 때마다 이를 적극적으로 활용하라는 뜻이다.

다섯 번째, 인맥활용은 선의로 활용되어야 한다. 인맥관리에서 가장 경계해야 할 부분은 짧은 안목으로 인맥을 이용하려고 하거나 일방적이고 이기적인 방법으로 인맥을 형성하려는 시도다. 이러한 행동들은 오히려 지금까지 잘 쌓아왔던 다른 인맥마저 한순간에 잃어버리게 할 수도 있다. 인맥은 서로의 신뢰가 밑바탕이 되어야 한다. 특히 우리나라의 지나친 연고주의와 특정 관계로 몰려다니는 패거리문화는 분명 지양해야 할 부분이다. 앞에서 인맥관리를 위한 몇 가지 방법을 제시했으나 인맥관리의 구체적인 방법론에는 정도가 없다는 것을 기억해야 한다. 여전히 사람에게 부를 이루는 정답이 있다고 강조해도 지나치지 않다. 좋은 인맥을 만드는 법을 전부하기보다는 한 가지씩 늘려나가는 것도 지혜일 것이다.

시간과 공간을 지배하는 사람이 부자가 된다

다보스포럼 의장인 클라우스 슈밥(Klaus Schwab)이 2016년 1월 개최된 다보스포럼에서 처음 사용한 '4차 산업혁명'이 요즘 자주 쓰이는 말이다. 1990~2000년대 IT가 주도했던 3차 산업혁명을 넘어서 후퇴했던 제조업을 재정비하고 IT와 융합하여 제조업의 반격이 시작되는 새로운 시대를 의미한다. 돈의 흐름이 이 산업에 있다. 미래의 원동력, 그것이 바로 변화라고 할 수 있다.

부자가 된다는 것은 현재의 시간을 지배하는 사람이라고 볼 수 있다. 시간의 권력자가 부자라고 정의할 수 있다. 클라우스 슈밥이 처음 말했던 4차 산업혁명은 사회곳곳과 시장에서 혁명적인 변화가 다가온다는 의미다. 약국도 병원도 없어질 것이다. 그 대표적인 사례가 스티브 잡스의 아이폰에서 시작되었다. 손안에 정보가 있다는 것이다. 과거의 부동산중심의 투자시장에서 이제는 사업과 정보 그리고 그 활용에 돈이 있다는 의미다. 그런 기업의 주식을 사는 것이 투자에 패러다임으로 전환되고 있다. 전기자동차가 앞으로 대세가 될 것이며, 현재의 가솔린시대의 자동차부품의 90%가 없어지고 배터리같은 전기자동차의 필수산업이 더 뜰것이라는 전망은 자명하다.

1990년대 이전 세계 10대 기업 중 대부분은 제조업이었으나 2000년도 이후는 IBM을 선두로 하여 IT 기술력 중심이었다. 2022년 기준 글로벌 IT/모바일 시가총액 상위 1위는 시가총액 3,240조 원인 스마트폰 창조기업 애플이다. 2위에는 마이크로소프트가 시가총

세계 IT 기업 시가총액 순위(2022년 3월 4일 기준)[6]

	IT · 인터넷	국가	시가총액액USD	시가총KRW
	애플		26628 억달러	3240 조원
	마이크로소프트		21730 억달러	2644 조원
	구글		17462 억달러	2125 조원
	아마존		14821 억달러	1803 조원
	엔디비아		5734 억달러	697 조원
	페이스북		5445 억달러	662 조원
	TSMC		5381 억달러	654 조원
	텐센트		4955 억달러	603 조원
	삼성전자		3945 억달러	480 조원
	알리바바		2734 억달러	332 조원
	시스코		2347 억달러	285 조원
	어도비		2132 억달러	259 조원
	오라클		2090 억달러	254 조원
	인텔		1956 억달러	254 조원
	AMD		1764 억달러	214 조원
	SAP		1444 억달러	175 조원
	IBM		1138 억달러	138 조원

액은 2,644조 원으로 올랐다. 3위 구글은 2,125조 원, 4위는 글로벌 공룡기업인 아마존은 1,803조 원이다. 5위는 앤비디아로 697조 원, 6위는 페이스북으로 시가총액이 662조 원이다. 7위 대만의 반도체 생산기업 TSMC 654조 원, 8위 텐센트는 중국의 대표적 무료 인스턴트 메시징 프로그램인 '텐센트 QQ'로 잘 알려졌었고 이제는 인기 온라인게임 '리그 오브 레전드'의 소유기업이 되어 매출이 603조 원에 이른다. 9위에는 한국의 삼정전자가 480조 원, 10위는 인터넷 상거래기업 알리바바가 332조 원의 시가총액을 보유하고 있다. 이들 10개 기업의 시가총액을 합쳐보니 13,240조 원이다. 이들은 기존의 기업생태계를 부수고 새로운 기업을 만들어 새로운 방식으로 경영하고 있다. 한동안 2009년 설립된 우버의 기업가치는 80조로 우리나라 재계 2위에 해당되는 수준이었고, 에어비엔비(Airbnb)라는 세계 최대의 숙박공유 서비스가 36조의 기업이 되기도 했다. 이들 기업들은 TV 광고도 하지 않는다. 이제 세상은 변화하고 있다. 문명의 교체가 시작된 셈이다.

이동식 화장실이나 캠핑카를 만드는 사업을 하는 김 사장(56세)의 원래 직업은 대학교수이다. 잘나가던 시절에 우연히 알고 지내던 사장으로부터 앞으로 여행이 늘어난다는 정보와 필수적으로 이동식 화장실이나 캠핑카 수요가 늘어날 것이라는 전망과 함께 자신이 하고 있던 사업의 경영을 권유받게 되었다. 사람들의 트렌드변화를 직감한 김 사장은 주저하지 않고 사업을 시작하게 되었고 예상은 적중했다. 지금은 전국에서 이 사업부문에서 독점적인 공급망과 경쟁력을 가지고 있다. 아무도 생각하지 않았을 때 사람들이 시

무인양품의 무지헛 MUJI HUT

간을 소비하는 것에 돈이 있다는 것을 잘 판단한 것이다. 물론 김 사장은 이 산업으로 상당한 부를 일궜다.

일본의 무인양품은 2017년 가을에 2.75평짜리 오두막 무지헛 MUJI HUT을 출시했다.[7] 일본 내에서만 판매하는데 가격은 3만엔(한화 3천만 원 수준)이다. 김사장은 이미 선견지명이 있어 국내에서 어느 기업보다 빠르게 이 사업을 시작해서 지금은 성장단계이다.

돈을 번다는 것은 사람들의 시간이 머물거나 공간을 소유하는 곳에 돈이 있다는 것이다. 대한민국 부자들은 2022년까지는 부동산에 상당부분 투자를 할애한 것이 인정된다.

앞으로 부자들은 부동산뿐만 아니라 시간과 공간을 잡는 사업이나 기업의 주식을 사는 것에서 돈을 찾아낼 것이다. 여기에 답이 있다.

신용은 목숨같이 지켜라

은행에서 대출을 한번이라도 이용했으면 이해가 될 것이다. 개인의 신용등급에 따라 대출이자가 높거나 대출금액이 차이가 나는 것을 경험했을 것이다. 과거와는 다른 현상이다. 이미 부자들은 지금과 같은 상황을 경험하지는 않았지만 신용을 목숨같이 지켜온 사람들이다.

경주 최 부자집의 철학 가운데 첫째는 '흉년에 땅을 사지 않는다'였다. 옛날에는 흉년이 들면 수천 명씩 굶어 죽는 시대였다. 흉년이야말로 없는 사람들에게는 지옥이었지만 있는 사람에게는 부를 축적할 수 있는 절호의 기회였다. 가난한 사람들이 당장 굶어 죽지 않기 위하여 헐값으로 내놓은 전답을 매입할 수 있었기 때문이다. 심지어 '흰죽 논'까지 등장했다. 다급하니까 흰죽 한 그릇 얻어 먹고 그 대가로 팔게 된 논을 말한다. 그러나 최 부자집은 이런 짓을 하지 않았다. 이는 가진 사람이 할 도리가 아니라고 보았기 때문이다.

이런 금기는 또 있었다. '파장 때 물건을 사지 않는다'가 그것이다. 석양무렵이 되면 장날 물건들의 값이 뚝 떨어지기 마련이다. 다른 부자집들은 오전에는 물건을 사지않다가 파

6) 전세계 기업 시가총액 순위, 미스터 캡, 2022년 3월 4일
7) 라이프 트렌드 2023, 김용섭 지음, 부키, 2022년 10월 12일

장무렵이 되어 나오는 '떨이' 물건을 기다렸다. 최씨 집안은 그렇게 하지 않았다. 항상 오전에 제값을 주고 물건을 구입했다. 그러다 보니 상인들은 제일 질이 좋은 물건을 최부자집에 먼저 가지고 왔다. 이 집은 물건 값을 깎지 않는다는 신뢰가 형성되어 있었기 때문이다. 동서고금을 통틀어 보아도 역시 부자는 신용을 잘 지키는 사람임에 틀림없다.

에이브러햄 매슬로우(Abraham Maslow)는 인간의 욕망에 대해 학계최초로 학문적인 연구를 시도한 심리학자다. 그는 인간의 욕구를 5가지 단계로 나누고 거기에 등급을 매겨 각각의 욕망이 다른 욕망에 의해 어떻게 지배를 받는지에 관한 이론을 제시했다.

인간의 욕구 가운데 신용을 지키고자 하는 욕망이 가장 크다고 보았다. 결국 신용을 지키는 것이 자기실현의 전제적 조건이라 할 수 있다. 매슬로우가 정의한 5단계 욕망들은 다음과 같다. 가장 단계가 낮은 '생물학적 욕구(Physiological),' 그 위로 '안전에 대한 욕구(Safety),' 그 다음은 '사회적 욕구(Social),' '자긍심 대한 욕구(Esteem),' 그리고 마지막으로 가장 높은 단계인 '자기실현에 대한 욕구(Self-Actualization)'가 그것이다. 매슬로우는 이 5단계이론 중 자기실현에 대한 욕구에 대해 좀 더 자세히 다룬 바 있다. 그는 자기실현에 대한 욕구는 "인간이 갖는 가장 최상위의 욕망으로 자기개발과 목표성취를 위해 끝없이 노력하는 자세"라고 정의하고 있다. 매슬로우는 자기실현에 대한 욕구는 다른 단계의 욕구와 달리 일정한 한계점이 없다는 점을 강조했다. 생물학적 욕구에는 한계점이 있어서 일정 수준 이상 충족되면 자동적으로 그 욕구가 사라진다. 밥을 먹다 배가 차면 숟가락을 놓고 겨울철 난방을 켜고 방이 너무 더워지면 난방을 끄는 식이다. 그러나 자기실현에 대한 욕구는 그렇지 않다. 오히려 욕구의 충족이 커지면 커질수록 그 욕구는 더욱 강해지곤 한다. 매슬로우는 사람이 자기실현의 단계에 들어서기 위해선 먼저 아래 단계에 있는 기본적 욕구들이 충족되어야 한다고 말한다. 배고프면 먹을 것을 찾고 추우면 따뜻한 곳을 찾고 주변이 불안하거나 위험하면 안전한 곳을 먼저 찾는다. 그리고 외롭고 고립되어 있다는 느낌이 들거나 자신감, 자긍심이 부족하다면 자기실현을 생각하기 보다는 먼저 이에 대한 욕구를 충족시키기 위해 움직인다는 것이 매슬로우의 설명이다.

매슬로우는 자기실현에 대한 욕구가 '추진력'을 얻기 위해서는 먼저 '결핍 상태'를 극복해야 한다고 말한다. 자신이 신체적으로나 정신적으로 어떤 결핍이 되어 있는 상태라면 자기실현에 대한 노력을 충분히 기울일 수가 없다는 뜻이다. 바꿔 말하면 돈을 벌기 위해 일하는 것이 아니라는 의미를 찾는 것이다. 사람은 자신이 하고 싶은 것을 실현하기 위해 일하는 것이다. 또한 자기실현을 위해 신용을 목숨처럼 지키며 목표를 성취하기 위해 나아가는 것이다.

1. 부자의 긍정적인 태도는 무엇인가를 적어보십시오.

2. 부자가 되는데 긍정적인 태도가 왜 중요한가에 대하여 당신의 생각은 무엇입니까?

3. 부자의 긍정적인 태도에서 당신에게 필요한 태도는 무엇인가요?

제6장

부자의 비밀은 식지않는 실천력이다

- 우리가 알던 돈버는 규칙이 변했다
- 연령대별 부자 실행력 ABC를 가져라
- 아무것도 하지 않는 것이 가장 위험하다
- 잘 아는 곳에 투자하는 것이 최선이다
- 가격보다는 가치를 선택하라
- 정보의 비대칭성이 투자의 성패를 결정한다
- 투자의 기본은 분석이다
- 매달 현금나오는 사업을 하라
- 부자들의 역발상을 따라하라
- 한국에서 부동산은 거주 자산이면서 투자자산이다

- 부자의 부동산 투자원칙은 사이클이다
- 부자들은 꼬마빌딩으로 이동하고 있다
- 부자는 구도심 부동산이나 가치주를 선호한다
- 부자의 금융상품 선택은 유동성에 있다
- 부자들은 언제든지 팔 수 있는 자산을 선호한다
- 부자들은 원금이 사라지는 투자를 꺼려한다
- 투자의 바로 미터금리에 주목하라
- 인플레이션 시기에는 현금성 자산을 확보하라
- 나만의 돈버는 시스템을 구축하라

사람이 변화하기 위해서는 먼저 행동양식의 변화가 전제되어야 한다. 이를 통해 그 사람의 태도자체를 바꿔야 한다는 말이다. 즉 타인에게서 '예스'라는 대답을 얻어 내기 위해서는 그 사람이 무언가 행동을 취하도록 만들어야 한다. 부자가 되는 것도 마찬가지다. 실천이 반드시 뒤따라야 한다. 실패가 두려워 아무것도 하지는 않는 것이 가장 큰 실패다. 무조건 시도해 보자. 후회는 남기지 말자. 내 스스로 허락하지 않는 한 실패는 없다.

우리가 알던 돈버는 규칙이 변했다

2019년 말 기준으로 대한민국의 직업 수는 대략 1만 6,891개 정도이다.[1] 1969년 3,260개에서 518% 증가한 많은 변화를 하였다. 인공지능과 로봇의 발전에 힘입어 인류의 산업지도가 바뀌고 있다. 어떤 직업도 안정적이라고 말할 수는 없다. 한 해 천 명 넘게 배출되는 변호사, 의사, 회계사 등 이제 더 이상 안정 가시권에 들어선 직종과 직업은 없다. 심지어 지구상에서 2750년도에 제일 먼저 사라질 나라가 바로 대한민국이다. 이는 2006년 영국 옥스퍼드대학 인구문제연구소가 꼽았다. 그리고 가장 먼저 없어질 도시로 부산을 꼽은것도 특이하다. 이 전제가 맞지 않을 것으로 생각되지만 조금은 걱정이된다.

이런 이야기를 한창하던 고 회장(53세)은 한때 잘 나가던 사업가였다. 영화관을 운영하기도 했지만 건설업으로 잘 나가던 시기에 부도를 맞았다. 하지만 이제는 다시 재기에 성공했다. 1년에 1조 매출을 올리는 상가와 아파트형 공장, 전원주택 사업에 투자해 큰 성공을 이루었다. 그가 부도난 7년 동안 한 일은 미래의 부가 어디에 있는가에 대한 연구부터 시작했다. 55년생부터 63년생까지 약 714만 명의 베이비붐 세대의 은퇴가 마무리되는 시점을 2025년으로 보았다. 그리고 주택시장의 전망은 어둡다고 판단하고 전원주택이나 상가형 빌딩공급으로 건설업업종을 바꾸어 미래를 대비했다.

그는 우리가 이전에 알던 돈버는 업종과 방법은 더 이상 존재하지 않는다고 말한다. 그가 선택한 것은 레저와 의료 그리고 여유가 있는 전원주택을 꿈꾸는 사람들이다. 한 가구에 7~8천만 원대 전원주택공급, 아파트형 상가와 오피스텔 공급 등 다양한 시도를 통해

---

1) 한국고용정보원, 2020 한국직업사전 통합본 제5판, 2019년 12월

미래의 부를 보고 있다. 그러나 아직도 많은 사람들이 과거의 돈버는 규칙을 따르고 있다. 거기에 시간과 돈을 투자하면서 뻔히 실패할 가능성을 보여주고 있음에도 불구하고 그 주변에서 머뭇거리고 있다는 것이다. 약간의 갭투자로 시세차익을 노린 아파트분양과 실수요자임에도 불구하고 넓은 평수의 아파트구입과 이에 따른 금융비용 부담이 가중되고 있다. 높은 수익을 준다고 하거나 작전주라고 믿고 기업의 재무상황도 파악하지 않고 무분별하게 투자하는 경우가 그렇다. 또 1% 이자를 더 얻는다고 안정성이 부족한 제2 금융권 정기예금에 환호하는 많은 사람들의 경우도 마찬가지다. 그리고 남들이 돈이 된다고 하면서 10년 전에 이미 투자가 유행했던 태양광투자, 만연하게 전원생활을 꿈꾸며 구입한 시골의 땅 등 모든 것들이 우리가 그동안 돈을 번다고 믿고 투자했지만 이제는 더이상 거기에서 부를 찾기 힘들어진다. 이제는 경기에 규칙이 바뀌었다는 것을 잊어서는 안 된다.

연령대별 부자 실행력 ABC를 가져라

성공적으로 운영되고 있는 병원 원장을 맡고 있는 임 원장(63세)은 의대를 졸업후 나름대로 개업하여 성공한 경우다. 지금은 부동산을 포함하여 수백억대의 자산가이기도 한다. 한창 개업하여 돈을 벌때에는 수시로 부동산을 구입하고 성공적인 투자가라고 입소문이 났었다. 신도시 근처에서 가격상승이 충분히 기대되는 부동산과 골프연습장 등에 투자 다변화를 잘한 덕으로 이제는 상당한 자산가가 되었다.

그런 그에게도 돈이 없어 힘들 때가 있었다. 그와 식사를 하면서 지금과 같은 부자가되기 위해서 무엇을 준비했는지 물어본적이 있다. 임 원장은 부자란 시간이 주는 선물이라고 말했다. 20대를 사는 사람이 60년을 준비해야 한다는 말이기도 하다. 소위 연령대별 부자 실행 포트폴리오 ABC를 가져야 한다는 것이다.

구체적인 연령대별 부자전략을 보면 20대에는 습관에 주목해야 한다. 돈을 벌기 위해서, 부자가 되기 위해서 평생가져야 할 습관을 만들어야 한다. 임 원장은 돈이 충분치 않았던 20대에 환자 중 부자가 된 사람들을 자주 만나고 그들과 함께 보내는 시간을 통해부자들의 노하우를 배우려고 하였다. 부자가 되기 위해서는 부자 부모님이나 할아버지나할머니가 있거나 로또복권 같은 행운이 있어야 가능할 것이다. 보통 사람들이 부자가 되는 길은 사업을 해서 자수성가하거나 노력밖에 없다는 것이 그의 주장이다.

30대는 종자돈과 친해져야 한다. 종자돈과 친해지기 위한 습관은 예금이나 적금이 출발점이다. 이것은 시간을 견디는 경험과 습관을 키우는 과정이다. 대부분 부자들이 종자돈을 모으는 프로세스를 보면 적금이나 예금 → 종자돈 → 부동산이나 주식, 펀드투자 → 예금으로 이뤄진다. 종자돈을 모으는 과정은 누구에게나 힘든 과정이다. 그런 임 원장도 월급의 50%를 모으는 작업을 30대에 시작하여 투자 종자돈을 마련했다. 그렇다고 이를 건너뛸 수는 없다.

40대에는 투자로 100세를 준비한다. 종자돈으로 돈을 모으는 데 있어서 가장 중요한 시기인 그의 40대는 1980년대였다. 부동산이 아직 급성장하지 않았고 물가도 그리 높지 않은 시절이었다. 임야는 전답과 도시에 싼땅을 집중적으로 매입한 시점이었다. 자식농사도 잘지어 두명의 딸은 명문대 졸업과 동시에 국내 대기업에 취업하는 자식복도 있었다.

50대는 제2의 인생을 시작하는 시기다. 그가 40대에 주력했던 이유 중 하나다. 지금은 병원을 운영하지 않고 사업가로 변신하여 부동산개발과 골프연습장 운영을 통해 경영자로 활동하면서 대학에서 교수로 급여를 받는 여유있는 생활을 하고 있다. 그리고 60대는 제2의 인생을 완성하는 때다. 지금은 작은 병원에서 전문경영인으로 급여를 받고있으면서 국내외로 많은 여행도 다니고 있다. 참 부러운 분이다.

아무것도 하지 않는 것이 가장 위험하다

세월호사건 이후로 한동안 사고에 대해 더욱 강조되고 있는 것이 안전성이었다. 과거보다 한층 강화된 기준으로 배를 만들고 검사를 한다. 이렇게 만든 배가 항해를 하기보다 항구에 계속 정박되어 있다면 아무런 의미가 없다. 배의 목적은 항해에 있기 때문이다. 그래서 그 근본적인 목적이 중요하다. 항해에 대한 위험 때문에 배가 항해를 하지 않으면 배의 목적달성이 어렵다.

임 사장(39세)도 이점을 중요시하는 사람 중 하나다. 사업이 잘 될까 하는 걱정도 있었지만 위험을 무릅쓰고 도전했던 인터넷 쇼핑몰은 매출액이 매년 두 배씩 성장되었다. 창업한 지 5년 정도 되었는데, 처음에는 아이디어 하나로 시작하여 이제는 매출액 3백억 원 정도의 스타트업 기업으로 성장했다. 20대 직장생활을 통해 사업의 아이디어를 마련하고 인터넷 쇼핑몰의 가능성을 읽었다. 그냥 생각만으로 그림을 그린 것이 아니라 직장생활을 하면서 퇴근후 의류판매부터 시작했다. 초기의 수익이나 매출은 형편없었지만 이 기간 동안 시장을 알고 어떻게 해야 하는지를 충분히 학습했다. 아이디어가 떠오르면 '선실행 후조치' 전략으로 먼저 해보고 나중에 미흡한 점을 보완하는 등 실행에 중심을 두고 사업을 해왔다.

최근에는 판매물품을 대량으로 판매하면 구입시의 할인혜택으로 구입단가가 싸지고 판매가격도 떨어진다는 장점을 활용해 다른 인터넷 쇼핑몰과의 경쟁력을 키워왔다. 그의 생각은 적중했다. 매입 시 매입처를 다양하게 만나 가격 경쟁력을 키웠고 판매품목을 적시에 받을 수 있도록 했다. 이러한 노력은 결국 그에게 성공으로 돌아왔다. 처음 창업때에는 통장에 고작 몇 천만 원의 창업자금이 있는 정도였지만 이제는 여유자금만도 10억대를 육박하고 있다. 임대하던 사무실도 새로 구입하여 부동산수익까지 생기게 되었다.

대부분 부자들은 결정을 하면 바로 실행한다. 그런데 부자가 아닌 사람들은 결정을 했음에도 아주 포기하거나 실행하기까지 3~5년이 걸리고 뜸을 들이며 돈을 은행에 묶어놓는다. 1~2%의 금리에도 부자들은 적은 돈을 가지고서도 실행하기 때문에 부자가 된다. 실행하면 성공과 실패 둘 중 하나다. 그러나 실행하지 않으면 성공도 실패도 없다.

잘 아는 곳에 투자하는 것이 최선이다

대부분의 사람들은 다니던 직장에서 퇴직할 때가 되면 퇴직 이후에 퇴직 전과 같은 수입과 안정된 삶에 대하여 걱정을 하고 어떻게 하면 건강과 수입을 유지할 수 있을지 생각하게 된다. 이러한 고민에서 비켜간 사람이 있다. 직장인 김 모씨(57세)가 그 장본인이다. 이제 그도 퇴직을 얼마 남겨두지 않은 평범한 직장인이다. 하지만 그가 맞이 하는 퇴직 이후의 삶은 다른 퇴직자와는 다른 상황이며 더 행복하고 기대가 되는 미래가 기다리고 있다. 중간퇴직금을 정산받아 제주도에 몇 년전에 투자했던 부동산이 중국 투자자의 증가로 몇십억대로 가치가 상승하여 은퇴 후 삶에 자신감이 높아지게 되었다. 그는 이미 우리가 말하는 부자가 된 셈이다.

사실 은퇴 후 세 가지 고민이 있다. 충분한 은퇴자금을 가지고 있는지, 같이 할 친구가 있는지, 그리고 취미나 일이 있는지가 주 관심사다. 앞에서 말한 김 모씨는 최소한 돈문제 만큼은 해결된 셈이다. 저자는 지금 그가 가지고 있는 돈보다 그가 선택한 부동산 투자전략이 궁금했다. 그가 말하는 부동산투자는 다른 투자자산과 다른 점이 많았다.

첫 번째, 아파트나 토지는 제도와 환경변화에 전략적으로 적절하게 대처할 수 있느냐 하는 것이 무엇보다 중요하다. 그러기 위해서는 자신이 가지고 있는 부동산에 대한 철저한 분석이 필요하다. 부동산의 주변 상황이 어떻게 변해가는지 분위기를 먼저 파악해야 한다. 살고있는 곳과 거리가 너무 떨어져 있어 1년에 한 번 가보기도 어려운 상황에서는 그 변화를 감지하고 대처하기 쉽지 않다. 실제로 이 사례의 주인공인 김 모씨는 직장근무지인 서울에서 살면서 과천소재 20평대 아파트를 거주목적으로 구입하여 2~3배의 시세차익을 얻고 매각한 경험을 가지고 있었다. 때문에 주변 상황이 부동산에 미치는 영향이 크다는 것을 이미 잘 알고 있었다.

두 번째, 인터넷을 통해서 해당 지역을 꼼꼼히 검색해 정보를 파악하고 위성지도 등을 보고 관광지를 살펴보는 것이 필요하다. 또 지자체 홈페이지를 활용해 지역현안이 무엇인지 살펴보는 노력도 해야 한다. 제주지역의 부동산구입 시점에서 제주도가 중국인들에게 각광받는 관광지가 되면 이 지역의 땅값이 만연하게 상승할 것이라는 판단을 가지게 된 것도 제주시청 홈페이지와 각종 언론에 나온 기사를 참조하여 내린 결정이었다.

세 번째, 부동산이 소재하고 있는 주변의 공인중개사와 바닥인심을 활용해서 현장의 분위기와 정서를 살펴보면서 우리가 생각하는 것과는 많이 다르다는 것을 파악해야 한다. 한마디로 발품을 팔아야 한다. 사전에 분석하고 인터넷정보를 공유하는 것도 중요하지만 이를 확인하고 적용해 보는 현장방문은 매우 중요하다. 실제로 지인과 함께 제주지역에 같은 시기에 비슷한 금액으로 투자하였으나 다른 사람들은 바닷가보다는 논밭에 투자한 반면, 김 모씨는 바닷가에 인접한 지역에 투자하여 상대적으로 높은 가격으로 매각이 가능한 사례가 되었다. 투자를 할 때에는 반드시 현지를 방문하여 공인중개사나 그 지역을 잘아는 사람들에게 조언을 구하고 투자를 하는 것도 필요하다. 그는 이런 부분이 자신이 부자가 되게 만드는 부자의 실행전략으로 믿고 있다.

가격보다는 가치를 선택하라

정 사장(57세)은 고향이 지방의 바닷가다. 그동안 서울에서 대기업에 근무하다가 고향 근처로 내려오면서 어학원의 총괄관리자로 일했다. 그 때의 수익으로 종자돈 20억 원 이상을 모아 그동안 마음속 깊은 곳에 남겨두었던 오래된 꿈을 실현하기 위해 고향근처의 섬을 구입하기 시작했다. 단지 앞으로 관광이 확대되고 사람들이 섬에 와서 힐링을 한다는 생각에 구입 시 가격보다는 미래의 가치를 보고 투자한 셈이다. 당시 여수해양엑스포가 한창 진행되는 시점이었다. 그때 이 정도 종자돈이 있다면 도시의 꼬마빌딩 정도는 충분히 구입할 수 있는 금액이었다.

그의 투자에 대해 무모할 정도로 사람들로부터 외면을 받았다. 그러나 지금은 그의 예상이 적중했다. 자신이 좋아하면 다른 사람들이 좋아할 것이라는 생각이었다. 근처의 골프장과 펜션은 사람들로 인산인해를 이루었다. 그가 산땅은 천정부지로 상승했다. 그가 처음 직장을 그만두고 학원을 막 시작할 즈음 기존 학원을 인수하는 것을 포기하고 새로운 시장을 개척하여 투자한 것이 성공한 이유 중 하나였다. 이런 안목 때문에 학원을 개업하는 총괄관리자로 임명되는 계기가 되기도 했다. 사람들이 영어학원을 선호하는 지역에 신규 어학원을 개업하여 성황을 이루었다. 그가 선택한 것은 가격이 아니라 사람들의 가치를 중심으로 판단한 결과였다.

최근 그는 새로운 도전에 나섰다. 섬을 팔면 어느 정도 이익을 보겠지만 그보다 해양스포츠센터를 건립하기로 했다. 작년 한 해 여수관광객 수가 1천만 명을 육박하여 그 가능성을 보았기 때문이다. 국내외 유수한 호텔업계로부터 이미 투자를 약속받아 그가 선택한 가치의 힘이 지금부터 기대가 된다.

정보의 비대칭성이 투자의 성패를 결정한다

정기예금에만 십억대를 투자하다가 2016년 연말에 상승장을 예상하던 김 사장(55세)은 일 년에 한 번 정도 움직이는 투자가였다. 평소에는 시장을 관망하고 분석하는 그였지만 기회다 싶으면 과감하게 시장에 참여한다. 그가 투자를 결정하게 된 선택은 시장의 정보를 해석하는 데 있어서 일반사람과 다르다는 것이다. 즉 정보의 비대칭이 한몫을 했다.

최근 신문기사를 보면 「코스피 연일 하락행진, 그러나 외인들은 구경만…」이라는 제목이 눈에 띈다. 올해 세계 경제성장률 뿐 아니라 기업실적 전망이 하향조정되는 추세라며 당분간 국내뿐 아니라 해외 주가지수가 사상 최저치 경신을 이어갈 것이라고 전망하고 있다.

이는 주가하락 흐름이 예상외로 길게 이어지면서 개인투자자들의 불안감이 기대감보다 커지고 있기 때문으로 분석된다. 김 사장은 오랜 박스피(박스권+코스피 준말) 학습효과에 젖어있던 개인투자자들이 이제는 '박스피가 아닐 수 있다'는 불안을 갖기 시작했다는 얘기다. 그동안 장기 박스피에 익숙했던 투자자들이 기계적인 환매로 대응했지만 시장에 대한 자신감이 향후 더 강해진다면 환매속도는 점차 빨라질 수 있을 것이라고 말했다. 또 경기침체에 대한 불안감이 커지면서 주식에 대한 투자자들의 거부감이 늘어나고 있기 때문에 코스피 하락이 더 지속되면 이 같은 분위기는 가속화될 수 있을 것이라고 내다봤다.

개인이 증시에서 맥을 못춘지는 오래 됐다. 이유는 크게 두 가지다. 일단 투자할 여력이 약해졌다. 소득은 제자리걸음인데, 준조세나 주거비 부담은 커졌다. 수년 동안 이어진 박스피에 대한 회의감까지 겹쳐 증시에서 돈을 뺐다. 또 한 가지는 개인의 전형적인 투자 패턴이다. 변동성이 크고 가격이 싼 중소형주 투자가 대표적이다. 짧은 기간에 차익을 낸다는 목적이지만 이런 종목은 대부분 실패로 끝났다. 결론은 투자의 정보의 비대칭도 한몫했다.

정보의 비대칭(Information asymmetry)은 경제학에서 시장에서의 각 거래주체가 보유한 정보에 차이가 있을 때 불균등한 정보구조를 말한다. 정보의 비대칭성은 사람들이 보유하는 정보의 분포에 편향이 있어서 경제주체 사이에 정보격차가 생기는 현상 또는 그러한 성질을 말한다. 게임의 참가자들 가운데 어떤 참가자가 다른 참가자들이 가지고 있는 정보와 다른 정보를 가지고 있는 상황인 것이다. 예를 들면, 내부자인 경영자가 자신의 기업에 대해 외부 투자자들이 보유하고 있지 않은 정보를 가지고 있는 경우가 비대칭 정보상황의 예이다. 자본시장의 투자자들은 기업의 수익률에 관한 충분한 정보를 가지고 있지 못하고 다만 그들이 인식한 기업의 현금흐름 창출능력에 기초하여 주식의 가치를 평가한다. 하지만 기업의 경영자는 일반적으로 미래의 현금흐름에 대하여 보다 많은 정보를 가지고 있기 때문에 비대칭정보 또는 정보비대칭의 비근한 예로 자주 인용된다. 주식시장 뿐만 아니라 부동산시장에서도 마찬가지이다. 많은 양의 정보보다는 정보의 질이 중요하다. 정보의 크기와 깊이가 중요하다는 것이다. 올바른 투자의 방향성을 결정짓는 핵심단서이기 때문이다.

투자의 기본은 분석이다

　막노동을 하던 차 사장(38세)은 이제 국내에서 알아주는 슈퍼개미이면서 자산도 수백억 원에 달할 정도로 젊은 나이에 성공을 이룬 부자다. 돈버는 방법을 터듯하여 주식투자에 상당한 인지도를 가지고 있는 차 사장은 그만의 노하우를 한 마디로 정의하면 분석에서 부터 출발한다고 말한다.

　주변의 많은 주식투자자들이 남들이 이 주식이 좋다고 하면 작게는 몇천만 원부터 많게는 몇억 원씩 투자하는 경우를 많이 봐왔다. 심지어 테마주, 작전주라고 어떻게 알았는지 생전들어보지 못한 회사에 투자하는 경우도 종종 봐왔다. 자동차를 구입할 때나 몇만 원짜리 옷을 구입할 때에는 많은 생각을 하는 사람들이 주식투자는 묻지도 따지지도 않고 과감하게 하는 것이다. 차 사장은 그런 식으로는 주식시장에서 승리하기 매우 어렵다고 단호하게 말한다. 그러면 그는 투자지표가 무엇이냐는 질문에 대해 분석이라고 대답한다. 투자할 기업의 최근 5년간의 재무제표, 사업현황, 업종흐름, 대주주와 CEO 등 한 기업을 꿰뚫고 있어야 가능하다고 말한다.

　그리고 한 마디를 더 얹었다.

> 　제가 주식투자를 전혀 모를 때 가지고 있던 자산은 몇백만 원도 채 되지 않았습니다. 이대로 사는 것은 미래가 없다는 생각으로 돈이 있으면 사고 싶은 주식을 선정하고 경제기사를 보면서 그 기업에 대한 기사는 빠짐없이 보고 메모해 두었습니다. 심지어 궁금한 점이 있으면 그 기업의 IR(investor relations) 담당자를 찾아가 자세하게 물어보고 이를 인연으로 하여 나중에도 그 기업에 대한 정보를 상세하게 얻게 되는 행운까지 건지게 되었습니다. 그래서 삼성전자를 말하면 대주주의 가족사까지 잘 알고 있고 사업설명회도 빠지지 않으려고 노력하고 있습니다.

　알맞은 주식투자는 가장 단순히 생각해 자신에 맞는 투자방법을 선택하는 것이 중요하다. 자신에게 맞는 투자방법이란 예를 들어 성격에 따라 투자전략도 달라야 한다는 것이다. 남들보다 성격이 급한 사람은 중장기 투자는 하지 말아야 하며 성격이 비교적 느긋한 사람은 단기투자에 적합하지 않다. 주식은 심리라는 말을 반증하는 내용이다. 일시적인 기교나 한 번 성공했다고 다음에 성공을 보장할 수 없는 곳이 주식시장이다. 기본에서 출발해 단순하게 투자하라는 것이 차 사장의 주식투자 철학임을 강조했다.

매달 현금 나오는 사업을 하라

누구의 인생이든 쉽고 행복하기만 한 인생은 없다. 부자든 가난한 사람이든 인생은 참으로 힘들고 고통스럽다. 힘들 때마다 아침 어시장의 생선경매를 자주 찾아간다는 이 사장(64세)은 이런 말을 자주하곤 한다.

"바닥을 쳐야 힘이 생깁니다. 살아 있는 생선들이 벌떡이는 모습을 보면서 삶에 대한 강한 힘을 얻습니다." 박 사장은 한때 돈이 없어 허덕이면서 많이 힘들었다고 한다. 지금은 현금자산과 부동산이 50억 원대를 육박할 정도로 부자가 되었다. 주로 태양광시설을 통해 매달 통장에 들어오는 돈만 3천만 원을 육박한다. 그가 직장생활을 하면서 할 수 있는 일을 찾을 때 안정적으로 돈이 들어오는 사업을 찾던 중 태양광사업은 매달 정해진 돈이 입금된다는 장점이 있었다. 일조량이 전제되어야 한다는 태양광사업의 특성 때문에 전국의 임야나 전답을 현장방문하다 보니 상대적으로 저렴하고 위치가 좋은 부동산을 구입하게 되었다.

그는 저자가 만난 어느 사람보다 부동산에 대한 이해도와 정보력을 가지고 있었다. 구입한 땅옆에 도로가 생기는 등 생각지 못한 부동산가격 상승까지 덤으로 얻기도 했다. 돈을 버는 것보다 자기가 생각한 내용대로 지형이 바뀌는 것을 볼 때마다 뿌듯한 자신감으로 행복하다고 말한다. 그는 오늘도 한전의 전기단가를 꼼꼼히 챙기는 것으로 하루를 시작한다. 은퇴 이후에는 빚을 없애는 것이 제일 중요하다고 한다. 한때는 직장생활을 하면서 돈이 없어 나는 불행한 사람이라고 스스로가 자신을 힘들게 할 때도 많았다고 한다. 그때마다 전국의 주요 산을 돌아다니던 것이 이제는 자산으로 돌아와서 세상에는 공짜가 없다고 말한다.

그가 태양광사업을 시작하기 전에는 이 사업을 한다는 것이 남들이 쉽게 가지 않는 길이었다. 기업도 마찬가지다. 같은 길을 가는 기업이 많을수록 경쟁이 심화될 수밖에 없다. 남들이 가지 않는 길에서 성공한 사례로 삼성의 지펠 냉장고가 있다. 흔히 양문형 냉장고는 대부분 월풀과 같은 수입제품으로서 백화점에서만 구입할 수 있는 사치품으로 인식되었다. 불황기에는 저가상품이 잘 팔린다는 기존 상식의 틀을 벗어나 고가시장에 주목하여 지펠 냉장고를 만들었다. 삼성이라는 브랜드를 달지 않고 지펠 브랜드에 60억을 투자했다. 모두가 저가시장을 바라볼 때 지펠 양문형 냉장고는 고가시장에서 대 히트를 만들어냈다. 이로 인해 1998년도 시장점유율의 56%에 해당되는 23만 대에서 2003년 시장점유율 62%의 31만 대를 판매하는 고가시장에서 성공한 케이스가 되었다.

돈을 벌거나 사업에 성공하기 위해서는 남들이 가지 않는 길을 가야만 한다. 개인이나 기업이나 모두 적용되는 말이다. 특히 부자가 되는 것은 더욱 그렇다. 최소한 부자들이 하는 습관이나 행동패턴을 따라만 해도 성공확률이 높아질 것이다.

부자들의 역발상을 따라하라

사람들이 돈을 버는 방법은 참 다양하다. 직장생활을 하면서 성실하게 돈을 모은 사람, 사업을 해서 돈을 버는 사람, 주식이나 부동산 등에 투자해서 부자가 된 사람 등 각양각색이다. 직장인이 한 해를 보낸 후 자신의 이력서에 변화가 없다는 것은 한 해 동안 충분한 노력을 하지 않았다는 증거다. 부자도 마찬가지다. 자산이 그대로이거나 감소했다면 '돈버는 시스템'에 문제가 있다는 것이다. 어제보다 오늘, 오늘보다 내일이 나아지지 않으면 부자가 되기 어렵다.

부동산으로 부자가 된 40대 후반의 샐러리맨 정 부장(52세)은 현재 주거하는 40평형대 아파트와 함께 용산근처 20평형대 상가, 그리고 약간의 금융자산을 가지고 있다. 대기업 점포개발 부서에서 근무하고 있는 그는 지금 하는 일이 재미있어 시간이 날 때마다 부동산지식과 경험을 길러온 경우다. 사회에 발을 내딛고 처음 집을 장만한 것도 여느 직장인들보다 훨씬 빨랐다. 가난한 어린시절을 보냈기에 직장생활을 시작할 때부터 내집마련을 첫 번째 목표로 삼아 매진한 결과다. 그는 점포개발 경험과 부동산 지식을 총 동원해 주말마다 발품을 팔았다. 처음 목표는 전세를 살던 서울 마포지역의 32평형대 아파트를 구입하는 것이었다. 주변 부동산 중개업체가 내놓은 급매물위주로 현장방문을 하면서 3개월 정도 집중조사한 끝에 곧 이민을 떠나는 사람의 급매물을 포착한 것이다.

가격은 2002년 당시 주변시세보다 무려 5,000만 원 가량 싼 1억 9,000만 원 정도였다. 게다가 역세권에 자리해 입지조건도 좋았으며, 하자도 전혀없는 깨끗한 부동산이었다. 그는 서너차례 현장방문을 나가 향후 아파트의 오름세를 면밀히 따져본 후 집주인을 만나 담판을 시도했다. 중도금과 잔금을 일시에 지급하는 조건으로 1,000만 원을 더 깎았다. 결국 거래가 성사되었고, 그 자리에서 계약한 그는 은행대출을 받아 부족한 자금 1억 원을 충당했다. 현재 이 아파트 시세는 15억 원대에 이른다. 그는 또한 마포지역에 살면서 인접지역인 용산부동산에도 자연스레 관심을 갖게 되었다. 지금은 용산지역 상권이 확 떴지만 당시만 해도 지하철공사와 상가재개발로 주변이 무척 어수선했다. 하지만 그의 눈에는 개발이 완료되면 가격상승이 예상되는 부동산이 들어왔다.

문제는 당장 투자할 만큼 돈이 없었다는 점이다. 그래서 궁리를 하던 차에 용산상가지역 주변에서 조그마한 가게가 딸린 주택이 눈에 띄었다. 당장은 살기불편하지만 따져보니 용산상가 지역개발이 끝나면 제법 가격상승이 예상됐다. 정 부장은 살던 아파트를 전세로 돌리고 그 가게를 사서 거주하기 시작했다. 이후 용산지역개발이 완료되면서 현재 상가가격은 2배 이상 상승했다. 그는 다시 상가를 전세로 돌리고 그 전세금으로 용산지역 40평형대 아파트로 옮겨서 살고 있다.

정 부장은 남들이 관심을 갖지 않는 아파트와 사람들이 모이지 않는 버려진 지역에 주목했다. 그의 부동산투자 지론은 "남들과는 달라야 하며, 먼저 가서 길목을 지켜야 돈을 번다"는 것이다. 부동산 부자들은 항상 대중과 반대로 움직이는 경향이 있다. 현재 가치로 5,000억 달러 이상의 재산을 모았던 미국의 철강왕 앤드루 카네기는 "부자가 된 비결이 무엇이냐"라는 질문을 받을 때마다 "다른 사람과 반대로 행동했다"고 대답했다고 한다.

앞서 달리려면 '역발상의 전략'이 필요하다. 부자들은 많은 사람들이 시장이 끝났다고 말할 때 투자하고, 대부분 사람들이 이제 투자를 할 때라고 외칠 때 조용히 시장을 빠져나와 다음을 준비한다.

한국에서 부동산은 거주 자산이면서 투자자산이다

2017년 정부의 세제에 의한 부동산투기억제대책으로서 "8·2 부동산대책"이 나와 부동산시장은 급랭하고 있다. 부자들은 그래도 믿을 것은 부동산뿐이라는 생각을 많이들 가지고 있다. 일반개인들은 상대적으로 정보유통과 관리가 어려운 주식보다는 부동산을 선호하고 있다. 다수의 전문가들은 우리나라 부동산시장이 일본식 버블붕괴 패턴을 따라가지 않을 것이라는 데 무게를 두고 있다. 고령화에 따른 주택수요 감소가 시장에 영향을 미치는 데에는 시간이 매우 오래 걸릴 것이라고 보았다. 또 일본식 패턴을 따라갈 것이라는 주장은 폭락을 좋아하는 사람들이 과장되게 이야기하는 것이라는 판단이다. 일본은 플라자합의(Plaza Accord)에 따른 엄청난 경제충격 요소가 있었고 장기간 마이너스 성장을 했다. 하지만 우리나라는 계속 성장을 하고 있다. 그래서 전 세계에서 유일하게 일본만 떨어졌는데 우리가 일본을 따라갈 것이라는 가정 자체가 위험한 것이라고 볼 수 있다.

박원갑 국민은행 부동산 수석전문위원은 "산업구조가 일본과 비슷하니까 부동산시장도 유사할 것이라는 가정하에서 일본식 위기론을 이야기 하는데 미래는 만들어가는 것이고 우리는 우리나라 특성에 맞게 봐야 한다"고 말했다. 박 위원은 인구 고령화에 따른 부동산시장의 충격에 대해 은퇴자들이 노후생계비 마련이 충분하지 않아 주택을 파는 시점이 언제가 되느냐가 문제라고 말한다. 즉 지금의 주택에 대한 애착과 주택을 투자대안으로 생각하고 있는 점을 감안하면 고령화에 따른 충격이 조기에 나타나지는 않을 것이라는 전망이다. 또한 우리나라는 주택연금제도도 잘 되어 있기에 충격을 완화시키는 데 도움이 될 것이다. 이에 대한 한국은행의 분석은 다음과 같다.

은퇴자의 주택처분(주거면적축소, 주택연금가입 등 포함) 행태는 정년(60세) 후 완만히 늘어나다가 실질 은퇴연령인 70세를 기점으로 뚜렷해진다. 60세 정년이 된다고 바로 주택을 파는 것이 아니라 이후 수년 동안 주택을 유지하다가 70대 이후 처분하는 것으로 나타났다. 정년직후 주택을 즉각적으로 대거 처분하지 않는 것은 대부분 1주택자인 은퇴가구가 재취업, 창업 등을 통해 경제활동을 지속하며 자가(自家)를 유지하려고 하는 데 기인한 것으로 보인다. 다만 가계부채 1,859조 원과 금리인상 이슈가 가장 큰 이슈다. 1,859조 원에 이르는 가계부채를 부동산시장의 뇌관이 될 수 있다. 한국도 전 세계 흐름에 맞춰 금리인상

깜빡이를 켠 가운데 가계부채가 부동산시장에 충격을 줄 수 있기 때문이다. 그 중에서도 금리가 가장 큰 변수이며 옛날에는 금리인상이 영향을 크게 미치지 않았지만 지금은 가계부채가 워낙 막대한 규모이다 보니 영향을 미칠 수도 있다. 가계부채를 손보지 않으면 충격은 올 것이다.

이처럼 정부의 부동산 대책이 발표되고, 일본식 위기론이 나오지만 아직은 부동산은 건재하다. 주택을 많이 가지고 있는 다주택자들이 주택을 팔게해서 무주택자들이 사게할 수 있는 기회를 주겠다는 것이 정부취지의 대책이었다. 그러나 여전히 강남재건축 아파트의 분양열기는 뜨거웠고 투기과열지구임에도 자산가들은 대출규제에도 건물을 사고자 하는 분위기다. 게다가 또 주택수에 포함되지 않은 매물은 여전히 인기다. 무엇보다 사람이 몰리는 대단지나 대기업 등의 상권이 형성된 곳에는 여전히 투자열기가 뜨겁다.

◆ 부동산 최초 구입시기별 구입지역

『2017 한국 부자보고서』에 따르면 한국 부자(금융자산 10억 원 이상인 개인)의 보유 부동산 규모는 평균 28.6억 원으로 국내 전체가계의 부동산자산 평균인 2.5억 원의 약 11배 수준으로 나타났다. 한국 부자의 부동산 최초 구입시기는 서울에 아파트가 본격적으로 건립되기 시작한 1970년대 후반부터 시작해 1990년대 후반의 비중이 22%로 가장 높았다. 2000년대 초반과 1990년대 초반순이었으며, 구입지역은 강남개발이 본격화되던 1980년대 중반까지는 서울 강남의 비중이 가장 높았다. 다음에 노원구와 마포구 등에 대규모 주택단지가 건설된 1980년대 후반에는 서울 강북이 분당과 일산 등 서울 근교 신도시건설이 이루어진 1990년대 초에는 경기지역의 구입비중이 높았음을 확인할 수 있다.

거주 부동산의 경우, 아파트가 77%로 국내 일반가구의 아파트 비중 48%를 크게 상회하고 있어 한국 부자에게 아파트가 가장 보편적인 주거형태임을 알 수 있다. 그 다음 순으로 단독과 연립주택, 주상복합이다. 은퇴 후 자산관리방법으로도 44.4%가 부동산투자를 우선으로 꼽았다. 여전히 부동산에 대한 대한민국 부자들은 사랑은 식지 않았다. 앞으로도 계속될 것인가에 대해서는 현재 같지는 않겠지만 방향성은 유지할 것이란 것이 전반적인 생각이다.[2]

---

2) 2017 한국 부자보고서, KB금융지주 경영연구소, 2017년 7월 31일

부동산 최초 구입시기별 구입지역

최초 구입시기	서울강남	서울강북	경기도	충청도	전라도	경상도
1970년대	36.4	18.2	27.3	–	9.1	9.1
1980~1984년	47.4	15.8	21.12	5.3	–	–
1985~1989년	28.3	32.6	15.2	6.5	4.3	10.9
1990~1994년	14.9	12.8	31.9	2.1	8.5	29.8
1995~1999년	21.7	23.3	18.3	–	5.0	26.7
2000~2004년	49.0	12.2	10.2	–	10.2	10.2
2005~2010년	36.7	20.0	10.0	10.0	10.2	3.3
2010년 이후	31.3	12.5	25.0	–	12.5	18.8

부자의 부동산 투자원칙은 사이클이다

부동산은 크게 타이밍, 정책 그리고 사이클에 의해 선택 결정된다고 본다. 특히 수익의 99%는 사이클에 달려 있다. 장례식장을 운영하는 정 사장(61세)은 오랫동안 사업을 해왔기에 시장을 잘 아는 사람이다. 그는 늘 지인들에게 하는 이야기가 부동산은 사이클이라고 말한다. 학군, 역세권, 먹거리 등 사이클의 핵심은 '사람이 모이는 것이다'라는 것으로 좋은 사이클을 정의하고 있다. 그는 상당한 부동산부자다. 가격이 좀 비싸더라도 사이클이 좋다면 과감하게 결정하는 편이다. 그런 정 사장의 부동산 판단기준은 가격이 아니라 부동산 사이클이라고 확언한다.

또 전기공사업을 오랫동안 해서 큰돈을 번 김 사장(59세)은 돈이 모일 때마다 부동산을 구입하여 상당한 자산가가 되었다. 공사를 하면서 자연스럽게 주변부동산 상황을 알게 되었고, 미래전망에 대해서도 남다른 시각을 가지게 되어 돈이 되는 부동산이 무엇인지 명확하게 알게 되었다. 사람들이 모이는 곳에 상가나 빌딩을 신축하다보니 자연스럽게 그 주변땅을 구입하여 부동산시세 차익을 얻었다. 부동산성장 지역에 대한 김 사장의 생각은 명확하다. 사람이 모이는 곳의 입지가 돈이 되는 지역이다. 사람들이 모이는 지역, 일자리가 많은 지역, 젊은 사람이 많이 사는 지역은 구매력이 크다. 또 역세권을 성장하는 부동산으로 말하고 있다.

국내 최고 부동산 권위자 박원갑 박사 KB 부동산 수석전문위원은 집을 지을 수 있는 땅을 구입하는 것이 기본이라고 주장한다. 평수는 넓지만 임야같은 땅은 실제로 대를 이어 넘기는 경우가 많다는 것이다. 아파트는 그래도 서울지역 중심으로 구입하는 것이 유리하다. 결국 인구가 집중되는 곳에 부동산을 구입하는 것이 부자의 지혜일 것이다.

특히 수익형 부동산에 대해 어느 정도의 기본지식을 갖춘 투자자들이 무엇을 언제 살 것인지 정했다면 그 다음 단계는 어디에 투자할 것인가이다. 여기서 말하는 수익형 부동산은 종류가 다양하고 각각의 상품에 따라 돈이 되는 입지조건이 다를 수밖에 없다. 투자자는 원하는 상품에 맞는 입지조건과 유망지역을 먼저 꼼꼼하게 분석한 다음에 투자해야 한다. 입지분석이 선행되지 않은 상태에서 무작정 남들이 하는대로 따라한다면 그 투자가 어떤 방향으로 흘러갈 것인지는 보지 않아도 알 수 있다.

주택도 예외는 아니다. 최근 오랫동안 아파트생활을 청산하고 가격은 좀 비싸지만 타운하우스를 선호하는 사람들의 경향도 결국은 입지다. 아파트의 답답함을 벗어나 자연의 풍요로움을 선호는 것도 결국 입지다. 벌어들이는 소득은 미미하게 늘어 나는데 집값은 속절없이 뛰면서 서민들의 내집마련의 꿈이 더욱 멀어진 것으로 나타났다. 특히 한국 인구 5명 중 1명이 몰려사는 서울에서 아파트 한 채를 사려면 가구가 벌어들이는 소득을 1원도 쓰지 않고 12년 가까이 모아야 하는 것으로 파악됐다.

집을 사는 목적으로 투자보다는 편한생활을 꼽는 주택수요자가 늘어난 것으로 나타났다. 주택산업연구원은 수도권의 입주 1년 미만 아파트 거주자 500명을 대상으로 주택구입결정 요인에 관한 설문조사를 한 결과, 주변 교통 등 '입지조건'을 가장 중시했다는 답변이 28%로 가장 많았다고 한다. 앞서 실시한 같은 설문에서는 투자가치가 29.5%의 지지를 받아 가장 중요한 요인으로 꼽혔으나 올해는 21.5%로 입지조건에 밀렸다. 집값상승에 대한 기대감이 낮아지면서 집을 살 때 이젠 생활의 편의성을 가장 많이 따지고 있는 셈이다.

입지에 따라 사람이 모여드는 요인으로 부동산 트렌드가 5년 혹은 10년마다 바뀌는 이유가 바로 여기에 있다. 그렇다면 2010년부터 2022년까지 최근 12년 동안은 어떤가? 큰 줄기로 보면 논란의 여지없이 '수익형 부동산열풍'이라는 말로 모든 게 설명되는 시기였다. 시장규모가 갑자기 커지면 트렌드한 유행상품이 잇달아 공급되기 마련이다. 2011년 이후 오피스텔, 도시형 생활주택, 분양형 호텔, 렌털하우스 등이 1~2년씩 전성기를 누렸다. 서울 강서구 마곡단지에 대단위 아파트가 입주하자 가격이 상승하는 것, 제주도가 최근 전국 부동산 상승률 1위를 차지한 것은 결국 전국에서 사람들이 모여들기 때문이라는 것이 설명된다. 아파트의 성지 강남 3구와 세종시, 부산도 예외는 아닐 것이다. 아파트입지는 결국 사람들이 많이 오는 곳이 입지명당이다.

부자들은 꼬마빌딩으로 이동하고 있다

요즘 고금리, 고환율, 고물가와 저성장으로 통칭되는 3고1저 시대에 살고 있다. 그러다 보니 과거처럼 높은 투자수익률을 내는 투자자산은 찾기 힘들다. 그래서 요즘 부자들은 늘 하던 대로 틈새시장에 주목하고 있다. 그 중에서도 꼬마빌딩을 쇼핑 중이다.

꼬마빌딩거래 활성화의 주요 원인은 고금리 등에 따른 대체 투자처확보수단으로 꼬마빌딩에 대한 관심이 증가한 것이다. 2022년 이후 기준금리 상승의 영향으로 정기예금 등 안전자산의 수익률은 상승한 반면, 상업용 부동산의 투자수익률도 상승세다. 서울 내 중대형 상가의 투자수익률은 2012년 4% 후반을 저점으로 상승하여, 2022년 3분기에는 6%까지 상승했다. 정기예금금리는 기준금리 상승의 영향으로 역사적 고점수준인 6% 초반까지 상승하면서 두 투자자산 간의 수익률 스프레드(yield spread)가 비슷하게 되었다.

높은 수익률확보와 함께 펀드 등 금융상품에 비해 상대적으로 안전한 투자자산으로 인식되면서 꼬마빌딩에 대한 자산가들의 관심과 매수가 증가하고 있다. 한편 꼬마빌딩 투자수익률 개선에는 자산가치 상승에 따른 자본수익률 상승이 원인이 되었다. 부동산의 투자수익률을 구성하는 요소 중 임대료 수입을 주요 원천으로 하는 소득수익률은 2022년 이후 큰 변화가 있는 추세이다. 반면에 고금리와 토지가치 상승의 영향으로 자본수익률이 상승하면서 투자수익률 개선에 직접적 요인으로 작용하였다.

부자들은 주식이나 부동산도 항상 선점하여 매입하고 판다. 앞으로 상가부동산의 주요 구매자이자 국내 부동산시장의 대표적 투자층인 베이비부머 세대의 빌딩시장진입 본격화가 그 증거다. 최근 은퇴기에 접한 1차 베이비부머 세대는 주택을 활용하여 자산가치 증식을 경험한 1세대로서 기본적으로 부동산투자에 대한 선호도가 높다.

주택을 통한 시세차익기대는 낮아진 반면, 안정적 임대소득확보에 대한 니즈는 강해졌다. 그래서 월세 소득확보가 가능한 수익형 부동산에 대한 관심이 증가하고 있다. 특히 자산기준 20~30억 원 이상을 보유한 고자산 베이비부머 세대들이 담보대출을 활용한 꼬마빌딩 매수에 적극적으로 참여하는 것으로 판단된다. 한편 자영업자, 전문직 종사자 등 젊은 자산가들의 꼬마빌딩 시장진입도 활발해지고 있다. 30~40대 성공한 창업자와 IT 개발자 등 전문직 종사자들도 꼬마빌딩 매수에 적극적으로 참여하면서 자산규모가 큰 60대보다 40대의 매수비중이 높아지는 등 자수성가한 30~40대 자산가들의 매매수요도 지속적으로 발생하고 있다.

앞으로 상당 기간 이러한 추세는 지속될 것으로 보인다. 부자들은 이러한 상황을 알기 때문에 대거 이 시장으로 이동 중이다.

부자는 구도심 부동산이나 가치주를 선호한다

부자에 대한 편견이 송두리째 무너지는 대목이다. 많은 사람들은 돈이 많아서 돈이 돈을 번다고 생각하지만 그 이면을 들여다 보면 고개를 끄덕이게 되는 것이 있다. 아무도 관심을 가지지 않는 구도심의 부동산이나 지금은 관심을 받지 못하고 있는 기업의 주가에 투자하는 것을 종종 보게 될 때이다.

지금은 가진 자산이 누구에게나 말할 수 있을 정도로 많은 김 사장(52세)은 몇 차례 사업으로 기복이 있는 젊은날을 경험했었다. 최근 지방의 변두리지역에 소형아파트를 분양하여 소위 완판을 시켜 성공을 이룬 사업가이기도 한다. 몇해 전만에도 해도 가진 자산이 없어 실망할 때도 있었지만 김 사장이 가진 사업경험은 가장 큰 자산이었다. 그는 도시지역에서 대형건설사들이 이미 아파트를 공급하다보니 단지가 클 수밖에 없었다. 이점에 착안하여 군이나 읍지역처럼 상대적으로 아파트공급이 적은 지역을 찾아 오래된 부동산을 구입하고 상가나 아파트를 공급하는 전략을 해왔다. 결과는 성공적이었다. 군이나 읍은 도시에 비해 상대적으로 아파트 문화가 형성되지 않아 수요가 많다는 것이다. 그래서 김 사장은 지금도 발품을 상당히 많이 팔고 있다. 김사장의 남다른 점은 그냥 이익을 내는 것이 아니라 일정부분 그 지역으로 이익이 돌아갈 수 있도록 지역사회에 대한 기부도 빠지지 않는다는 것이다.

김 사장이 구도심의 부동산을 눈여겨보는 이유 중 다른 하나는 사회변화이다. 2022년은 새로운 대통령취임과 과거와의 결별 등이 겹쳐지는 격동기라고 볼 수 있다. 베이비부머의 막내격인 토끼띠 63년생 공무원이 대거 퇴직하는 시기이기도 한다. 내년에 만 60세가 되는 1963년생들은 올해 공로연수나 명예퇴직으로 모두 은퇴한다. 정년 60세가 법제

화되기 이전에 상당수 기업의 실질적인 정년이 55세였기 때문에 민간영역에서 일했던 동갑내기들은 이미 4~5년 전부터 일선에서 물러났다. 이 때문에 공직의 '63년생' 은퇴는 사실상 우리 사회에서 베이비부머의 전면적인 퇴장을 의미한다. 어려운 유년기를 보내면서 먹을 거리가 궁핍했던 보리고개를 마지막으로 경험했던 세대이기도 하다.

고등학교 평준화가 시행돼 '뺑뺑이 세대'로 불렸고, 성년이 되면서 군사독재였던 유신정권의 몰락과 제5공화국의 탄생이라는 정치적 격변기를 경험했다. 그렇지만 한강의 기적으로 불리는 급속한 경제성장덕에 어렵지 않게 일자리를 구할 수 있었고 지금과 같은 취업난은 겪지 않았다. 사회의 중요한 허리역할을 담당하던 1997년에는 외환위기라는 유례없는 경제적 파고를 온몸으로 겪어내면서 파란만장한 시대를 풍미했다. 이들에게는 아파트보다 향수가 있는 어릴적 살던 단독주택 그리고 전원생활이 로망으로 남아 있다. 비록 시골로는 갈 수 없지만 도시의 오래된 가옥을 리모델링하여 복고풍을 선호하는 트렌드가 있기에 구도심주택을 선호하는 것이다.

워런 버핏은 가치투자의 대명사이기도 하다. 그는 특출한 투자실력과 기부활동으로 '오마하의 현인'으로도 불리고 있다. 2016년 《포브스》지는 워런 버핏을 세계 3대 부자로 선정하였으며, 2012년 미국 《타임》지에서는 세계에서 가장 영향력 있는 100인으로 선정하기도 했다. 그가 강조하는 말중 명성을 쌓는데는 20년이란 오랜 세월이 걸리지만 명성을 무너뜨리는 데는 채 5분도 걸리지 않는다는 말이 있다. 그걸 명심한다면 당신의 행동이 달라질 것이다.

쉽게 말해 초보들의 주식투자방법으로 가장 우선시해야 하는 마인드가 있는데, '욕심은 절대 금물'이다. 처음으로 주식투자를 해야 한다면 자신이 다 날려도 상관없을 정도의 금액만 정하는 것이 좋다. 우리가 로또를 살 때 1,000~10,000원 정도는 다 날려도 상관없다는 마음으로 편안하게 하듯이 말이다. 물론 주식이 로또처럼 완전히 다 날릴 확률이 거의 99.9%인건 아니지만 적어도 감내할 손실만큼만 하는 것이 옳다. 자신이 모아놓은 돈의 전액을 모두 다 주식투자에 소위 몰빵하는 초보만큼 어리석은 투자방법도 없다. 재테크든, 주식이든, 투자든 뭐든 간에 수익도 좋지만 정신건강이 피폐해지면 아무 쓸모없음을 명심해야 한다. 그래서 투자를 해도 그 가치가 있는 주식 즉, 코카콜라, 애플, 구글, 테슬러, 삼성전자 등 우리들의 삶과 관련이 깊는 기업에 투자하는 하는 것이 가치투자의 방법이라는 것을 잊어서는 안 된다.

부자의 금융상품 선택은 유동성에 있다

최근 자산가들은 주식투자에 곤혹스러워하고 있다. 갑작스럽게 500포인트 이상 급하락한 주가에 대해 충분한 준비를 하지 못했기 때문이다. 외국인들의 셀 코리아가 주요 원인이었다. 이러한 상황에서 정보의 중요성은 더욱 커지고 있다.

『2016 한국 부자보고서』에 따르면 한국 부자의 자산관리 최대 관심사 1순위는 '금융상품 및 금융시장정보' 분야인 것으로 나타났다. 금융자산 10억 원 이상을 보유한 부자의 33.3%가 금융상품과 금융시장의 정보에 부족함을 느끼고 목말라한다는 것이다. 다음으로 '부동산투자정보'(29.5%), 그리고 '자산포트폴리오 설계와 조정'(11.5%) 등이 주요 관심사인 것으로 파악됐다. 전 국민의 0.41%인 21.1만 명의 한국 부자들은 가계 총 금융자산의 15.3%인 476조 원을 보유하고 있는 이미 금융재테크의 경지에 오른 고수자산가들이다.[3]

최근 우리나라 자산가가 가장 선호하는 금융으로 투자상품은 주식직접투자와 정기예금과 단기채권인 것으로 나타났다. 이는 KEB하나은행과 하나금융경영연구소가 2022년에 발간한 『2022 Korean Wealth Report』조사결과에 따른 것이다.[4] 하나금융경영연구소는 국내부자들의 자산관리형태 및 경제적 특징, 트렌드변화 등의 연구를 위해 2007년부터 매년 보고서를 발간해왔다. 올해는 PB고객 1,028명을 비교분석했다. KEB하나은행은 이번 설문조사에서 기존 PB고객 외 PB담당 직원에 대한 설문조사도 병행해 실시했다고 밝혔다.

부자 모두가 팬데믹시기에 자산구성을 크게 바꾼 것은 아니었다. 부자중에서도 자산구성 비율에 크고 작은변화를 주었다는 비중은 43%였다. 대중 부유층 및 일반대중의 응답비중(42%)과 크게 다르지 않았다. 다만, 자산구성비율에 적극적인 변화를 준 부자는 그렇지 않은 부자에 비해 자산증식성과 측면에서 확연한 차이를 보였다. 자산구성비율에 변화가 없었던 부자는 대부분 자산크기에 거의 변화가 없거나(48%), 10% 미만으로 증가했다(22%)고 응답했고, 10% 이상 고수익을 거둔 비중은 22%였다. 반면, 자산구성비율에

---

3) 2016 한국 부자보고서, KB금융지주 경영연구소, 2016년 6월
4) 2022 Korean Wealth Report, 하나금융 경영연구소, 2022년 4월 13일

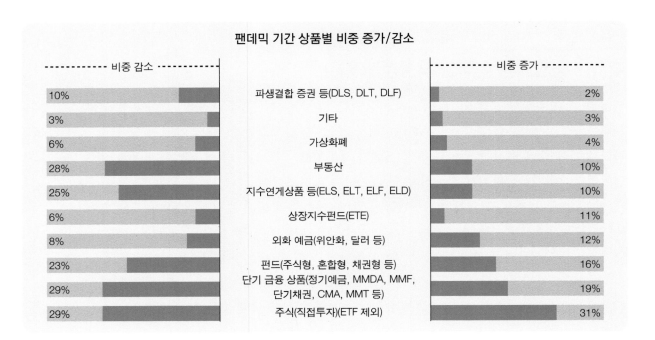

팬데믹 기간 상품별 비중 증가/감소

⋯⋯ 비중 감소 ⋯⋯		⋯⋯ 비중 증가 ⋯⋯
10%	파생결합 증권 등(DLS, DLT, DLF)	2%
3%	기타	3%
6%	가상화폐	4%
28%	부동산	10%
25%	지수연계상품 등(ELS, ELT, ELF, ELD)	10%
6%	상장지수펀드(ETE)	11%
8%	외화 예금(위안화, 달러 등)	12%
23%	펀드(주식형, 혼합형, 채권형 등)	16%
29%	단기 금융 상품(정기예금, MMDA, MMF, 단기채권, CMA, MMT 등)	19%
29%	주식(직접투자)(ETF 제외)	31%

변화를 준 부자의 31%는 10% 이상 높은 수익률을 거둔 것으로 나타났다. 변화에 적극적으로 대응한 부자가 긍정적인 결과를 거둔 셈이다.

금융상품을 잘고르는 원칙을 살펴보면 다음과 같다.

첫째, '수익성 확인'이다. 어느 정도의 수익률이 발생할 것인가를 확인하는 것은 금융상품을 선택하기 전에 가장 먼저 해야 할 일이다.

둘째, '유동성 확인'이다. 유동성은 다른 말로 환금성이라고 표현하기도 하는데, 쉽게 말해 돈이 필요할 때 언제든지 보유하고 있는 금융상품을 별다른 손해없이 현금화할 수 있는 특징을 말한다. 이 특징은 부동산을 비롯한 다른 투자상품과 비교했을 때 금융상품이 갖는 가장 큰 특징이자 장점이다.

셋째, '안정성 확인'이다. 이 말은 곧 원금이 보장되느냐, 아니냐 라는 뜻이다. 이러한 측면에서 주식이나 펀드처럼 변동성이 크고 원금을 잃을 우려가 있는 상품은 안정성이 낮고, 정기예금처럼 원금이 보장되는 상품은 안정성이 높다고 할 수 있다.

넷째, '투자기간 확인'이다. 투자한 돈을 언제 찾을 것인지 생각하지 않고 무턱대고 금융상품을 선택하면 손실을 볼 우려가 있다.

지금까지 금융상품을 선택할 때 꼭 지켜야 할 네 가지 원칙을 살펴보았다. 그리고 이

금융상품을 잘 고르는 원칙
1. '수익성 확인'이다. 2. '유동성 확인'이다. 3. '안정성 확인'이다. 4. '투자기간 확인'이다.

원칙들이 서로 긴밀한 관계를 유지하고 있어 하나의 원칙만을 적용해서는 좋은 금융상품을 선택할 수 없음을 알았다. 따라서 금융상품을 잘 고르려면 이 네 가지 원칙을 유기적으로 검토하여 자신의 투자목적과 일치하는 금융상품을 찾아야 한다. 그러면 투자의 절반은 이미 성공한 것이나 다름없다. 무엇보다 투자성공은 높은 수익률이 아니라 원금을 지키는 것이다. 워런 버핏의 투자원칙은 첫 번째 원금을 잃지 않는 것이다. 두 번째 원칙도 원금을 잃지 않는 것이다.

부자들은 언제든지 팔 수 있는 자산을 선호한다

가장 치열한 전투는 가장 강한 군인들에게만 주어진다. 가장 강한 군인은 잘 싸운 군인이 아니라 강한 신념으로 뭉쳐진 군인이다. 2016년 일본을 배경으로 전쟁영화「핵소 고지(Hacksaw Ridge)」에서 실제 주인공이자 의무병으로 자원입대한 데스몬드 도스(Desmond Doss)는 부상병 75명을 구하여 미군 최고의 영예인 '명예의 훈장'을 수여받은 실화를 바탕으로 만들어진 영화다.

부자들에게도 투자의 신념을 가지고 살았기에 가능할 것이다. 투자의 세계는 그만큼 다양한 이해관계자들이 관여하기 때문에 마치 전쟁터나 다름없다. 이 전쟁터같은 투자의 세계에서 살아남기 위해서는 자기만의 투자원칙이 필요하다.

자수성가한 부자들의 투자원칙을 보면 다양한 방법이 있으며 개개인에 따라 다른 것을 알 수 있다. 그 중에서 특히 기억이 나는 것은 '언제든지 팔 수 있는 자산'을 꼭 매입한다는 것이다. 최근 부자들은 그 어느 때보다 세금에 대하여 민감하다. 실물자산만큼 절세자산이 또 없다. 자녀들에게 결혼기념으로 은행에서 판매하는 골드바를 구입하여 주려고 하는 김 사장(72세)은 오랫동안 생각하다가 자녀 3명에게 5천만 원 상당의 골드바를 선물하기로 결정했다. 5천만 원까지 증여세 면제라는 고민과 함께 가격상승이점이 있다는 것도 결정하게 된 배경이다. 원금이 없어질 가능성이 주식보다는 비교적 안전한 것도 골드바의 매력이기 때문이다. 국제금시세·환율을 확인해 매입시기를 결정해서 구매할 수 있고 소지자가 언제든 은행에 다시 팔아 현금화가 가능하다는 장점도 있다.

금융자산 이외에 일반인이 투자할 수 있는 자산들에는 토지, 상가, 주택과 같은 부동산이나 미술품, 골동품, 귀금속같은 현물이 있다. 다만 향후 저성장과 인구의 감소로 인한 현물자산 가치의 장기적 하락가능성이 대두되고 있다. 이런 상황에서 장기적 안목에서 대안 투자처를 찾는다면 금(골드)투자를 권할 만하다. 금은 지구상에 존재하는 광물 가운데 매장량이 한정되어 있고 가장 안정적인 물성을 보유해 예로부터 통화의 대용수단으로 사용되어 왔다. 지금도 통화가치 기준으로 당당한 입지를 확보하고 있다. 무엇보다 각국의 양적완화조치로 인해 현금가치가 떨어지게 되면 금값은 상대적으로 오르게 된다.

금에 투자하는 방법은 금통장, 금펀드같은 금융상품에 가입하는 방법과 실물로 상품화된 골드바를 구입하는 방법이 있다. 이 중 금펀드는 금과 관련된 사업을 하는 주식들을 담은 펀드에 가입하는 것이라 조금 다르지만 기본적으로 가치평가는 국제금시세와 환율에 의해 이뤄지게 된다. 따라서 매입을 하는 순간의 국제시세와 환율을 확인해 시기를 결정하는 것이 필요하다. 국제시세는 단기적으로는 제조업 등 산업적 수요나 투기자금의 수급이 시세에 영향을 주지만 장기적으로는 희소성이 증대되어 가치는 지속적으로 오르게 된다. 환율은 장기적인 방향성을 누구도 장담할 수 없으므로 매입과 매도결정의 타이밍을 자신에게 유리한 환율에서 실행하는 수밖에 없을 것이다.

은행에 금구입과 매도를 위임하고 그 내용이 찍힌 금통장만 소유하는 것과 달리 골드바는 은행에서 매입한 실물금괴를 본인이 수령하여 본인이 보관하거나 타인에게 선물하거나 은행의 대여금고에 보관할 수 있다. 은행의 경우 한국조폐공사에서 품질보증하고 있고 소지자가 언제든 은행에 재매도해 현금화가 가능하다.

부자들은 원금이 사라지는 투자를 꺼려한다

최근 주식시장에서 그동안 갇혀 있던 박스권을 탈출하는 모습을 보이자 많은 사람들은 너나 할 것없이 주식시장으로 모여들고 있다. 조금은 걱정되는 부분도 있다. 실제로 부자들은 어떤지 궁금하지 않은가? 결론적으로 수익이 기대되지만 공격적인 투자는 자제하고 있다. 주식이라는 투자자산은 변화무쌍한 고점과 저점이 형성되는 특징을 가지고 있다. 부자들은 이점을 잘 알고 있기 때문이다. 그래서 가지고 있는 자산의 일부만 투자를 하고 있다. 그것도 아주 보수적인 수익을 기대한다. 거기에는 원금이 없어지는 학습경험을 통해 형성된 지혜중의 하나다.

정 회장(65세)은 부동산개발업을 하지만 주식에도 상당 자금을 투자하는 부자다. 가지고 있는 자산은 50억 정도되는데, 대부분의 자산은 부동산, 특히 토지에 많은 자금을 투자한 상태다. 주식은 대형주위주로만 운영하면서 수익률은 3% 이내로 하고 비교적 운영기간을 6개월 이내로 하여 철저히 수익관리에 치중하는 편이다. 그런데 부동산 만큼은 예외다. 가지고 있는 자산의 80% 이상을 전국토지에 투자해 놓은 상태다. 물론 일반사람들이 똑같이 정 회장처럼 해도 결과는 다를 것으로 판단된다. 정 회장은 부모로부터 일정 금액을 종자돈으로 받았고 투자시에는 철저히 원금을 잃지 않아야 한다는 투자원칙을 배워왔다.

토지는 주식에 비해 회수속도는 늦을지 모르지만 원금손실 가능성은 낮다는 것을 잘 알고 있을 것이다. 원금이 살아있어야 언제든지 내일의 기회를 마련할 수 있다는 점을 잘 일깨워주는 부분이다. 부모로 받은 억대자산은 이제 몇 십억 원의 자산으로 커진 상태다. 주식과 채권은 부동산에 비해 원금에 손실이 발생할 수 있다는 중요한 사실을 잊으면 투자세계에서 생존하기 힘들다는 사실을 명심해야 한다.

투자는 바로 미터금리에 주목하라

요즘같이 기준금리가 상승하는 시점에는 부자들은 투자를 하거나 자산관리를 할 때 무엇을 기준지표로 삼는지 궁금할 것이다. 개인차나 시대차이는 존재하지만 한 가지 분명한 것은 '금리'만큼 중요한 투자변수는 아마 없을 것이다. 금리흐름은 곧 돈의 흐름을 읽을 수 있기 때문이다.

장례식장을 운영하는 김 회장(62세)은 경제뉴스에서 아무리 바쁘더라도 놓치지 않는 기사가 미국금리와 유럽금리 그리고 대한민국 금리다. 2023년 가장 큰 기회와 위험은 무엇인가라는 화두에 대해서도 그 답은 '금리'이다. 금리가 상승하면 부동산이 상승할 것이라는 지금까지의 고정관념은 더 이상 통용되지 않을 것이다. 부동산구입을 하기 위해 은행에서 대출받은 구입자의 이자증가로 부동산거래가 축소될 것은 뻔한 일이기 때문이다.

주가도 상승할 것이라는 기존 생각을 이제 수정할 필요가 있다. 주가는 기업의 실적이 좋아야 상승하는데 대출이자가 상승하면 기업의 이자비용이 증가하여 결국 이익감소로 주가하락의 요인이 상존한다. 금리가 상승하면 채권수익률은 증가할 것이라는 전제가 계속 이어질 것인가에 대한 회의도 들고 있다.

지금 많은 국가들이 기준금리가 상승하고 있지만 이것이 언제까지 계속될지에 대한 확신과 희망적인 기대는 어려울 수 있다. 영국의 브렉시트(Brexit)와 미국 도널드 트럼프의 승리 그리고 코로나 19는 세상에 한 가지 개념을 심어주었다. 세금을 감면해 주면 경기는 활성화될 것이라는 것이다. 세금에 대해 한 마디 더하자면 법인세율이 1% 포인트 떨어질 경우 추가적으로 S&P 기업주당 이익은 1.50달러 증가한다. 공화당일각에서 제시하는 것처럼 법인세율이 26%에서 20%로 내려간다고 가정하면 올해 이익성장 측면에서 10% 포인트 증가한다고 볼 수 있다.

이 계산에는 해외에 묶여있는 2조 4,000억 달러의 자금은 포함되어 있지 않다. 만약 이 자금이 다시 국내로 돌아와 부채상환, 인수합병, 자본지출에 쓰이거나 배당금형태로 주주들에게 돌아간다면 이 또한 엄청난 경제부양효과를 낼 수 있다.

성장전망이 어두우면 연방준비제도(연준)가 오랫동안 이야기해 왔던 점진적인 방식보다 훨씬 더 빨리 긴축해야 한다는 압박을 받을 가능성이 있다. 그 결과로 2023년에 침체기를 맞을 수도 있다. 가장 큰 리스크는 금리다. 10년 만기채권 수익률이 주식배당 수익률보다 낮은 상황을 맞고 있다. 역사적인 기준에서 보면 익숙하지 않은 환경이다. 세상이 뒤집혔다. 자본이득을 위해 채권을 매수하고 수익을 위해 주식을 사고 있다. 금리리스크는 이런 상황이 아주 빠르게 뒤집힐 수 있다는 것을 의미한다.

이제는 정기예금같은 중금리상품을 가지고는 충분한 수익률을 얻기가 힘든 시절이 되었다. 위험을 관리하면서 단기보다는 장기적인 투자가 필요한 때다.

인플레이션 시기에는 현금성 자산을 확보하라

인플레이션은 물가가 올라가 돈의 가치가 떨어지고 디플레이션은 물가가 떨어져 돈의 가치가 올라가는 것이 일반적인데 디플레이션 시점이 올때를 대비하여 자산의 50% 이상을 정기예금같은 현금성 자산을 재편해야 한다. 근래에 한국이 일본의 '잃어버린 30년'이라는 전철을 밟지 않으려면 생존이 불가능한 기업에 대한 구조조정과 디플레이션 관리 등에 박차를 가해야 한다고 국제통화기금(IMF)이 지적했다. IMF가 내놓은 「한국이 직면한 도전-일본의 경험에서 배우는 교훈」이라는 조사보고서[5]에서 한국이 최근 직면한 도전은 일본이 이미 맞섰던 도전과 유사하다면서, 한국도 일본처럼 주식과 부동산 버블이 터지면서 장기간 경기침체를 겪는 이른바 '잃어버린 30년'에 접어들지 주목된다고 했다.

조선업, 해양, 화학산업의 침체로 노동집약 산업의 구조조정 필요성이 그 어느 때보다 절실하다. 조선업 중심도시는 폭탄을 맞은 것처럼 폐허가 되어가고 있고 실업자가 늘어나고 있다. 거기에다 정치는 요동치고 있다. 한국은 세계적으로 가장 빠른 속도로 고령화가 진행되고 있으며 곧 인구감소가 닥쳐올 것이다. 잠재성장률의 극적인 하락과 물가상승세의 부진 등이 현재 또는 가까운 미래에 직면해 있어서 일본의 30년 전과 유사하다는 설명이다.

보고서에 따르면 일본은 1990년대 초반 주식과 부동산시장 버블이 터지면서 경제성장률이 곤두박질쳤다. 하지만 부실채권처리를 1997년 아시아 외환위기가 터질때까지 미루고 있다가 신용경색에 빠지면서 마이너스 성장에 빠져들었다. 인플레이션 하에서는 현금이나 현금에 준하는 자산을 소유하면 손해를 입는다. 돈의 가치가 떨어지기 때문이다. 따

---

5) IMF "한국, 구조조정 미루면 일본식 침체 올 것", 한국경제신문, 2017년 1월 30일

라서 금이나 부동산과 같은 실물자산에 투자하는 것이 유리하다. 인플레이션이 높을수록 채무자의 채무액 실질가치는 하락하기 때문에 채무자에게 인플레이션은 빚을 탕감해 주는 역할을 한다.

하지만 디플레이션 하에서는 주가는 하락하고 부동산의 가격도 하락한다. 디플레이션 하에서는 현금이나 현금에 준하는 자산이나 안전한 채권에 투자하는 것이 유리하다. 디플레이션 하에서는 채무자의 채무액 실질가치가 증가하기 때문에 디플레이션은 채무자의 적이다. 최근 부자들이 주목하는 것이 경제의 사이클이다. 결국 성장과 쇠퇴가 반복된다는 사실에 주목하고 있다. 그래서 은행권에 금리인상과 맞물려 정기예금과 채권가입이 늘어나고 골드바구입이 증가하는 추세이다.

나만의 돈버는 시스템을 구축하라

2000년대 초반까지만 해도 전 세계 휴대폰시장에서 1위를 하던 대표기업이었고 핀란드의 25퍼센트 경제성장을 이끈 한 나라의 대표기업이었던 노키아가 지금은 어떻게 되었는가? 몰락했다.

많은 세계적인 기업들이 변화를 통해 성장과 실패를 경험하고 있다. 한때 핸드폰 시장을 호령했던 노키아는 지금은 그 흔적도 없다. 실패한 가장 큰 이유는 세계의 휴대폰 시장에서 1위였던 노키아가 스마트폰이라는 새로운 제품과 시대의 변화로 인해 2007년 애플의 아이폰이 나오면서 몰락의 과정을 겪었다는 것이다. 노키아의 입장에서 어쩌면 그동안 구축해 놓은 생산과 품질기술력으로 새로운 시장보다 안정적인 시장을 지향하였을지 모른다. 하지만 결과는 몰락이다. 과연 노키아그룹의 인재들이 그렇게 많았을 텐데 자만심이었을까? 어쩌면 시대가 변했고 아니 시대가 변하기 전에 시대를 변화시킨 새로운 무언가가 나오면서 노키아의 제품들이 필요가 없어져서 도태된 것이 맞지 않을까?

최근에도 세계적인 일본기업 도시바의 파산이 있었다. 1970~1980년대 일본 도쿄대 공대생들이 가장 선호하는 기업은 도시바와 닛산자동차였다. 도시바는 문과출신들도 가장 입사하고 싶어하는 초일류기업이었다. 제너럴일렉트릭(GE)의 전구를 최초로 판매했고 냉장고, 세탁기, 전자레인지의 일본내 생산과 판매도 1호였다. 1990년대에 이미 매출 5조 엔을 넘는 거대기업이었다. 1984년 도쿄중심부 미나토 구(港區)에 40층짜리 빌딩을 세워 쾌적한 근무환경을 자랑하기도 했다.

정작 도요타 자동차는 당시 대학생 선호도가 동종 업종인 닛산에도 밀렸다. 신입직원들은 오히려 지방대 출신이 많았다. 본사도 도쿄에서 300킬로미터나 떨어진 일본 아이치현(あいちけん)이었다. 전자기업에 비해 연봉도 적었고 2류 기업이라는 느낌이 물씬 풍겼다. 하지만 도요타는 이들과 색다른 점이 있었다. 도요타는 신화가 있었고 영웅을 가졌다. 창업주인 도요타 기이치로(豊田喜一郎)를 비롯한 도요타가문의 성공담은 한편의 서사(敍事)를 만들기에 충분했다. 더럽고 험한 자동차부품을 만지는 직원들에게 선배들은 손을 자주 씻지 말도록 했다. 하루에 몇 번씩 손을 씻으면 일을 배울 수 없다는 것이 선배들의 가르침이었다. 연구개발도 머리로 생각하지 말고 반드시 실험하도록 했다. 뭐든지 현장 우선이었다. 그들은 이런 문화에서 일을 배우고 꿈과 상상력, 창조력을 키워나갔다. 모든 종업원이 참가해 필요한 물건을 즉시 생산해내는 JIT(just in time) 방식이나 가이젠(改善) 등 '도요타 웨이'도 이런 현장에서 자연스럽게 이뤄졌다.

닛산자동차가 외국기술의 힘을 빌려 고급차를 고집했을 때 도요타는 그들의 '암묵지(暗黙知, tacit knowledge)'로 그들만의 방식을 형성했던 것이다. 물론 이 방식은 수백 번, 수천 번의 시행착오에서 나왔다. 최근 도요타의 가이젠 혁신노력이 약간 떨어졌다고는 하지만 암묵지는 자율주행차 시대에도 여전히 빛을 발하고 있다.

한국의 부자도시 울산의 경제는 현대중공업과 현대자동차를 거점으로 하는 공업도시다. 그런데 이번에 조선산업의 붕괴로 대우조선해양의 경우 상당한 피해를 지역경제에 미쳤다. 현대중공업의 경우 이전에 조선외에 현대오일뱅크의 자회사와 그동안 보유한 자산이 많아서 그 위기를 이겨내고 있는 것이지, 기업이 영원하지 않다는 것을 보여주고 있다. 만약 이런 울산경제가 새로운 기술력 혁명시대에 현대차가 따라가지 못해서 노키아처럼 몰락한다면 어마어마한 여파가 일어나지 않을까? 정말 끔찍한 가정이다.

결국 기업뿐만 아니라 개인도 현재의 순간을 지키려는 것이 바로 위기다. 부자가 되는 것도 같은 맥락이다. 부자가 아닌 사람들을 만나서 현재까지 가진 재산이 얼마인가? 그동안 번돈은 얼마인지 직장인 경우 근무기간 동안 받은 연봉을 합하면 얼마인지 따지다 보면 스스로가 돈버는 방법이 부자가 되기에는 충분하지 않다는 것을 인정하게 될 것이다. 이 정도면 편하게 살겠지라는 생각이 가장 위험한 생각이다. 나보다 남다른 돈버는 시스템을 가진 기업과 개인은 빼앗으려고 하기 때문이다.

저자가 만난 유 사장(55세)은 상당한 재력가이고 하지만 남들이 가지고 있지 않은 자기만의 돈버는 시스템을 가졌다. 건설업은 토지구입부터 건물완성까지 모든 것을 원스톱으로 처리하는 것이 일반적이나 건설은 전문가일지 모르지만 건설과정에 발생하는 분쟁, 소송, 금융 등에는 취약한 것이 현실이다. 일단 문제가 발생할 때는 그 피해액이 상당하다. 유 사장은 자신이 오랫동안 건설업을 운영하면서 실패와 성공경험을 이제는 컨설팅업으로 이어져 법률조언과 금융해결 등으로 틈새시장에서 많은 부를 이루고 있다. 일종에 지식서비스업을 운영하고 있는 것이다. 혹시 이 책을 읽는 독자 중에 모아둔 돈이 없다고 낙담하는 경우도 있을 것이다. 자신이 가지고 있는 경험과 지혜 그리고 지식은 돈이 된다는 것을 다시 생각해보는 것을 제안하고 싶다. 내가 돈을 버는 것보다 돈이 돈을 버는 시스템, 사업을 통한 돈버는 시스템, 그리고 부동산이 대신 벌어주는 돈버는 시스템을 가지고 있었다. 이 기회에 자신의 돈버는 시스템을 점검해 보자.

✦ 생각해 보기 ✦

1. 부자의 돈버는 실천전략은 무엇인가를 적어보십시오.

2. 부자가 되는데 돈버는 실천이 왜 중요한가에 대하여 당신의 생각은 무엇입니까?

3. 나만의 돈버는 시스템은 무엇인가요?

자기만의 부자시스템을 만들어 다가오는 미래를 맞이하자.
그리고 부자멘토를 만나라.

•

대부분의 부자들은 투자나 인생의 선배를 가지고 있다. 실수나 위험을 줄이는 것이 부를 늘려 나가는 데에 있어서 필수적이기 때문이다. 부자들이 잘하는 것 중 하나가 바로 세 사람의 멘토를 찾는 것이다.

부자의 길을 가고 있다면 다음 세 가지 질문에 '예'라고 답할 수 있어야 한다.

- 부자의 길을 안내하는 부자멘토가 있는가?
- 멘토를 만나고 싶을 때 항상 만날 수 있는가?
- 멘토는 당신에 대하여 자세히 알고 있는가?

모르는 길을 찾아 나설 때 아는 사람에게 물어가는 사람이 있고 지도를 가지고 스스로 찾아가는 사람도 있다. 각종 재테크 서적을 읽거나 신문이나 재테크 사이트를 통해 열심히 기사를 검색하고 있다면 지도를 가지고 혼자 찾아가는 타입이다. 지나가는 사람에게 길을 묻다가 엉뚱한 곳을 가르쳐 주어서 헤매어 본 경험이 있는 사람이라면 더욱 지도를 선호할 것이다.

지금은 내비게이션이 있어서 주소만 알면 전국 어디든지 쉽게 찾아갈 수 있다. 하지만 낯선 지방에 가서 이정표만 보고 운전을 하다가는 낭패를 당하는 경우가 한두번이 아니다. '법원' 이정표를 따라가는데 중도에서 갑자기 법원이 사라지고 전혀 다른 지명이 나온다. 초행길에 법원이 어디에 붙어 있는지도 모르는 상황에서 입찰시간에 쫓기다보면 당황스럽기 이루 말할 수 없다.

국내여행이라면 지도나 내비게이션을 이용하여 찾아갈 수 있지만 목적지가 해외라면 단순히 지도만 가지고 여행을 떠날 수는 없다. 사람들이 흔히 가지 않는 곳이라면 더욱 철저한 준비가 필요하다. 10년이 넘은 옛날 정보를 가지고 외국의 오지를 여행한다면 즐거운 여행이 아니라 탐험을 하는 것과 같은 고통이 따를 것이다.

짧은 일정으로 떠나는 해외여행도 사전에 충분한 준비가 없으면 여행의 즐거움을 만끽할 수 없다. 그런데 부자가 되기까지 많은 시간이 걸리는 부자여행을 정확한 정보와 철저한 준비없이 시작한다면 목적지에 닿을 수 없을 뿐만 아니라 고생에 비하여 얻는 것이 빈약할 것이다. 지도에 나와 있지만 옛날 길은 없어져서 조금만 더 가면 다시 돌아나와야 할 길을 가서는 안 된다.

어제의 재테크와 오늘의 재테크가 같을 순 없다. 인플레이션과 고금리시대에 사는 지금 각종 부동산대책을 끊임없이 쏟아내는 상황에서는 대책이 발표될 때마다 자신의 투자상황을 점검해야 한다. 과거의 잘못된 정보에 의존하여 길을 가면 시간이 흐를수록 목적지에서 멀어질 뿐이다. 이제까지 가보지 않은 길을 떠나면서 지도와 함께 최근에 그 길을 가본 사람의 이야기를 듣는다면 목적지에 도달하는 데 어려움이 없을 것이다. 각종 재테크 서적과 정보는 부자여행을 떠나는 사람에게 지도와 같다. 지도에 의존하여 혼자서 길을 찾지 말고 부자들의 실제 경험담을 들어야만 한다.

한 걸음 더 나아가 안전하게 목적지까지 안내해 줄 부자멘토를 만나 동행한다면 부자여행은 한층 즐거운 여행이 될 것이다. 어떻게 하면 부자가 되는지 혼자 고민하지 마라. 모르는 길은 물어서 가라. 모르는 것을 묻는 것은 부끄러운 일이 아니다. 부자가 되는 길은 새로운 길이 아니다. 부자인 사람들은 그 길을 다 알고 있다.

부자의 길을 인도해 줄 멘토를 주위에서 찾아라. 자신을 속속들이 알고 있는 사람 중에서 구할 수 있다면 행운이다. 멘토와의 정기적인 만남을 통해 부자의 길에서 벗어나는 일이 없도록 인도함을 받아라.

히말라야 등반을 성공적으로 하기 위해서는 현지인 셰르파들의 도움이 절대적이다. 그들은 정상에 오르지는 않지만 정상도전에 필요한 모든 정보와 도움을 제공한다. 부자가 되는 것은 당신의 몫이다. 부자멘토는 당신이 부자가 되도록 도와주는 셰르파의 역할과 같다.

세상을 자신의 머리로만 살아가려는 사람이 가장 어리석은 사람이다. 자기보다 더 지혜로운 사람의 경험을 빌릴 수 있는 사람이 진정 지혜로운 사람이다. 부자가 되기 위하여 고민하지 말고 든든한 길잡이 노릇을 해줄 부자멘토를 구하여 동행하면 부자여행의 즐거움을 만끽할 수 있을 것이다.

1) 2022 한국 부자보고서, KB금융지주 경영연구소, 2022.12.4.

2) 10년 묻어두면 수익률 428%… 부자들이 푹 빠진 이 명품, 조선일보, 2022.12.1.

3) 살면서 흑자인생은 단 34년뿐… 61세부터 적자 시작된다, 조선일보, 2022.11.29.

4) "환란 때보다 가계빚 심각, 방치하면 통제불능 빠질 것", 매일경제신문, 2022.11.20.

5) 세계에서 가장 자극적인 나라 짐로저스의 어떤 예견, 짐 로저스 지음, 오노 가즈모토/전경아 옮김, 살림, 2019.5.

6) 세계 집값급락…닛케이 "한국 빚 가장 위험", 조선일보, 2022.11.20.

7) 김장섭 칼럼 "부동산투자의 4단계", M 이코노미뉴스, 2015.5.16.

8) 칠순맞는 무협… 웃지 못한 '1조 시름', 동아일보, 2016.7.12.

9) 대한민국, 유엔무역개발회의(UNCTAD) 선진국 그룹 진출, 대한민국 정책브리핑, 2022.1.19.

10) 日도 놀라는 韓 고령화 속도…경제살려야 충격줄인다, 한국경제신문, 2022.11.14.

11) [WEEKLY BIZ] 美도 中도 늙어간다… 세계경제 덮치는 '은빛 쓰나미', 조선일보, 2022.9.15.

12) 韓 고령화 속도 세계 1위…2045년 日 넘어 '가장 늙은 나라', 한국경제신문, 2022.8.15.

13) 인구 줄어들며 韓 GDP 순위 10→20위로…필리핀에 추월당한다, 한국경제신문, 2022.8.17.

14) 코로나로 외국인 근로자 입국감소…배 만들 사람없어 수백억 일감포기, 한국경제신문, 2022.8.17.

15) "한국선 더 이상 힘들다"…삼성·현대차 줄줄이 해외로, 한국경제신문, 2022.9.8.

16) 인구재앙…지자체 절반 '소멸위험', 한국경제신문, 2022.8.15.

17) 2019 피할 수 없는 거대한 붕괴가 시작된다. 부의 대절벽, 해리덴트 지음, 안종희 옮김, 청림출판, 2016.

18) 비트코인 가격거품? 역사상 최악버블은 '이것' [영화로운 경제], 매일경제신문, 2022.3.7.

19) 42가지로 사건으로 보는 투기의 세계사, 토르스텐 데닌 지음, 이미정 옮김, 웅진지식하우스, 2022.

20) 1985년 9월 22일에 미국의 재무장관 제임스 베이커를 포함한 프랑스, 독일(서독), 영국, 일본의 재무장관들이 뉴욕 맨하탄의 센트럴파크 남단 5번가 1907년에 지어진 플라자 호텔에서 합의한 것이다. 미국이 인위적으로 다른 나라 화폐들(특히 일본 엔화)의 가치를 올림으로써 달러의 가치를 떨어뜨린 일

종의 환율조정을 한 사건이다.이를 통해 미국은 당시 경제적, 문화적으로 미국의 입지를 슬슬 침범하던 일본을 성공적으로 저지하였다는 평가를 받는다. 대신 일본은 엔고현상, 부동산 경제버블 등 엄청난 경제타격을 입어 이후 그 여파가 30년간 이어져 소위 '잃어버린 30년'이라는 말이 나오게 되었다. 이 때문에 플라자 합의를 '일본에 대한 미국의 경제적인 원폭투하'라고 평가하기도 한다.

21) 비트코인 가격거품? 역사상 최악 버블은 '이것' [영화로운 경제], 매일경제신문, 2022.3.7.

22) 마지막 정점을 찍은 일본 피크재팬, 브레드 글로서먼 지음, 김성훈 옮김, 김영사, 2020.

23) 日 '잃어버린 10년' 초래한 자산 디플레와 비교하면…, 동아일보, 2008.10.29.

24) 2008 미국 파산⑥…거품봉괴의 종말, 아틀라스뉴스(http://www.atlasnews.co.kr), 2020.12.4.

25) 서브프라임 충격, 고수익 노렸던 금융기관 부실 도미노, 매일경제신문, 2007.8.6.

26) 42가지로 사건으로 보는 투기의 세계사, 토르스텐 데닌 지음, 이미정 옮김, 웅진지식하우스, 2022.

27) 비트코인 가격거품? 역사상 최악버블은 '이것' [영화로운 경제], 매일경제신문, 2022.3.7.

28) 구차(苟且)하고 가난한 생활에서도 그에 구속되지 않고 편안한 마음으로 도(道)를 즐기는 것을 일컫는다. 이는 옛 선비들의 생활신조이기도 했다.

29) 《성호사설》은 실학자인 성호 이익의 문답집을 엮은 저술이다. 저자 이익이 40세 전후부터 독서하다가 느낀 점이나 제자들의 질문에 답한 내용을 기록해두었던 것을 그의 나이 80세 되던 해에 집안 조카들이 정리해 편찬한 책이다. 총 30권 30책으로 구성되어 있다.

30) 우리는 투기의 민족입니다, 이한 지음, 위즈덤하우스, 2022.

31) 《승정원일기》(承政院日記)는 조선 및 대한제국의 승정원에서 왕명 출납, 행정 사무 등을 매일 기록한 일기[1]이다. 2001년 9월 세계기록유산에 등재되었다. 1623년(인조 1년) 음력 3월부터 1910년(순종 4년)까지의 기록이 현존하며, 현재는 인조와 고종시기의 일기가 번역되어 있다.[2] 다른 이름으로는 후원일기(喉院日記)라고도 한다.

32) LH로남불 - 내가 하면 노후대비, 아시아경제신문, 2021.3.18.

33) 유배생활 10년째인 1810년, 남양주에 있는 부인 홍씨가 강진 다산초당(茶山草堂)으로 5폭짜리 빛 바랜 치마를 보내왔다. 시집 올 때 입었던 명주 치마였다. 그 치마를 받아든 정약용의 마음이 어떠했을까. 정약용은 치마를 오려 남양주에 두고 온 두 아들 학연(學淵. 1783~1859)과 학유(學游.1786~1855)을 위해 작은 책자를 만들기로 마음먹었다. 치마를 책장(12x16cm) 크기에 맞춰 여러 장으로 잘라 한지를 포개어 붙인후에 얄팍한 서첩 4권을 만들고 거기 가르침을 주는 글을 써 내려갔다. 그게 바로 하피첩이다. 여기서 '하피'는 노을빛 치마라는 뜻으로, 정약용은 부인이 보내준 빛바랜 치마에 이렇게 멋진 이름을 붙였다.

34) 『퇴계집(退溪集)』은 조선 중기의 학자 퇴계(退溪) 이황(李滉, 1501~1570)의 문집이다. 이황은 주자의 학문과 사상을 이은 도학자로서, 이기호발설 등 성리학 관련 분야에서 고명한 탁견과 학문으로 매우 뛰어난 인물이다. 특히 이황이 당시 군왕인 선조에게 올린 『성학십도(聖學十圖)』는 성학에 대한 선학

의 도(圖)와 설(說)에 자신의 견해를 덧붙여 유학의 핵심을 10개의 도(圖)로써 정리한 것으로, 군주는 사단(四端)의 마음을 확충해 본성을 회복한 성인이 되는 학문인 성학을 돈독히 닦아 그것으로써 정치의 근본을 삼아야 한다는 생각에서 68세의 나이에 지은 것이다.

35) "잡을 때마다 상투"…'2030 영끌족' 벼랑 끝 몰렸다, 한국경제신문, 2022.7.22.

36) 10명중 9명 "금융교육 못 받아"… 대책은 4개월째 감감무소식, 조선일보, 2020.4.20.

37) 국민 4명 중 3명 "경제·금융교육 제대로 받은 적 없다", 헤럴드경제신문, 2021.4.5.

38) 부자학, 월레스 D. 와틀스 지음, 박인균 옮김, 아이필드 2002.

39) 부자 아빠 가난한 아빠, 로버트기요샤키/샤론 레호트 지음, 형성호 옮김, 황금가지 1998.

40) 부자학, 월레스 D. 와틀스 지음, 박인균 옮김, 아이필드 2002.

41) 국민 절반 "부자는 부정하게 돈 모아", 한겨레신문, 2008.3.5.

42) 부자에 대한 시민인식 '부정적'…응답자 66% "존경할 부자가 없다", 아주경제신문, 2014.4.2.

43) "부자가 좋아요"…호감도 첫 30% 돌파, 머니투데이, 2021.6.20.

44) 가장 존경받는 기업인 1위, 유일한, 한국학중앙연구원 – 향토문화전자대전, 2012.9.21.

45) '700억원 자산가' 수, 한국 세계 11번째… 성인 1인 평균 자산은?, 조선일보, 2022.9.21.

46) 부자에 대한 시민인식 '부정적'…응답자 66% "존경할 부자가 없다", 아주경제신문, 2014.4.2.

47) 2022 한국 부자보고서, KB금융지주 경영연구소, 2022.12.4.

48) 2021 한국 부자보고서, KB금융지주 경영연구소, 2021.11.15.

49) 2022 Korean Wealth Report, 하나금융 경영연구소, 2022.4.13.

50) 중·고생 희망직업 '소프트웨어 개발자' 순위 상승, 서울신문, 2022.1.18.

51) 대한민국 50대 부자 자수성가 부자들의 대약진, forbeskorea 2022년6월, 2022.5.23.

52) 2022 한국 부자보고서, KB금융지주 경영연구소, 2022.12.4.

53) "부자가 오래 산다"…돈과 수명의 상관관계, 머니투데이, 2016.4.17.

54) 개천에서 용 난다? 이제는 옛말… 흙수저, 명문대 못 갈 확률 최소 70%, 세계일보, 2021.11.26.

55) 성격의 탄생, 데니어네틀 지음 김상우 옮김, 와이즈북, 2009, 261페이지.

56) 실업률 2.1%라는 '퍼즐', 한겨레, 2022.9.27.

57) "엄마 아빠 미안해"…취업난 청년들 '체감 고통지수' 이 정도일 줄이야, 매일경제신문, 2022.11.14.

58) 보도 새퍼의 돈, 보도새퍼퍼 지음, 이병서 옮김, 북플러스, 2003.4.15.

59) 2020년도 노인실태조사, 보건사회연구원, 2020.11.

60) 2022 한국 부자보고서, KB 금융지주 경영연구소, 2022.12.4.

61) 2021 한국 부자보고서, KB 금융지주 경영연구소, 2021.11.15.

62) 돈의 속성, 김승호 지음, 스노우폭스북스, 2021.4.21.

63) 2022 한국 1인 가구 보고서, KB 금융지주 경영연구소, 2022.10.4.

64) 돈의 속성, 김승호 지음, 스노우폭스북스, 2021.4.21.

65) '억소리'나는 차익과 손실… 연예계 부동산 금손·똥손은?, 쿠키뉴스, 2022.7.26.

66) 부자 아빠, 가난한 아빠, 로버트 기요사키.샤론 레흐트 지음, 형선호 옮김, 황금가지, 2004.10.8.

67) 2021 한국 부자보고서, KB 금융지주 경영연구소, 2021.11.15.

68) 이웃집 백만장자, 토머스 J .스탠리/윌리암 D. 댄코 지음, 홍정희 옮김, 한국능률협회출판(주), 2002.7.26.

69) 부와 권력의 비밀 지도력, 김이재 지음, 쌤앤파커스, 2021.9.16.

70) 축적의시간, 이정동 지음, 지식노마드, 2015.9.25.

71) 좋은 기업을 넘어 위대한 기업으로, 짐 콜린스 지음, 이무열 옮김, 김영사. 2002.6.30.

72) 경주 최 부자집 300년 부의 비밀, 전진문 지음, 황금가지, 2004.3.9.

73) '52만명 방문' 잠수교 뚜벅뚜벅 축제…95% "계속했으면", 파이낸셜뉴스, 2022.11.20.

74) 라이프 트렌드 2023, 김용섭 지음, 부키, 2022.10.12.

75) 전세계 기업 시가총액 순위, 미스터 캡, 2022.3.4.

76) 한국고용정보원, 2020 한국직업사전 통합본 제5판, 2019.12.

77) 2017 한국 부자보고서, KB금융지주 경영연구소, 2017.7.31.

78) 2016 한국 부자보고서, KB금융지주 경영연구소, 2016.6.

79) 2022 Korean Wealth Report, 하나금융 경영연구소, 2022.4.13.

80) IMF "한국, 구조조정 미루면 일본식 침체 올 것", 한국경제신문, 2017.1.30.

참고문헌

[저 · 자 · 소 · 개]

■ 문 승 렬

현) 조선대학교 휴먼융합서비스학부 교수
　　경영학박사
　　KPC 코치
전) KB국민은행 본부장
저서) 백년기업 성장의 비결, 부자일지, 부자설계 등 다수의 부자학

저 자 와 의
협 의 하 에
인지생략함

부자학 부자만 아는 2030 부의 미래

2023년 3월 5일 1쇄 인쇄
2023년 3월 10일 1쇄 발행

저 자　　문승렬
발행인　　류재식 · 박용범
발행처　　도서출판 **북 넷**

서울시 용산구 효창원로70길 46 (대신빌딩 2층)
등 록　　2010년 6월 7일(제2010-000069호)
전 화　　(02) 395-2341
팩 스　　(02) 395-2303

정가 22,000원

ISBN 979-11-86947-69-2 (03320)　　　　e-mail : book2341@naver.com